한국 전통문화와 상상력

백문식

강원대학교 국어교육과와 같은 대학 대학원을 마치고
중·고등학교에서 우리말과 글을 연구하면서 가르쳤다.
지은 책으로 〈우리말의 뿌리를 찾아서〉, 〈우리말 파생어 사전〉,
〈우리말 표준발음 연습〉, 〈우리말 부사 사전(2007 문광부 우수학술도서)〉,
〈우리말 형태소 사전(2013 문광부 최우수학술도서)〉, 〈알기 쉬운 대한민국 헌법〉,
〈우리말 어원 사전〉이 있으며, 법률과 문화에도 관심이 남다르다.

한국 전통문화와 상상력

초판 인쇄 2018년 5월 5일
초판 발행 2018년 5월 10일

지은이 백문식
펴낸이 이기자
펴낸곳 그레출판사
주소 경기도 수원시 영통구 센트럴파크로 127번길 144-401호
전화 031) 203-4274
팩스 031) 214-4275
이메일 grepub@naver.com
출판신고 2018년 2월 26일 제561-2018-000019호
ISBN 979-11-963729-0-3 03300

＊책값은 뒤표지에 있습니다.

한국 전통문화와 상상력

백문식 지음

그레

| 머리말 |

문화는 살아 움직이는 유기체다. 시공간적으로 다양성이 공존한다. 때로 여럿이 섞이고 녹아 하나로 합치거나 나뉘어 탈바꿈한다. 현대 문명은 이처럼 전통 생활양식에 독창적 사고가 더해지면서 거듭 발전해온 상상력의 산물이다.

역사 지리적으로 한반도는 독자적인 고유문화에 대륙 문물을 받아들이고 발전시켜 이웃나라에 전달하는 통로 구실을 해왔다. 전통문화는 한민족의 원형적 특질이다. 오랜 세월에 걸쳐 이루어진 정신적·물질적 자산이다. 한마디로 전통문화는 배달겨레의 경험과 통찰이 쌓여 이룬 역사다. 이것은 오늘의 삶을 풍요롭게 해 줄 뿐만 아니라, 또 다른 생활 방식을 찾는데 도움을 주는 든든한 밑거름이다.

조상들의 삶속에 숨어 있는 사고방식과 생활 습관이 문화 유전자로 전하여 우리를 무의식적으로 지배한다. 전통문화는 지혜가 본질이요 속성은 끊임없는 변화다. 아이디어와 문화 현상이 퍼지는 것을 밈(meme)이라 부른다. 문화도 생물의 유인자처럼 전파된다는 이론이다. 예컨대 우리 옷과 음식, 의식과 관습, 사상과 제도, 예술과 건축, 산업기술공학 등은 이렇게 창조적으로 진화한 것들이다.

전통문화는 상상력을 자극하여 지적 호기심을 불러오고 창의적인 삶을 이끈다. 여기서 상상력이란 이미 있는 것을 융합하여 새것으로 만들어내는 능력을 말한다. 그러므로 상상은 미래사회를 준비하는 생산수단이라고 할 수 있다.

문화 습득은 사고와 인지의 확장이다. 인간이 좀 더 편리하고 알찬 삶을 영위하기 위해서 인문사회 그리고 자연과학적 일반 지식과 인생에 관한 성찰이 필요하다. 개인이 직접 모든 정보를 얻는다는 것은 불가능한 일이다. 그래서 문화유산을 통한 지혜의 벼리를 탐구하여 자기 주도적으로 학습 능력을 키워나가는 것이 중요하다.

예로부터 우리는 우수한 문화민족으로서 자부심과 긍지를 드높여 왔다. 헌법에서도 '전통문화의 계승 발전과 민족문화 창달에 노력하여야 한다'는 문화국가 원리를 담고 있다.

이 책은 전통문화를 꼼꼼히 살펴 문화 간 소통을 돕고, 새로운 문화 창조를 위한 발판을 마련하려는 데 목적이 있다.

오늘날 한국 문화에 대하여 관심을 갖는 외국 사람이 많아졌다. 한류는 전통문화 그 자체가 아니라 세계화 속에서 재구성한 현대 문화다. 우리는 전통의 특성과 보편적 가치를 찾아 지속 가능한 발전 기반을 조성하여야 할 것이다.

문화가 중요한 예술 산업이 되었다. 문화유산을 면밀히 고찰하여 더 좋은 질로 만들어가는 것이 전통의 올바른 계승과 창조의 길이다. 새로운 문화는 전통을 바탕으로 창출할 때에 효용 가치가 생긴다.

그동안 여러모로 격려와 도움을 주신 가족과 친지 여러분, 특히 황규화 교육장님과 이재교 사무처장께 고맙다는 말씀을 드린다. 끝으로 출판을 맡아 거친 원고를 곱게 꾸민 그레출판사에 감사의 뜻을 전한다.

2018년 봄날
광교산 자락에서 잣뫼 백문식

| 차례 |

머리말 ·· 4

1장 전통 음식과 식생활

01. 사랑과 손맛으로 차린 엄마의 밥상 ················ 12
02. 구수한 맛 숭늉의 비밀 ································· 14
03. 한식은 보약이다 ·· 16
04. 비빔밥의 미학과 융합 문화 ··························· 21
05. 유산균이 풍부한 김치 ·································· 23
06. 발효식품 된장과 간장 ·································· 26
07. 채식 위주의 건강한 밥상 ······························ 31
08. 섬유질이 넉넉한 시래기 ······························· 35
09. 독특한 음식문화 상추쌈 ······························· 37
10. 우리의 전통술 막걸리 ·································· 39
11. 황토에서 얻은 신비의 물 지장수 ··················· 42
12. 조상들의 음식물 보관법 ······························· 44
13. 식사할 때 국물을 먼저 떠먹다 ······················ 47
14. 젓가락으로 익힌 손재주와 집중력 ················· 49

2장 한복의 멋과 의생활

01. 한복의 아름다움과 매력 ······························· 56
02. 치마의 멋과 실용성 ····································· 60
03. 선녀의 옷 천의무봉 ····································· 62
04. 의생활에 혁명을 가져온 무명 ······················· 64
05. 천연물감에서 곱게 피어오른 눈부신 빛깔 ······ 66
06. 보자기의 실용성과 아름다움 ························ 69

3장 한옥과 건축술

01. 친환경적인 전통 한옥 · 73
02. 풍수사상은 환경지리학이다 · 81
03. 벽난로와 등잔을 겸하는 고콜 · · · · · · · · · · · · · · · · · · · 84
04. 에너지 효율이 높은 온돌 · 86
05. 속담에서 얻은 물다짐 공법 · 91
06. 바윗덩어리 자연의 힘으로 쪼개기 · · · · · · · · · · · · · 93
07. 전통 건축 기술 그렝이 공법 · · · · · · · · · · · · · · · · · · · 94
08. 기둥에 숨겨진 예술·공학적 건축미 · · · · · · · · · · · · 97
09. 고려 시대의 캠핑카 사륜정 · · · · · · · · · · · · · · · · · · · 99
10. 구조 역학과 미학이 빚어낸 홍예교 · · · · · · · · · · · · 101
11. 조선 시대 첨단 건축 장비 거중기 · · · · · · · · · · · · · 104
12. 석빙고의 자연 에너지 활용 기술 · · · · · · · · · · · · · 106
13. 왕릉의 토목건축 기술과 조형미 · · · · · · · · · · · · · · 110

4장 건강한 생활의 지혜

01. 엄마 손은 약속이다 · 114
02. 손가락 끝을 바늘로 살짝 따다 · · · · · · · · · · · · · · · · 117
03. 금줄의 상징 의미와 예방의학 · · · · · · · · · · · · · · · · 119
04. 요강과 뒷간 문화 · 121
05. 어머니의 살림 솜씨 엿보기 · · · · · · · · · · · · · · · · · · · 123
06. 여름철 무더위 물리치는 법 · · · · · · · · · · · · · · · · · · · 126
07. 해산의 고통을 줄이는 끈 · 129
08. 위생적인 상수도관 대나무 · · · · · · · · · · · · · · · · · · · 131
09. 버드나무에 얽힌 이야기와 약물 효과 · · · · · · · · · 133
10. 천연 약수 고로쇠 물 · 136
11. 배달민족의 명약 쑥 · 137
12. 자정 능력이 뛰어난 숯 · 139
13. 하늘이 내린 약초 인삼 · 141

5장 창의력이 빚어낸 과학 기술

01. 생활 속의 볏짚 문화 ·················· 147
02. 속담에서 찾은 생활의 슬기 ·················· 149
03. 오동나무로 만든 혼수품 가구 ·················· 151
04. 가마솥의 비밀이 담긴 압력솥 ·················· 153
05. 숨 쉬는 그릇 옹기 ·················· 155
06. 자연을 닮은 그릇 뚝배기와 막사발 ·················· 158
07. 선진 공예 기술 도자기 상감기법 ·················· 160
08. 1,200년의 생명력을 지닌 전통 한지 ·················· 163
09. 정보의 대중화를 이끈 활자의 발명 ·················· 167
10. 팔만대장경판의 제작 비법 ·················· 172
11. 전통 운반 도구 지게 ·················· 174
12. 부채의 쓰임새와 예술성 ·················· 177
13. 조선 시대에 지은 방탄복 ·················· 179
14. 조선 시대의 비행기 비거 ·················· 181
15. 역학적 평형을 이루는 마름쇠 ·················· 184
16. 번뇌를 일깨우는 신비의 소리 범종 ·················· 185
17. 자연에서 영감을 얻다 ·················· 189

6장 한글과 예절·인성교육

01. 위대한 문화유산 한글 ·················· 196
02. 우리말 정확하게 발음하기 ·················· 202
03. 땅이름 고유어로 지어 부르자 ·················· 205
04. 코리아는 고려의 영문 표기다 ·················· 207
05. 설렁줄과 인터폰 ·················· 209
06. 뒷간의 매듭으로 보는 효성 ·················· 211
07. 어르신을 모시는 아름다운 풍속 ·················· 212
08. 돌아가신 어버이를 모시는 효심 ·················· 216
09. 제사는 돌아가신 이를 기리는 잔치 ·················· 218
10. 뱃속에서 자라는 아기 돌보기 ·················· 222
11. 젖먹이의 성장발달과 전통 놀이 ·················· 225
12. 놀이로 무럭무럭 자라는 아이들 ·················· 227
13. 부모의 자녀 인성 교육 ·················· 229
14. 자녀에게 들려주는 경제 이야기 ·················· 232
15. 참스승 밑에 훌륭한 제자 ·················· 236

7장 한국인의 근성과 문화 유전자

01. 겨레와 함께 한 소나무 · 241
02. 수자원 보호와 물 아껴 쓰기 · · · · · · · · · · · · · · · · · · · 246
03. 보릿고개를 넘긴 선조들의 슬기 · · · · · · · · · · · · · · · 250
04. 뚝배기에서 나오는 은근과 끈기 · · · · · · · · · · · · · · · 254
05. 신바람은 한민족의 저력이다 · · · · · · · · · · · · · · · · · · 255
06. 한민족의 역동성 빨리빨리 문화 · · · · · · · · · · · · · · · 257
07. 선비 정신과 정치 지도력 · 261
08. 시집을 가도 바뀌지 않는 성씨 · · · · · · · · · · · · · · · · 265
09. 실명제와 책임과 명분 · 267
10. 사발통문에 담긴 연대 책임 · · · · · · · · · · · · · · · · · · 270
11. 국가의 생존 전략 사대주의와 붕당 · · · · · · · · · · · · 271
12. 장터는 민심을 길어 올리는 우물 · · · · · · · · · · · · · · 276
13. 나라 바로 세우기와 사람 쓰기 · · · · · · · · · · · · · · · · 279
14. 억울함이 없는 공정한 판결 장치 · · · · · · · · · · · · · · 283
15. 국민이 나라의 주인이다 · 286

8장 문화예술과 산업기술

01. 한민족 마음의 고향 아리랑 · · · · · · · · · · · · · · · · · · 290
02. 세계인이 감동하는 판소리 · · · · · · · · · · · · · · · · · · · 294
03. 무속 신앙과 축제 문화 · 299
04. 띠 운세로 위안을 삼다 · 303
05. 공동체 생활문화 두레 · 305
06. 마을 지킴이 장승 · 308
07. 절기에 맞추어 짓는 농사 · 310
08. 뒷간과 친환경 유기농법 · 314
09. 집짐승 기르기와 길들이기 · · · · · · · · · · · · · · · · · · · 317
10. 쥐불놀이와 친환경 농법 · 321
11. 조선 초기에 만든 세계 최초의 온실 · · · · · · · · · · · · 322
12. 나무에 얽힌 몇 토막 이야기 · · · · · · · · · · · · · · · · · · 325
13. 전통식 고기잡이 죽방렴 · 328
14. 세계에서 보기 드문 제주 해녀 · · · · · · · · · · · · · · · · 329

도움을 받은 책 · 332
찾아보기 · 334

1장

전통 음식과 식생활

사랑과 손맛으로 차린 엄마의 밥상
구수한 맛 숭늉의 비밀
한식은 보약이다
비빔밥의 미학과 융합 문화
유산균이 풍부한 김치
발효식품 된장과 간장
채식 위주의 건강한 밥상
섬유질이 넉넉한 시래기
독특한 음식문화 상추쌈
우리의 전통술 막걸리
황토에서 얻은 신비의 물 지장수
조상들의 음식물 보관법
식사할 때 국물을 먼저 떠먹다
젓가락으로 익힌 손재주와 집중력

01
사랑과 손맛으로 차린 엄마의 밥상

어느 나라든 의식주 생활이 문화의 기반이다. 자연과 인문 환경이 반영된 먹거리 문화는 그 민족이나 지역의 특성을 알아볼 수 있는 가늠이 된다. 그런 뜻에서 전통 한식은 우리의 대표적인 문화 코드인 셈이다.

오늘날 세계는 음식문화 교류가 활발하다. 그런데 아무리 외식산업이 발달했어도 집에서 어머니가 정성껏 만들어주신 음식이 입맛에 맞는 이유는 무엇일까. 사람들은 누구나 힘들고 괴롭거나 멀리 떨어져 있을 때 삶의 온기를 되찾을 수 있는 고향집 밥상을 그리워한다. 기름기 자르르 흐르는 쌀밥에 구수한 된장국과 찌개, 조물조물 맛깔스럽게 무친 나물 반찬, 상큼하게 잘 익은 배추김치가 머릿속에 그려진다. 생각만 해도 군침이 도는 추억의 한 장면이다.

우리나라 최초의 조리서인 전순의의 〈산가요록〉과 안동 장 씨가 한글로 쓴 〈음식디미방〉은 조리법과 보관법을 알기 쉽게 기록해 놓은 책이다. 1809년 빙허각 이 씨가 부녀자들을 위해 엮은 생활지침서 〈규합총서〉와 1917년에 발간한 방신영의 〈조선요리제법〉에도 요리법을 자상하고 세밀하게 소개하고 있다. 이들 책에 실린 내용은 조상 대대로 자연스럽게 전수된 음식 만드는 솜씨의 결정판이다.

음식 맛은 식재료의 싱싱한 정도와 종류, 배합 순서, 불의 세기 및 끓이는 시간, 조리기구 등과 손맛이 결정한다. 그 가운데 으뜸이 손맛이다. 손맛이란 요리할 때 손으로 만드는 솜씨를 말한다. 할머니에서 어머니, 며느리와 딸에 이르기까지 '입에서 입으로 손에서 손으로' 아주 오래전부터 이어 내려오는 비법이다. 그리고 한식의 맛과 향은 곰삭힌 간장과 된장, 고추장이 내주는 깊은 맛에서 우러난다. 잘 발효된 장류는 한식에서 빼어놓을 수 없는 기본양념이다.

한식은 재료와 조리법이 다양하다. 사람마다 고장에 따라 맛이 다른 것이 특징이다. 우리가 가정식 백반이라고 일컫는 집밥에는 식재료의 선택에서부터 조리 과정에 어머니의 정성과 사랑이 듬뿍 담겨 있다. 제철에 나오는 신선한 재료에 갖은 양념을 한다. '조금, 적당히, 알맞게' 양념을 넣고 간을 보아가며 맛을 조절한다. 소금 몇 그램, 깨소금 두 숟가락, 참기름 몇 시시(cc)가 아니라, 정해진 양과 정성(定性)*은 오랜 경험에서 나오는 눈대중과 손 감각으로 익힌 추상적인 분량이다.

어디 이뿐이랴. 음식의 마무리는 고명으로 이루어진다. 고명이란 모양과 맛을 더하기 위하여 음식 위에 뿌리거나 덧놓는 것을 통틀어 이르는 말이다. 실고추, 알반대기(지단), 볶은 깨, 편육, 색색의 채소 썬 것 등이 주로 쓰인다. 이것이야말로 눈을 현란하게 하는 아름다움의 극치다. 식욕을 돋우는 한 폭의 수채화다.

근래에 외식 비중이 높아졌다. 인스턴트식품을 즐기고 탄산음료를 마신다. 아이들은 집밥보다 오히려 라면, 햄버거, 소시지, 빵, 피자 등을 더 좋아한다. 생일날 하얀 쌀뜨물에 끓인 소고기 미역국 대신 양식 스테이크와 케이크를 먹는다. 음식마다 초콜릿과 설탕 범벅이다.

* 정성(定性): 화학 분석으로 물질의 성분이나 성질을 밝히어 정하는 일.

화학조미료와 정체불명의 소스들이 입맛을 사로잡는다. 왜곡된 맛이다. 식재료도 의심스럽다. 이런 음식을 많이 먹을수록 아토피, 비만 등 건강 상태가 좋지 않을 수밖에 없다.

좋은 음식에는 천연 재료의 깊고 담담한 맛이 있다. 어머니들은 화학조미료와 인공 향신료, 감미료 등 식품 첨가물을 넣지 않는다. 다시마, 버섯, 멸치 가루와 간장 같은 발효식품, 양파, 무 등 천연 조미료를 쓰는 것이 이른바 엄마표 집밥이다. 사랑과 정성으로 손수 차려낸 밥상이 주부의 자존심이다.

한식은 영양가가 높고 맛깔스러운 건강식이다. 음식을 먹은 뒤에도 뒷맛이 아주 개운하다. 음식을 만드는 사람은 먹는 사람의 건강과 식욕을 돋우기 위해 정성을 다한다. 외국인들도 정갈하게 차린 한정식 밥상을 대하고 감탄한다. 요즘 해외에서 한국 식품을 쉽게 접할 수 있다. 한식의 세계화를 가능케 한 우리네 밥상은 어머니의 깔끔한 음식 솜씨가 빚어낸 훌륭한 예술품이다.

02
구수한 맛 숭늉의 비밀

숭늉은 밥을 푸고 난 솥바닥의 누룽지에 물을 붓고 한소끔 끓여낸 음료다. 지난날 가마솥에 밥을 짓던 시절, 사람들은 식사를 마친 뒤 마무리로 으레 숭늉을 마셨다. 그래야 밥을 제대로 먹은 것 같고 소화도 잘 되었다.

솥에 밥을 지어 주걱으로 푸고 나면 수분이 증발하고 솥의 온도가 200℃ 이상 올라가면서 아미노-카보닐 반응이 일어나 누룽지가 된다. 전분이 분해되는 과정에서 포도당과 덱스트린이 생겨 구수한 맛을 내는 것이다.

숭늉은 한자어 熟冷(숙랭)이 자음동화 현상이 일어나면서 순우리말처럼 쓰이는 말이다.[숙녕〉슝녕〉숭늉] 〈계림유사〉에 熟水曰泥根沒[익은 물], 冷水曰時根沒[식은 물]이라 하였다. 어원적 의미는 '끓여 식힌 물'이다. 17세기 일본 문헌에 식탕(食湯)이라 하여 숭늉과 비슷하게 먹었다는 기록이 있고, 중국 사람들은 해물누룽지탕을 만들어 먹는다. 그러나 숭늉을 일상적으로 마셔온 민족은 우리뿐이다.

누룽지라는 말은 '눋(다)+웅(접사)+지(찌꺼기)'로 분석된다. '누렇게 탄 찌꺼기 밥'이란 뜻이다. 누룽지는 맛이 구수하고 영양가도 높다. 입맛이 없을 때 푹 끓여 먹으면 소화가 잘 되고 간식으로 튀겨 먹기도 한다. 요즘에는 대부분의 가정에서 전기밥솥을 쓰므로 밥이 잘 눋지를 않아서인지 찬밥을 팬에 펴 물을 조금 붓고 눌려 만든다. 누룽지탕과 누룽지백숙은 별미 음식이다.

식사를 마치고 배가 더부룩할 때가 있다. 이럴 경우 따끈한 숭늉을 한 대접 마시면 속이 쑥 내려가는 시원함을 느낀다. 실제로 숭늉은 뱃속을 따뜻하게 하여 소화력을 높이고, 아미노산과 식이섬유가 풍부하여 숙취해소와 변비 예방에 도움을 준다. 또 항산화작용을 해 산성체질을 알칼리성으로 바꿔준다.

식후에 숭늉을 마시면 입안이 개운해진다. 숭늉은 짜고 매운 음식을 중화시키고 입 냄새를 없애주는 효과가 있기 때문이다. 또한 숭늉을 만드는 것은 밥풀 하나라도 남기지 않고 먹어야 한다는 절약 정신과 밥솥을 물에 불려 쉽게 설거지할 수 있는 일석이조의 지혜라고 할 수 있다.

'우물에 가서 숭늉 찾는다'는 속담이 있다. 밥을 푸고 난 솥에 누룽지와 함께 데운 물이 숭늉인데, 찬 물밖에 없는 우물가에서 숭늉을 내놓으라는 것은 성미가 너무 급하여 참고 기다리지 못함을 뜻한다. 모든 일에는 순서가 있는데 과정을 무시하고 급히 서두른다는 의미로도 쓰인다.

가장 한국적인 맛이 숭늉 맛이다. 요즘 사람들이 식사 후 커피를 마시는 것처럼 조상들은 구수한 숭늉을 즐겼다. 숭늉은 가마솥을 거는 부뚜막 시설과 관련된 밥 짓는 방법이 특이한 데서 발달한 우리의 식문화다. 앞으로 전통 발효음료인 식혜처럼 간편하게 마실 수 있는 숭늉차로 거듭나 상품화될 가능성이 있다.

03
한식은 보약이다

좁고 긴 한반도는 산이 많고 삼면이 바다로 둘러싸여 있으며 사계절 구분과 기후의 지역적 차이로 식재료가 다양하게 생산된다. 따라서 지방마다 음식의 종류가 다르고 맛도 가지각색인 것이 한식의 특징이다.

우리는 옛날부터 밥이 곧 보약이라고 말해왔다. 밥을 먹어야 생기는 '밥심'이 건강을 지킨다는 뜻이다. 보약이란 허약해진 몸을 회복시키는 약을 말한다. 밥을 잘 먹어야 건강한 사람이다. '진지 잡수셨습니까?, 밥 먹었느냐?'도 식생활의 중요성을 강조하는 인사말이다.

한정식은 상다리가 부러질 정도로 갖가지 음식을 푸짐하게 차린다. 주식인 밥을 중심으로 하여 여기에 따르는 부식을 한 상에 모두 올리는 것이 이채롭고 독특한 상차림이다. 이를 '반상 차림' 또는 '공간 전개형'이라고 부른다.

상차림의 규모는 밥, 국, 김치, 종지(간장, 고추장, 초장)를 제외한 쟁첩(놋쇠로 만든 작은 반찬 접시)에 담은 반찬의 가짓수에 따라 3, 5, 7, 9, 12첩이라 한다. 12첩 반상은 수라상에만 차리고, 일반에게는 9첩까지로 제한하였다. '첩'이란 반찬을 담아내는 그릇의 단위다. 국과 김치를 첩수에 넣지 않은 이유는 필수적인 기본 부식이기 때문이다.

식사를 할 때는 숟가락과 젓가락을 사용하여 밥과 반찬을 따로따로 번갈아 선택해서 먹는다. 대접에 이것저것 넣고 비비거나 국물에 밥을 말기도 한다. 김이나 잎채소가 나오면 밥과 반찬을 싸서 먹는다. 상추 따위의 채소에 밥이나 고기를 싸먹으므로 영양과 맛이 잘 어울리고 건강에도 좋다. 특히 김밥, 비빔밥, 오곡밥, 나물밥, 굴밥, 콩밥 등은 영양을 고루 갖춘 밥이다.

주부식이 뚜렷한 공간 전개 식사는 한꺼번에 음식이 차려지므로 개인의 취향과 입맛에 따라 골라 먹어 무궁무진한 맛의 변화를 느낄 수 있는 장점이 있다. 반면에 중국과 서양식 상차림은 '시간 전개형' 풀코스 식사로써 완성된 음식이 시간차로 나온다. 먼저 스프가 나오면 달랑 먹고, 잠시 기다렸다가 다음 차례로 스테이크가 나오면 또 그것만 따로 먹어야 하는 점이 우리와 다르다.

외국 사람들이 한식당에 들어가 놀라는 것은 가짓수 많은 반찬이다. 게다가 먹다 모자라는 반찬을 더 시켜도 거저 나온다는 점을 신기하게 여긴다. 이 정도로 우리네 밥상 인심이 후하다는 뜻이다.

한정식 반찬은 국, 찌개, 구이, 전, 찜, 조림, 김, 나물무침, 김치, 젓갈 등 각양각색의 영양 덩어리다. 신선한 식재료 선택이 무엇보다 중요하다. 간장, 된장, 매실액 등의 발효식품으로 간을 맞추고 깊은 맛을 낸다. 반찬에 갖은 양념이 들어간다. 양념이란 음식의 맛을 돋우기 위해 조금씩 넣는 기름·간장·마늘·고추·파·깨소금·후춧가루 따위를 말한다. 어원은 냄새를 뜻하는 '약내[薰香(훈향)]'에서 '약→약념〉양념'으로 어형 변화한 말이다.

우리나라에서 가장 오래된 식이요법서 《식료찬요(1460년)》는 조선 전기 식치(食治) 의학을 종합한 것이다. 식료(食療)는 음식으로 질병을 다스린다는 뜻이다. 제철 음식, 유기농 음식, 화학조미료 없는 음식, 지역별 향토음식과 《동의보감》의 신토불이 의식에서 나온 영양학은 우리 몸과 흙이 하나여서 자신이 발붙이고 사는 땅에서 생산된 것을 먹어야 체질에 맞는다는 논리다.

한방의학을 기초로 한 것이 한식이다. 식약일체(食藥一體)는 음식물이 바로 약이라는 뜻이다. 그리고 약식동원(藥食同源)이란 음식물과 약은 근원이 같다는 말로 좋은 음식은 몸에 약이 된다는 사상이다. 병이 나면 먼저 음식으로 다스리고 그 다음 약을 쓴다. 이것이 식이요법이다.

　이들은 우리가 먹는 음식이 건강을 지키고 질병 예방과 치료에 밀접한 관련이 있음을 뜻한다. 먹고 싶은 음식은 그때그때 먹어야 건강에 좋다. '무엇이 먹고 싶다'는 것은 몸에 부족한 영양소를 머리와 입에서 본능적으로 끌어당기기 때문이다.

　돼지고기는 수은이나 납 등 중금속 공해물질을 몸 밖으로 내보내는 해독 효과가 있다. 탄광에서 일하는 광부들이 삼겹살을 먹고 진폐증을 예방하였다는 사실이 이를 뒷받침한다. 돼지비계의 굳기 시작하는 온도가 사람의 체온보다 낮아 몸 속에 쌓인 노폐물을 배출하는 것을 돕는다는 연구 결과가 있다. 오리고기 기름은 수용성이기 때문에 다른 동물기름과 달리 물에 녹는 성질이 있으므로 몸에 해롭지 않다. 유황가루와 인삼가루를 보리쌀밥에 섞어 먹여 기른 집오리의 뇌수 속에는 해독제가 있다고 한다. 〈동의보감〉에 "집오리의 기름, 피, 머리, 알의 성질과 약효를 적었다. 또 고기는 성질이 차고 독이 없다. 기를 보충하고 열, 독, 풍 및 부스럼(종기)를 다스리며 뱃속 내장의 모든 벌레를 죽인다"고 하였다.

　동해안 명태는 연탄중독을 푸는 최상의 해독제다. 뱀에 물린 사람에게 마른명태를 두드려 끓인 국물을 먹이면 낫는다. 숙취 해소에도 효능이 뛰어나다. 옻은 위를 튼튼하게 하는 효능이 있고 방부제나 살충제로 쓰인다. 미나리는 이비인후과, 피부과, 순환계 질환을 다스리는 채소다. 부추는 간경을 다스리며 심장 질환에 효험이 있다.

이처럼 곰, 사슴, 닭, 오리, 흑염소, 생선류, 해초류, 옻나무, 벌나무, 겨우살이, 쑥, 양파, 버섯, 생강, 마늘, 도라지, 더덕, 인삼, 대추, 배 등 경험으로 알게 된 민간요법이 대체의학으로 자리를 굳힌 예다. 현대 의약품과 신약을 포함한 대부분이 자연에서 영감을 얻어 생물로부터 직접 추출하거나 생물이 만들어놓은 화학물질을 인공적으로 모방·수정하고 합성한 약물이다. 이러한 사실이 '건강한 먹거리가 보약'이라는 말을 뒷받침한다.

우리 밥상은 발효식품과 채식 위주로 차려진다. 고기를 먹어도 채소를 곁들인다. 건강을 위하여 채식과 약선 음식을 선호하는 사람들이 점점 늘어나고 있다. 약선(藥膳)이라 함은 질병과 예방, 치료 및 양생(養生) 등의 효과가 있는 음식을 말한다.

요즘 들어 많은 외국 사람들이 한국 음식을 찾는다. 이들은 불고기, 잡채, 김치, 빈대떡, 신선로(열구자탕), 비빔밥, 막걸리, 돼지갈비, 삼겹살, 삼계탕, 떡볶이 등을 좋아한다. 한식의 세계화 열풍이 불고 있는 것이다.

음식과 건강은 불가분의 관계다. 우리의 상차림은 한방의 기본원리인 약식동원 사상에 뿌리를 두고 있다. 음식이 곧 생명이요 약이다. 한식은 한 상에서 여러 가지 맛을 즐길 수 있다. 그리고 채식과 육식이 영양학적으로 조화와 균형이 잘 잡힌 훌륭한 건강 식단이다. 주식인 밥과 반찬을 골고루 섭취할 수 있도록 정성과 사랑으로 차려낸 밥상은 식욕을 돋우고 건강을 끌어올리는 보양식이다.

04
비빔밥의 미학과 융합 문화

음식이 그 나라의 문화 정체성을 드러낸다. 우리 상차림은 여러 가지 음식을 한 번에 몰아서 내놓는 것이 특징이다. 밥에다 국, 김치 등을 푸짐하게 차린다. 그래서 한 자리에 앉아 한꺼번에 갖가지 음식을 골고루 맛볼 수 있다.

식사 방식은 차려진 밥과 반찬을 따로따로 번갈아가며 먹거나 김, 상추 등 쌈에 싸서 먹는다. 비벼 먹으려면 개인의 입맛대로 큼지막한 그릇에 이것저것 넣어 섞는다. 양푼에 밥과 반찬, 고추장과 참기름을 넣고 버무려 여럿이 나누어 먹기도 한다.

비빔밥은 전통음식 가운데 하나다. 흰밥에 볶은 고기나 나물무침 따위를 넣고 한데 뒤섞어 버무리는 밥이다. 비빔밥이라는 말이 문헌에 처음 나온 것은 19세기 말엽에 편찬한 〈시의전서(是議全書)〉다. '부빔밥(汨/骨董飯)'으로 표기하였다. 한자어 골동(汨/骨董)은 '어지럽게 섞는다'는 뜻이고, 飯(반)은 '밥'이다. 비빔밥을 색깔이 아름다워 화반(花飯; 꽃밥)이라고도 부른다.

비빔밥은 예로부터 산신제나 동신제에 차린 제사 음식을 골고루 받아 비벼 여럿이 함께 먹은 데서 비롯하여, 조상님께 올린 제삿밥에서 발달한 것으로 보인다. 전주비빔밥과 진주비빔밥이 대표적이다. 대구·안동지방에는 헛제사밥이 있다.

전주비빔밥은 사골 국물로 밥을 짓는데 뜸들 무렵 콩나물을 넣어 살짝 데친다. 이렇게 지은 밥에 묵은 간장, 고추장, 쇠고기 육회, 참기름 등을 넣고 날달걀을 깨어 얹어 비빈다. 철따라 햇김, 청포묵, 쑥갓, 깻잎을 더하여 계절의 맛을 즐길 수 있다. 여기에 콩나물국과 물김치가 필수다. 진주비빔밥에는 나물 종류가 많이 들어간다. 콩나물 대신 숙주나물을 쓰며 갖은양념과 선짓국을 곁들여 먹는다.

안동, 진주지방의 전통 향토음식 헛제사밥(虛-)은 제사를 지내고 먹는 밥이 아니라, 제사음식처럼 차린 비빔밥을 말한다. 파와 마늘을 쓰지 않는다. 고추장이 아닌 깨소금, 간장으로 간을 하고 탕국을 곁들여 먹는 것이 특징이다.

음식은 보약이다. 비빔밥은 채소와 고기를 적정 비율로 하여 이것저것 섞어 먹으니 영양학적으로도 매우 훌륭한 건강식이다. 지역별로 식재료와 배합 비율이 다르다. 조리 방법과 손맛도 달라 음식 맛이 여러 갈래다. 온갖 재료가 화학반응을 일으키듯 어우러지기 때문에 오묘한 맛으로 재탄생된다. 정갈스레 차린 비빔밥의 맛깔스러움은 재료마다 지니고 있는 맛의 총합이다.

비빔밥은 비행기 안에서 국내외 승객들에게 제공될 정도로 인기가 좋다. 영양가도 높고 찬란하리만큼 아름다운 색과 상큼한 맛이 외국인의 입맛을 사로잡아 세계적인 음식으로 꼽는다.

오늘날 학문 분야 전반에 걸쳐 칸막이를 없애고 유기적인 구성으로 소통하려는 '지식의 대융합'도 비빔밥의 원리에서 찾을 수 있다. 비빔밥은 부분과 전체의 조화가 생명이다. 약탕관에 달인 여러 가지 한약재의 진액(津液)이 비빔밥과 같은 융합의 본질이다.

비빔밥에 이념과 갈등·분열 그리고 분단을 뛰어넘어 겨레의 화합과 통일 곧 상생의 길로 나아가는 정치·경제 철학이 담겨 있다. 우리 민족에게는 동·서문화를 아울러 새로운 인류문화를 창조해 나갈 비빔 정신이 있다. 비빔밥은 어울림을 상징하는 문화양식이다.

05
유산균이 풍부한 김치

상차림에서 빼어놓을 수 없는 김치는 독창적인 전통 발효식품이다. 아주 오래전부터 조상들은 신선한 채소를 구하기 어려운 겨울철에 균형 있는 식사를 하기 위하여 김치를 담갔다. 그 종류가 배추김치, 보쌈김치, 갓김치, 물김치, 동치미 등 자그마치 200여 가지나 된다.

'김치'라는 말은 우리가 만든 한자어 '딤치(沈菜: 채소를 소금물에 담근다)'가 '짐츼〉김츼〉김치'로 음운 변화 과정을 거쳤다. 이보다 더 오래된 말에 '지(〈디히)'가 있는데, 지금도 전라도 지방에서 김치를 '지'라고 한다. '단무지, 묵은지(묵은 김치), 오이지, 섞박지, 싱건지, 오그락지(무말랭이 반찬), 젓국지, 익은지, 짠지, 장아찌'가 그 자취다. 처음에는 단순하게 절이는 수준에 머물다가 산화, 부패를 억제하는 고추가 들어가면서 김치는 거듭나기 시작하였다.

김치는 배추나 무를 소금에 알맞게 절여 갖은 양념과 함께 버무려 담근 음식이다. 이 때 간수를 충분히 뺀 천일염으로 절이는 것이 좋다. 그래야 발효가 잘 되어 쉽게 무르지 않고 아삭한 식감이 오래 유지된다. 햇볕과 바람이 만든 순수 자연식품 천일염은 나트륨 함량이 낮고 칼륨·칼슘 등 미네랄이 풍부한 물질이다.

양념은 간장, 고춧가루, 마늘, 파, 생강, 젓갈*은 물론 굴, 오징어, 명태 따위의 어패류가 골고루 들어간다. 지방마다 들어가는 재료가 다르다. 김치 맛을 좌우하는 고추의 캡사이신 성분이 김치의 산패(酸敗; 빠른 발효)를 억제시키면서 바이셀라 유산균이 대량으로 증식하여 항암과 면역력 증진에 효과가 있다. 마늘의 알리신은 당뇨, 혈액질환, 암을 예방하고 항균 작용을 하는 것으로 알려졌다.

잘 익은 김치에 비타민 C와 아미노산, 특유의 톡 쏘는 맛을 내는 유산균(젖산균)이 들어 있다. 김치 1g에 유산균 수도 1억 마리가 넘는다. 유기산은 우리 몸에 해로운 균을 죽이고 장 안에서 물질대사를 도와 체력을 증진시키며 원기 회복과 식욕을 돋우는 효과가 있다. 배추와 무를 발효해 만든 식물성 유산균 발효액 ENT는 김치유산균을 활용한 천연 항균제다.

우리 몸속의 장에는 무려 백 종류, 백 조 개의 세균이 살고 있다. 이른바 김치유래유산균(nF1), 카제이균, 비피더스균 등의 좋은 균과 나쁜 균(웰치균과 대장균 등)이 있다. 건강할 때에는 좋은 균이 세력을 넓

---

* 젓갈: 어패류의 살·알·창자·뼈 등을 소금에 절이거나 양념하여 삭힌 음식. 우리나라의 젓갈 종류는 145종을 넘는다.

혀 나쁜 균의 번식을 억제한다. 그래서 김치를 먹으면 면역력이 증강하여 장내 세균의 균형이 깨지는 것을 방지할 수 있는 것이다.

발효식품의 단짝은 옹기다. 옹기의 숨구멍을 통해 산소와 햇빛이 들어가기 때문에 젖산균 등이 숨을 쉴 수 있다. 요즘은 시골 마을에서나 간간이 보이지만, 40여 년 전만 해도 집집이 마당가에 한 길 정도 땅을 파 김장독을 묻고 이엉으로 낟가리처럼 가려 놓은 것을 흔하게 볼 수 있었다. 저장된 김치는 얼지 않고 잘 익어 상큼한 맛 그대로 그때그때 꺼내 먹곤 하였다.

그런데 1980년대부터 아파트가 들어서면서 마당과 함께 장독대를 잃은 도시민들은 김칫독 대신 냉장고를 이용하고 있다. 김치 냉장고는 땅에 묻은 김칫독의 온도 환경을 본떠 1995년에 처음으로 만들어진 이래 부엌 필수품이 되었다.

겨우내 먹으려고 늦가을에 김치, 깍두기, 동치미 따위를 한목에 담그는 일을 김장이라고 한다. 김장은 한자 딤장(沈藏) 또는 진장(陳臟)에서 온 말인데 '담가 저장한다'는 뜻이다. 김장은 워낙 품이 많이 드는 일이라 일가친척이나 이웃 사람들의 도움을 받는다. 이 날은 동네잔치라도 벌어진 것처럼 온 마을이 시끌벅적하다. 김장 날 품앗이를 함으로써 이웃 간의 친목 도모와 김치 담그는 기술과 정보가 폭넓게 교류되는 더 없이 좋은 기회다.

김치는 우리 음식의 상징이요, 섞음과 버무림의 미학을 잘 보여주는 식품이다. 어떤 음식과도 잘 어울린다. 요즘 다른 음식과 만나 새로운 맛을 내는 메뉴로 다양하게 진화해 가는 중이다. 김치찌개에서 김치만두, 김치스파게티, 김치피자, 김치장어덮밥, 김치퀘사디아, 김치 노리마키, 치즈김치, 두부김치 등의 퓨전 요리가 그렇다.

세계 5대 건강식품으로 김치가 선정되면서 우리 음식을 찾는 외국 사람이 부쩍 늘었다. 이제 김치는 세계인의 입맛에 익숙해져 가는 인류 보편의 음식으로 자리매김하고 있다. 게다가 나눔의 정신을 실천하는 '김장문화'가 2013년 12월 유네스코 인류무형문화유산으로 등재되었다. 김치로 우리나라의 좋은 이미지를 드러내는 것도 한류의 단면이다.

06
발효식품 된장과 간장

간장과 된장은 김치, 젓갈류와 더불어 우리의 대표적인 유산 발효식품이다. 기다림의 미학이 만들어낸 장은 오래 전부터 음식 맛을 결정짓는 기본양념으로 귀하게 여겨왔다.

장(醬)은 콩을 발효시킨 메주로 담근다. 메주콩은 단백질, 탄수화물과 불포화지방산, 이소플라본, 각종 비타민, 식이섬유, 사포닌과 레시틴 등이 들어 있는 영양 덩어리요 항암 효과가 뛰어난 알곡이다. 유전자 조작과 방부제를 사용하지 않은 경우라면, 콩은 신이 내린 완벽한 먹거리라고 한다.

콩의 재배 역사는 4천 년 전으로 거슬러 올라간다. 한민족이 대대로 재배해온 메주콩의 원산지는 우리의 옛 땅 만주지역(부여, 고구려 땅)이다. 미국을 비롯하여 서양에 알려진 때는 19세기 초다. 〈본초강목〉에 콩이 부종(浮腫)이나 신장질환, 중독에 효과가 있는 것으로 기록되어 있다. 〈동의보감〉에는 독이 없으며 오장을 보하고 경맥과 중초를 고르게 하고 위장을 따뜻하게 한다고 하였다(無毒 補五臟 益中 助十二經脈 調中 煖腸胃).

발효는 부패와 전혀 다른 개념이다. 부패가 썩는다는 뜻으로, 본래의 질보다 나쁘게 변하는 것이라면 발효는 좋게 변하는 쪽이다. 즉 발효(醱酵; fermentation)란 효모·곰팡이 따위의 미생물 작용으로 유기물이 분해 및 변화하는 현상을 말한다. 곡물의 발효 과정에서 생성되는 천연 효소가 소화·대사 작용을 돕는 단백질이다.

메주는 음력 10월쯤 콩을 물에 불리고 삶아 절구에 찧어 뭉쳐 구덕구덕하게 말린다. 그 다음 따뜻한 온돌방에서 볏짚을 깔고 보름 정도 띄운다. 그리고 새끼줄로 묶어 바람이 잘 통하는 처마 밑에 매달아 놓는다. 숙성과 발효를 일으키는 미생물은 주로 누룩곰팡이와 고초균이다.

메주의 역사는 오래다. 〈삼국지 위지 동이전(290년)〉에 "고구려인들은 장 담그는 솜씨가 뛰어나다"라고 기록하였다. 〈삼국사기〉 신문왕조에 된장이 나온다. 장(醬)을 뜻하는 만주어 [미순]이나 일본어 [미소(된장)]는 우리말 메주에서 유래한 이름이다. 우리나라와 중국, 일본은 장문화권에 속한다.

장 담그기는 음력 이삼월에 하는 데 온갖 정성을 다 들이는 집안의 큰 행사다. 장을 담그는 법은 다음과 같다. 먼저 소금과 물을 1:3의 비율로 독에 붓는다. 물은 맑고 깨끗한 천연수가 좋다. 소금도 천일염이라야 한다. 장맛을 결정하는 중요한 요소가 물과 소금이기 때문이다. 어머니들은 달걀을 사용하여 염도를 정확하게 측정하였다. 소금물에 달걀을 띄워 500원짜리 동전만큼 드러나 보이면 염도 18도로 가장 적당하다.

그 다음에 깨끗이 씻은 메주를 넣고 숯덩이와 마른 고추를 띄워 볕이 잘 드는 장독대에서 약 2개월간 발효시킨다. 장맛은 장독이 좌우한다. 그래서 장 담글 독을 엎어 놓고 짚불을 피워 소독을 하고 금이 갔는지를 확인해 보는 것이다. 여러 해 쓰던 독이 발효를 잘 시켜 장맛을 계속 좋게 한다. 그러므로 어머니들은 시어머니로부터 물려받은 숨 쉬는 장독을 매우 귀하게 여겼다.

삭힌 메주는 건져내어 소금을 더 뿌리고 한 달 반 정도 숙성시키면 된장이 된다. 장독에 용수[*]를 박아 떠낸 맑은 물이 간장이다. 남은 간장은 5~6개월이 지나면 햇간장이 완성되는 것이다. 또한 담북장이나 청국장은 푹 삶은 흰콩을 볏짚에 붙은 고초균을 이용하여 띄워 양념을 넣고 소금으로 간을 하여 숙성시킨다.

〈증보산림경제(1766)〉에 "장은 모든 맛의 으뜸이다. 장이 좋지 않으면 비록 좋은 채소나 맛난 고기가 있어도 좋은 요리가 될 수 없다"라고 하여 장맛의 중요성을 들었다. "장맛을 보면 그 집안을 알 수 있다"는 말처럼 살림 솜씨를 알려주는 기준을 '장맛'으로 가늠한 것이다.

'장과 친구는 오래될수록 좋다', '묵어야 장맛'이라는 속담이 있다.

* 용수: 술이나 장 따위를 거르는데 쓰는 기구, 싸리나 대오리 따위로 둥글고 깊게 통처럼 만듦

간장을 해마다 가마솥에 달여 저장하면 맛이 진한 진간장이 된다. 한 집안에서 약 350년 묵힌 간장도 있다. 매년 간장을 담글 때마다 씨간장을 조금씩 보태어 그 맛을 이어간다. 묵은 간장에 햇간장을 섞어 만든 덧간장이 아니라 150년 동안 온전히 보존된 간장도 있다. 묵은 장의 감칠맛은 가풍을 담고 있는 듯 그윽하고 은근하다.

발효음식은 시간이 지나면 지날수록 맛이 좋아지고 영양이 더 풍부하다. 간장은 오래될수록 새까맣고 조청처럼 끈적끈적하며 음식에 조금만 넣어도 담백하면서 깊은 맛을 낸다. 또한 아미노산, 유기산, 핵산 등 인체에 유익한 성분 함량이 높아 '약간장'으로 불린다. 묵은 장일수록 항암 효과가 크다고 한다.

비빔밥에 빼놓을 수 없는 고추장은 매운 맛을 내는 식품이다. 찹쌀가루와 엿기름을 고르게 섞어 삭히고 달여 메줏가루와 고춧가루를 넣고 버무린 다음에 소금으로 간을 한다. 단지에 담아 숙성시키면 완성된다. 고추장은 우리만의 독특한 소스다.

장은 장아찌를 낳았다. 장아찌는 무나 오이·마늘 따위를 썰어 말려서 간장에 절이고 양념을 하여 묵혀 두고 먹는 반찬이다. 16세기 표기는 '쟝앳디히'다. '쟝(醬)+애(처소격조사)+ㅅ+디히, 쟝과[醬瓜]〉쟝와+디히'로 분석된다.[쟝앳디히〉쟝앗디이〉쟝앗지이〉쟝앗지〉장아찌] 어원적 의미는 '장에 담근 김치'다.

예로부터 할머니들은 장독에 금줄을 두르고 마른 고추나 한지, 버선, 숯 등을 끼워 잡귀를 막았다. 장독을 햇볕이 잘 들고 바람이 통하는 곳에 놓고 행주로 닦아가며 깨끗하게 관리하였다. 가장 정갈하고 맛있는 장을 만드는데 온갖 정성을 기울인 것이다. 해마다 장을 담그니 장독대에는 햇간장에서 10여 년 묵은 간장독에 이르기까지 그득하다. 보통 햇간장은 국을 끓일 때 넣는다. 그리고 소금이 가라앉아 짜지 않은 묵은 간장은 나물을 무칠 때 주로 쓴다.

된장은 맛이 구수하고 향이 있어 국이나 찌개로 끓여 먹거나 쌈을 먹을 때 넣는다. 성질이 차서 열을 내리고 음식에서 나오는 독소를 없앤다. 채소의 농약 성분을 제거하는 효능도 있다. 또한 벌에 쏘이거나 데었을 때 된장을 발라 화끈거림을 줄이고 염증을 가라앉히는 민간요법은 바실러스균에 의한 작용으로 항생물질이 생겨 약효를 내는 것으로 알려졌다.

된장에는 이소플라본, 키토올리고당과 바실러스균(고초균), 아르기닌 등이 들어 있어 유방암, 전립선암, 대장암, 심장질환 등의 위험을 낮춰주는 항암 효과가 뛰어나다. 그리고 뇌졸중이나 고지혈증을 예방하고 노화를 늦추며, 간 기능을 강화하는 음식이다.

한 나라의 전통음식은 그 나라의 문화를 상징한다. 된장이나 간장, 고추장은 콩으로 만든 대표적인 발효음식이다. 콩은 천연적인 초우량 식품이다. 거기에 더하여 우리는 훌륭한 발효기술을 가지고 있다. 긴 겨울 덕분에 김치를 비롯하여 장류, 젓갈류 등 발효음식이 발달한 것이다. 된장과 김치는 이미 건강식품으로 세계인의 주목을 받고 있다. 앞으로 유용 발효물질의 연구 개발을 기대한다.

07
채식 위주의 건강한 밥상

우리 밥상은 채식 위주의 먹거리로 차려진다. 나물 반찬의 재료로는 모든 채소와 먹을 수 있는 나무의 새순 그리고 풀, 해초다. 나물은 입맛을 돋우고 영양분이 풍부한 건강식품이다.

나물에는 '남새'라 하여 밭에서 가꾸는 온갖 푸성귀 곧 채소와 산과 들에 저절로 나서 자라는 '푸새'가 있다. 남새에 배추, 무, 시금치, 미나리, 가지, 고추, 마늘, 파, 상추, 쑥갓, 부추, 아욱, 도라지, 호박 등이 있다. 그리고 푸새는 고사리, 곰취, 참나물, 취나물, 더덕, 쑥, 비름나물, 씀바귀, 두릅나물, 버섯 등을 말한다. 여기에서 잎, 줄기, 뿌리, 열매가 식용으로 선별된다.

나물을 먹는 식문화는 농경생활부터 시작하여 삼국 시대에 대중화되었다. 고려 시대에는 숭불사상으로 육식이 금지되어 나물의 이용이 크게 늘어났다. 조선 시대에 들어와 나물이 구황식품으로 널리 이용되면서 채식 위주의 식생활이 자리를 잡았다.

우리에게 식용 나물을 고르는 감식력이 일찍부터 발달하였다. 전쟁통이나 오랜 가뭄, 춘궁기 보릿고개에 풀뿌리와 나무껍질이라도 먹어야 목숨을 이을 수 있다는 절박한 상황에서 식별력이 길러진 것이다. 역설적으로 생각하면, 그 덕분에 먹을 수 있는 나물이 풍성해졌다고 할 수 있다.

한반도는 남북으로 길게 벋어 면적에 비해 지형이 복잡하며 기후도 다양하다. 삼림 지대는 남쪽에서부터 난온대·냉온대·냉대 순으로 이어진다. 식물이 지형과 토양 그리고 기온과 강수량에 크게 영향을 받으므로 그 종류가 4,500종이 넘는다. 이 가운데 800여 종이 먹을 수 있는 식물로 알려졌다. 이를테면 나물이 지천인 나라다.

나물은 제철에 채취하여 깨끗이 씻어 날것으로 그냥 먹거나 상추, 깻잎, 곰취처럼 이파리가 큰 것은 쌈을 싸서 먹는다. 또는 끓는 물에 살짝 데치거나 삶아 파, 마늘, 생강, 고춧가루, 깨소금, 기름, 된장, 고추장 등 갖은 양념에 조물조물 무치거나 볶아 먹는다. 쑥국, 아욱국, 근댓국, 냉잇국과 같이 국을 끓여 먹기도 한다.

나물을 양념에 섞어 먹는다는 것은 영양학적으로 이상적인 방법이다. 예를 들면 시금치는 영양이 풍부한 식품인데, 결석을 유발하는 '수산'이 들어 있다. 그래서 시금치를 살짝 데쳐 깨나 깨소금, 참기름을 듬뿍 넣어 무친다. 깨소금에 많은 양질의 칼슘이 수산의 해로움을 없애 버리면서 맛도 낼 수 있기 때문이다. 이처럼 각종 자연식품을 섞는 식문화는 경험으로 알게 된 지혜다.

가을철에 박고지, 호박고지, 시래기, 무말랭이를 마련하고 봄철에 뜯은 들나물과 산나물은 삶아 말려 저장하였다가 겨울철에 먹는다. 날씨가 풀리고 봄이 오면 냉이, 쑥, 씀바귀 등의 햇나물로 영양을 보충하였다. 한편 계절에 관계없이 인위적으로 싹을 틔운 새싹 채소, 콩나물, 숙주나물도 있다.

조상들은 냉이나 배추, 대파, 양파, 콩나물 등은 뿌리째 먹었다. 사과, 배, 포도, 참외 같은 과일은 껍질을 깎지 않고 통째로 먹었다. 뿌리와 껍질이 영양 덩어리라는 사실을 이미 알고 있었던 것이다. 한약재의 대부분이 식물의 뿌리다. 대파 뿌리에는 황산화 성분인 폴리페놀이 잎·줄기보다 두 배가량 많다. 콩나물은 아스파라긴산의 80% 이상이 잔뿌리에 있다. 양파 속보다 껍질에 퀘르세틴 함량이 더 많다. 포도 껍질에 심장·혈관 질환을 예방하는 레스베라트롤이 들어 있어 건강에 도움을 준다. 이들을 제대로 섭취하려면 잘 씻어 잔류 농약을 없애야 한다.

식물의 껍질은 몸체를 보호하는 방패. 식물은 동물처럼 움직일 수 없어 외부의 세균·자외선으로부터 스스로를 보호해야 한다. 따라서 수많은 면역물질은 껍질에서 생성된다. 껍질에 풍부한 펙틴은 과육이 상하는 것을 막아준다.

정월 대보름에 다섯 가지 곡식으로 오곡밥을 짓고, 열 가지 나물로 반찬을 만들어 먹는다. 여기에 견과류를 더한 것은 한겨울 모자라기 쉬운 영양소를 보충하기 위해서다. 전통 밥상은 채식과 육식의 비율이 8:2 정도라서 매우 이상적인 상차림이라고 할 수 있다.

우리에게 가장 친숙한 곡물 발효식품과 신선한 채소에 효소가 풍부하다. 효소(酵素; 뜸팡이)는 몸 안에서 모든 대사 활동에 작용하는 단백질이다. 주로 소화·흡수, 혈액 정화, 항염·항균, 해독·살균, 세포 부활, 분해·배출 작용으로 생명 활동과 밀접한 관계에 있는 고분자 화합물이다. 그래서 한식을 영양학적으로 조화와 균형이 잘 잡힌 음식이라고 평가한다.

나물은 뜯어서 삶아 말리고 보관해야 하므로 손이 많이 가는 식재료다. 말릴 때는 생나물을 다듬고 씻어 바람이 잘 통하는 응달에 고르게 펼쳐 넌다. 살짝 삶아 데친 것은 볕에 널어 말리는 것이 요령이다.

근래에 양파, 당근, 표고버섯, 감자, 호박 등을 채 썰어 말려, 1인분씩 포장한 상품 '채소볼'이 개발되어 소비자들에게 좋은 평을 받고 있다. 이것을 물에 10분간 불리면 누구나 손쉽게 조리하여 먹을 수 있다. 농가 소득 증대에 크게 도움이 될 창의적인 아이디어 제품이다.

이어령은 "나물을 캐고 무치고 먹는 행위는 자연과 어울리고 우주의 생명력과 교감하는 생활 의식(儀式)의 하나다. 그리고 단군신화의 쑥과 마늘은 우리 나물 문화의 원형이 된다"라고 하였다. 식량 부족으로 가난하던 시절 나물은 배고픔을 달래주던 구황식품이다. 나물에 각종 비타민과 무기질이 다량 함유되어 있다. 장내 유해 성분을 흡착해 몸 밖으로 내보내는 섬유소가 많아 대장암 예방에도 효능이 뛰어나다.

요즘 세계적으로 채식에 대한 관심이 부쩍 높아졌다. 육식 위주의 식사는 궁극적으로 지구환경과 인간의 건강을 해친다. 공장식 농장에서 잔인하게 사육되는 동물의 기본권 침해가 커다란 사회 문제로 떠오르고 있다. 동물복지와 환경을 생각하는 인도적 축산과 유기농법, 슬로우푸드(slow food) 운동이 그 대안이다. 비만이나 당뇨 등을 일으키는 패스트푸드에 반기를 들고 정성이 담긴 전통음식으로 건강을 되찾자는 취지다.

우리 민족은 채소와 나물을 즐겨 먹는다. 나물은 향이 좋을뿐더러 갖은 양념으로 버무려 독특한 맛과 영양을 고루 갖추어 질병 예방과 치료에 도움이 되는 음식이다. 나물을 많이 먹는 식문화가 한의학 분야의 본초학과 생약 등 생물학의 진보에 크게 영향을 준 것도 사실이다. 나물은 고품격의 건강식품이다.

08
섬유질이 넉넉한 시래기

채소를 겨울철에 먹기 위하여 가장 간단하게 저장할 수 있는 방법은 말리는 것이다. 무의 잎과 잎줄기(무청)를 말린 것을 시래기라고 한다. 시래기는 우리네 밥상에서 빼놓을 수 없는 나물 반찬거리다.

얼마 전까지만 해도 초겨울 김장철이 되면 집집이 무청을 새끼줄로 가지런히 엮어 처마 밑에 죽 매달아 놓았다. 바람이 잘 통하는 그늘에 무청을 서서히 말려야 상하지 않고 오랫동안 보관할 수 있다. 잘 말린 시래기는 옅은 녹색을 곱게 띠고 영양가도 높다.

시래기로 음식을 만들려면 우선 삶아야 한다. 미지근한 물에 담가 20분 정도 불린 다음 30~40분간 삶는다. 그 다음 8시간 정도 물에 다시 담갔다가 건져내어 손으로 꽉 눌러 짜 물기를 뺀다. 그러면 잎과 줄기가 부드러워져 식재료로 쓸 수가 있다.

전순의가 지은 〈산가요록〉에 말린 고사리 불리는 법을 다음과 같이 소개하고 있는데, 다른 종류의 나물에도 적용해 봄직하다. "말린 고

사리를 빈 가마니 위에 놓고 흙으로 덮어 수시로 물을 뿌려 축축하게 해주면 생 고사리와 다를 것이 없다"고 하였다.

시래기는 주로 나물로 무치거나 국을 끓여 먹는다. 시래기 된장국, 감자탕, 시래기고등어조림, 시래기민어찜은 맛이 구수하여 입맛을 돋운다. 쌀과 잣, 대추, 은행, 콩 등을 시래기와 함께 넣어 지은 영양밥도 있다. 찹쌀과 시래기로 지은 밥에 양념장으로 간을 한 주먹밥은 간편하게 먹을 수 있는 건강식이다.

무청은 무 뿌리보다 비타민C, 식이섬유, 칼슘, 칼륨, 철분, 엽산(葉酸, folic acid)의 함량이 매우 높다. 말리는 과정에서 식이섬유가 3~4배 이상 늘어나므로 시래기의 효능이 생채보다 더 뛰어나다.

섬유소는 소화되지 않은 채 수분을 머금고 장 속을 통과하므로 똥을 부풀게 하고 부드럽게 만들어 변 보기가 쉬워진다. 시래기 음식을 먹으면 똥을 눌 때 노폐물도 함께 몸 밖으로 빠져나간다. 결과적으로 심장질환과 결장암의 발병률을 낮춘다. 또한 시래기에 철분 함량이 많아 빈혈 예방에 좋고, 칼슘과 비타민D가 풍부해 뼈를 튼튼하게 하며 골다공증 예방에 도움을 준다. 그리고 음주로 인한 간을 해독하고 간암을 억제하는 효과도 있다.

근래에 시래기가 건강식품으로 널리 알려지면서 수요가 급증하였다. 강원도 산간지방에서 겨울철 덕장에 명태를 얼리고 말려 황태를 만들 듯이, 무청 시래기를 전문적으로 대량생산하여 국내 시판과 해외에 수출까지 한다.

채소를 정성껏 말려 저장해 두고 먹는 것은 겨우내 균형 있는 영양 섭취를 하기 위해서다. 특히 고기를 많이 먹는 현대인의 식생활에서 섬유질이 듬뿍한 시래기 음식의 섭취는 절대적으로 필요하다. 요즈음 시래기는 누구나 할 것 없이 사시사철 즐겨 찾는 식재료로 호평을 받고 있다.

09
독특한 음식문화 상추쌈

우리의 밥상차림은 탕국, 찌개, 김치 그리고 쌈으로 특징지을 수 있다. '쌈'이란 상추나 배추, 들깻잎, 김 따위로 밥과 반찬을 싸서 먹는 음식을 말한다.

조선 후기 홍석모의 〈동국세시기〉에 정월보름날 나물 잎에 밥을 싸서 먹었다는 '복쌈'이 나온다. 사람들은 복(福)을 싼다는 의미로 채소나 산나물 가운데 잎이 큰 것을 데치거나 그대로 쌈을 싸서 먹었다. 그 가운데 상추쌈이 단연 으뜸이다.

상추는 날로 먹는 채소라는 뜻의 生菜(생채)가 '싱치〉상치〉상추'로 변한 말이다. 쌈 싸먹는 문화는 고려 시대에 몽고인에게로 건너가 인기가 높았다고 한다. 상추쌈에 관한 가장 오래된 기록은 중국 원나라 사람 양윤부가 14세기 중반에 쓴 〈난경잡영〉에 나오는 "高麗人以生菜裹飯食之(고려인은 생채로 밥을 싸 먹는다)"다. 고려의 상추가 질이 좋아 천금을 주어야만 씨앗을 얻을 수 있다고 해서 중국인은 천금채(千金菜)

라고 불렀다는 〈해동역사〉의 기록도 전한다.

초록색 채소는 DNA의 손상을 막고 간과 폐를 건강하게 만드는 것으로 알려졌다. 또한 공해물질을 해독하고 신진대사를 촉진하여 피로를 풀어주는 기능이 있다. 데치거나 삶는 것보다 깨끗이 씻어 쌈이나 샐러드 등 날로 무쳐 먹는 것이 더 효과적이다.

옛 문헌을 보면 상추쌈을 먹음직스럽게 싸서 입을 크게 벌리고 볼이 미어질 정도로 아귀아귀 먹는 모습이 점잖지 못한 것으로 비춰졌나 보다. 이덕무는 〈사소절〉에서 쌈을 품위 있게 먹는 법을 소개하였다. '쌈을 쌀 적에는 손바닥에 직접 놓고 싸지 말라. 숟가락으로 밥을 떠 그 위에 젓가락으로 쌈을 덮어 입에 넣고 장을 찍어 먹는다. 그리고 입에 넣을 수 없을 정도로 크게 싸서 볼이 불거져 보기 싫게 하지 말라'고 가르쳤다.

상추쌈은 밥에 끓인 된장이나 볶은 고추장을 넣고 싼다. 고기도 그냥 먹는 것이 아니라 손을 씻고 손바닥에 상추를 편 다음, 그 위에 굽거나 삶은 또는 볶은 고기를 놓고 장(醬)과 마늘, 풋고추를 얹어 싸서 한입에 넣는다. 이는 고기와 채소의 조화로운 식사로 맛이 있고 영양 면에서도 과학적으로 균형 잡힌 식문화다. 날것과 익힌 것 그리고 채식과 육식이 한데 잘 어우러지는 구조다.

상추에는 철분이 많아 피를 만들고 맑게 하는 기능이 있다. 쌉쌀한 맛이 여름철 식욕을 돋운다. 부룻동(상추 줄기)에 함유된 우윳빛 진물에는 아편과 같이 진통과 마취 작용이 있는 '라쿠루신' 성분이 들어있다. 그래서 상추를 먹으면 잠이 잘 오는 것이다.

이를테면 불면증이나 신경과민증, 울화병을 풀어주는 효능이 있다. 기원전 430년 경 히포크라테스가 상추의 진통 진정 효과에 대하여 말한 바 있다. 〈본초강목〉에 "상추는 가슴에 뭉쳐진 기(氣)를 풀어주며 막힌 경락을 뚫어준다"고 한 내용이 이를 뒷받침한다.

쌈의 극치는 뭐니 뭐니 해도 구절판이다. 구절판찬합(九折坂饌盒)의 여덟 칸에 담긴 형형색색의 여러 가지 음식을 가운데 칸에 담긴 밀전병에 조금씩 골고루 얹어 싸서 먹는다. 구절판은 손포가 많이 가는 음식으로 어머니의 정성과 섬세한 손맛 그리고 미적 감각이 어우러진 예술품이라고 할 수 있다. 보기에 아름답고 맛도 좋을뿐더러 영양이 균형 잡혀 최고의 건강식으로 꼽힌다.

쌈을 먹는 문화는 무엇인가를 싸서 간단하게 뭉뚱그리는 보자기 철학에서 유래한 것으로 보인다. 잎이 큰 채소나 산채가 쌈 재료로 쓰인다. 쌈과 같은 계열의 음식에 김밥, 보쌈김치* 등이 있다. 쌈은 주식과 부식이 뚜렷한 식사 체계에서 고른 영양분 섭취와 다양한 맛감각으로 입맛을 돋우는 아주 독특한 식문화다.

10
우리의 전통술 막걸리

막걸리는 대표적인 전통 발효주다. 빛깔이 희뿌옇고 상큼하게 감칠맛 나는 것이 특징이다. 알코올 성분이 6~7도다. 탁주(濁酒) 또는 농주

---

* 보쌈김치: 알맞은 길이로 썬 무와 배추에 갖은 양념을 한 소를, 넓은 배추 잎에 싸서 담근 김치.

(農酒)라고도 한다.

담그는 방법은 찹쌀, 멥쌀, 보리, 밀, 옥수수 따위를 시루에 찐 뒤에 꼬들꼬들하게 약간 말린다. 빻은 누룩과 골고루 섞어 독이나 항아리에 담고 물을 부어 뚜껑을 닫는다. 22~25°C의 온도에서 일 주일 정도 삭혀 체로 거른다. 누룩은 밀을 굵게 갈아 반죽하여 모양을 만들고 적당한 온도에서 띄운 것이다.* 누룩곰팡이와 효모를 번식시켜 술을 빚는 데 쓰는 천연 발효제다. 곡물의 전분을 분해하여 발효 가능한 포도당으로 변환시키는 역할을 한다. 발효 과정에서 일어나는 반응은 '당→(효모)→에탄올(알코올)→이산화탄소(탄산가스)'다.

막걸리는 부사형 접두어 '막(이제 바로/갓/몹시)'에 '거르다'의 '걸러/거르/걸-+-이(명사형어미)'로 된 합성어다. 결국 '이제 바로/ 마구 걸러낸 술'이란 뜻이다. 한자어로 '탁주(濁酒; 흐린 술)'라고 한다. 약주(藥酒)로도 불리는 청주(淸酒; 맑은술)는 체로 거르지 않고 술독 안에 용수를 질러 괸 술을 맨 처음에 떠낸 웃국이다. 조상들은 막걸리나 소주보다 청주를 고급술로 치기 때문에 제사 때 신에게 청주를 바쳐온 것이다.

술 빚기는 고대부터 내려온 전통이다. 그 역사는 삼국 시대로 거슬러 올라간다. 〈고려도경〉에 "백성들이 즐겨 마시는 술은 맛이 텁텁하고 빛깔이 진하다"라는 기록이 있다. 막걸리를 집집이 담가 먹은 것으로 보인다. 아라비아에서 몽고를 거쳐 고려 후기에 들어온 소주(燒酒; 아랑주)는 지에밥에 누룩을 섞어 삭힌 뒤 다시 소줏고리에 증류한 술이다.

양조주의 최대 알코올 생성량은 20%다. 그 이상에서는 효모균(뜸팡

* 누룩은 삼국 시대부터 이용하였다. 12세기 문헌 〈고려도경〉과 조선 시대 문헌 〈사시찬요초〉에 누룩이 기록되었다. 누룩을 빚는 법은 〈동의보감〉, 〈산림경제〉, 〈임원경제지〉 등에 나온다.

이)이 발효되지 않는다. 그러나 증류와 정련을 거치면 알코올 함량이 60%까지 달할 수 있다. 안동소주, 이강주, 문배주, 홍주 등은 이렇게 주조한 증류주다.

술을 가리키는 일본어 [sake]가 '담가 놓은 음식물이 발효하여 맛이 들다'라는 우리말 동사 '삭다/ 삭히다'의 어근 '삭-'과 동근어다. 이는 백제 사람 수수보리가 누룩으로 술 담그는 방법을 알려주면서 건너간 말이다. 쌀 문화권에 있는 라오스에서도 찹쌀밥에 누룩을 버무려 띄워 물을 타 라오하이(막걸리)로 마신다.

우리는 주도(酒道)를 중시하는 민족이다. 어른 앞에서 술 마시는 법을 배워 바른 술버릇을 익혔다. 윗사람이 술을 권하면 사양하지 말고 두 손으로 공손히 받아 허리를 옆으로 돌려 소리 안 나게 마신다. 술을 따를 때도 두 손으로 하는 것이 예의다. 나이가 많은 사람에게 먼저 잔을 권하는 것이 술자리에서의 기본 예의다. 술잔을 서로 부딪칠 때는 아랫사람의 술잔을 조금 낮춤으로써 예의를 표시한다.

음주 문화를 나타내는 말에 수작과 왕대포가 있다. 우리나라 사람들은 친근감의 표현으로 술잔을 돌려 마신다. 원래 수작(酬酌)은 술잔을 서로 주고받는다는 의미인데 '말을 서로 주고받는다'로 전의되어 쓰인다. 왕대포는 큰 대폿잔으로 마시는 술이란 뜻이다. '왕+대포(大匏; 큰 바가지)'로 분석된다. '왕'은 크다를, '대포'는 술을 큰 잔으로 마시는 일을 뜻한다. 곧 여러 사람이 그 잔을 순서대로 돌아가며 마시는 술 문화다. 술잔을 서로 주고받음으로써 우의를 굳게 다지고 친밀감과 동질감을 재확인하며 유대를 한층 더 강화하려는 의도다.

막걸리는 알코올 함량이 낮고 영양가도 높으며 풍부한 유산균과 식이섬유가 듬뿍 들어 있어 몸에 이로운 건강식품이다. 땀을 흘리며 힘든 일을 하는 농부나 서민들이 목이 컬컬하고 시장기가 돌 때, 사발에 가득 따라 벌컥벌컥 시원하게 들이켜는 전통 음료다.

11
황토에서 얻은 신비의 물 지장수

지장수는 마실 수 있는 흙물이다. 한방에서, 황토로 된 땅을 1m 가량 파 거기서 나오는 물을 휘저어 가라앉힌 맑은 물을 지장이라고 한다.

흙에서 뽑아낸 액체의 물질인 지장은 해독제로 쓰인다. 지장수(地漿水)를 간편하게 만드는 방법은 이러하다. 항아리에 깨끗한 물을 붓고 오염되지 않은 황토를 베주머니에 담아 넣는다. 그러면 흙탕물이 되었다가 시간이 지나면서 흙은 가라앉고 노르스름한 물이 뜨는데, 이것이 황톳물 곧 지장수다.

황토에는 카탈리아제와 프로테아제(단백질가수분해 효소) 등이 들어 있다. 이들이 활성화 산소를 분해하여 여러 종류의 질병 예방과 노화를 막는 것이다. 예전부터 내려온 황토방에서의 질병 치료가 이를 잘 입증한다. 황토를 동식물의 성장에 필요한 원적외선을 많이 발산하므로 살아있는 생명체라고도 일컫는다. 양지 바른 동산에서 햇볕을 잘 쬔

아주 오래 묵은 것이 약효가 가장 높다.

〈동의보감〉에서 지장수는 성질이 차고 독이 없으며 중독성을 풀어 준다고 하였다. 지장수에는 우리 몸에 좋은 천연 미네랄인 마그네슘, 칼슘, 칼륨, 나트륨, 철 등이 들어 있다. 이러한 물질은 농약이나 중금속, 노폐물을 걸러내고 몸속의 세포와 혈액을 재생시키며 신진대사를 촉진하는 효능이 있다고 알려졌다.

조상들은 지장수의 독성 중화 효과를 알고 배탈이 나면 황톳물을 마셔 고쳤다. 그리고 벌레에 물리거나 아토피 등 피부 질환에 해독 효과가 뛰어남도 오랜 경험으로 체득한 지혜다. 그런 연유에서인지 어르신들은 철모르는 어린아이가 한옥의 흙벽을 핥아 흙을 먹어도 몸에 탈이 나지 않으므로 대수롭지 않게 여기셨다.

'혓바닥 병은 묵은 집의 흙벽을 핥으면 낫는다'는 속설이 있다. 선뜻 믿기지 않겠지만, 예전에 어느 수도승이 모래가 씹히지 않는 부드러운 흙으로 죽을 끓여먹었다고 전한다. 백성들은 기근이 들면 흙떡, 흙국수를 먹었다는 이야기도 들린다. 고려인삼으로 유명한 개성에서 토담집 폐자재인 묵은 흙벽돌을 잘게 부셔 삼밭에 뿌려 병충해를 예방하였다.

지장수로 국을 끓이거나 밥물을 붓기도 하고, 채소나 과일을 지장수에 담갔다가 씻어 중금속을 비롯한 농약 성분을 없앤다. 이 물로 콩나물을 기르고 물김치를 담근다. 차를 끓이고 막걸리도 만든다. 지장수로 조리한 음식은 우리 몸을 활기차게 하여 건강을 유지하는데 큰 도움을 주는 보약이라고 할 수 있다.

어디 이뿐이랴. 지장수로 목욕을 하여 아토피, 무좀 등 피부병 치료와 피부미용에 효과를 보았다는 보고도 있다. 멧돼지가 진흙탕에 드러누워 뒹굴며 목욕을 하고, 닭은 발로 땅을 긁어 파 흙 목욕으로 몸에 붙은 진드기나 벼룩 등 기생충을 퇴치한다. 아기를 낳은 집 대문간에 황토를 뿌리는 풍습도 산실을 정화하여 갓난아기와 산모의 보건 위생을 위한 것이다.

농가에서 오래전부터 땅의 힘을 끌어올려 생산성을 높이기 위해 황토로 객토*를 하여 왔다. 또한 바다에 적조 현상이 일어나면 황토를 뿌린다. 황토는 바닷물 속의 영양물질과 미세 플랑크톤에 엉겨 붙어 이들을 바다 밑으로 가라앉혀 죽이는 친환경 방제물질이다. 친환경 EM액과 왕겨, 황토를 반죽하여 만든 EM(Effective Micro-organisms, 유용미생물)흙공은 수질 개선에 효과가 있다.

요컨대 황토는 산성 토양을 중화시키고 적조로 죽어가는 바닷물을 정화시키는 해독력을 갖고 있다. 아무튼 황토와 지장수는 자연이 인간에게 베푼 크나큰 선물임에 틀림이 없다.

12
조상들의 음식물 보관법

음식은 조리된 지 어느 정도 시간이 지나면 상하게 마련이다. 날씨가 더워지면 식품을 자연 상태로 보관하기가 쉽지 않다. 지금처럼 집

---

* 객토(客土): 토지의 생산성을 높이기 위하여 다른 곳에서 흙을 가져다 논밭에 섞는 일.

집마다 냉장 보관 시설을 갖추게 된 것은 불과 몇 십 년에 지나지 않는다. 냉장고도 없고 통조림 기술이 발달하지 않았던 시절에 먹거리의 신선도를 어떻게 유지하였을까.

음식을 용기에 담아 흐르는 물에 담가 돌로 지질러 놓았다. 큼지막한 그릇에 찬물을 채워 그 안에 음식 담은 통을 넣고 물을 자주 갈아 주었다. 음식물 담긴 통을 두레박처럼 줄에 묶어 우물 속에 넣어 두고 필요할 때마다 꺼내 먹었다. 소쿠리나 뒤웅박* 밥통을 정자나무 가지에 높게 매달아 선선한 바람을 쐬었다. 또한 비름 잎을 밥 위에 덮어 두거나 싱싱한 연잎에 밥을 싸 쉬지 않게 하였다.

육류를 뭉근한 불에 훈제하고, 생선은 햇볕에 말리거나 소금에 절여 두고 먹었다. 오래 전부터 염장은 세균 증식을 막는 방법으로 알려졌다. 장류와 젓갈류 등 모든 발효식품에도 소금이 빠지지 않는다. 소금은 부패를 막고 정화(淨化)를 상징하는 천연 광물성 식품이다.** 마른 곡식은 숨 쉬는 질그릇이나 싸리로 항아리처럼 엮은 채독에 넣어 보관하였다.

대나무 소쿠리나 채반은 플라스틱 용기에 비하여 친환경적인 그릇이다. 바람이 잘 통하여 음식을 담아 두어도 쉽게 상하지 않는다. 옻칠이 된 그릇에 음식을 담아 쉬는 것을 방지하였다. 또한 집안 곳곳에 숯덩이를 놓아두었다. 숯에는 흡착 효과와 살균 효과가 있어 음식이 변질되는 것을 막아주기 때문이다.

석빙고 식으로 응달진 뒤란에 땅굴을 깊숙이 파고 서늘한 그 안에다 식료품을 저장하였다. 지금의 아이스박스와 같은 상자를 만들어

---

* 뒤웅박: 쪼개지 아니하고 구멍만 뚫어 속을 파낸 박.
** 음식을 짜게 먹으면 고혈압, 신장질환 등 부작용도 있지만, 신진대사를 촉진시키고 체액의 삼투압을 일정하게 유지시키며 산과 알칼리의 균형을 이루게 한다.

음식을 보관하기도 하였다. 조선 시대에 조빙궤(造氷櫃)라는 특수한 얼음 궤짝이 있었다. 은어와 같이 날것으로 먹을 수 있는 지방의 진상품을 여기에 담아 신선한 상태로 한양에 올려 보낸 것이다.

 1930년대만 해도 나무 상자를 짜 내부에 아연함석을 덧대고 왕겨를 채워 보온 효과를 낸 일제식 얼음 냉장고를 부유층에서 사용하였다. 위에는 얼음을 아래는 음식물을 넣어 냉기로 차갑게 하는 방식이다. 얼음을 넣은 아이스케이크 상자와 같은 원리다.

 조상들은 음식의 냄새와 색깔의 변화로 부패 여부를 판명하였다. 오래 보관하였던 음식은 반드시 데우거나 끓여 먹었다. 부패균이 자랄 수 있는 온도가 6~10℃다. 57℃ 이상 열을 가하면 대부분의 나쁜 균은 죽는다. 그래서 먹다 남은 국이나 찌개는 끓여 열탕 살균을 하였다.

 우리 음식은 뜨거운 국물이 주종을 이룬다. 해장국, 콩나물국, 북엇국, 개장국, 대구탕, 삼계탕 같은 음식을 여름철에도 '어이, 시원하다'라고 하면서 국물을 들이킨다. 담백한 채소나 생선이 들어가는 국물 맛이 텁텁하지 않고 산뜻하다는 의미다. 이열치열(以熱治熱)이라고 한여름에 땀을 닦아가며 뜨거운 국을 먹는 것은 냉병으로 일어나는 배앓이와 식중독을 예방하려는 하나의 지혜다.

 요즘 사람들은 냉장고를 지나치게 믿어 탈이다. 냉장고에 음식물을 보관했다고 해서 무조건 안심해서는 안 된다. 냉장고는 결코 만능이 아니다. 다만 음식을 부패시키는 미생물 증식의 속도를 줄일 뿐이다.

아무리 냉장과 냉동을 잘해도 시간이 지나면 식품은 신선도가 떨어지고 변질되는 것이다.

현대인은 가공식품의 방부제에 노출되어 있다. 시중에 유통되는 인스턴트식품이나 패스트푸드 곧 즉석식(卽席食), 포장 식품 등에 방부제가 첨가될 수밖에 없다. 식품을 오래 보관하기 위하여 들어가는 방부제는 알레르기를 유발하고 중추신경 마비, 출혈성 위염, 간에 악영향을 주며 발암성 물질로 눈 피부 점막을 자극하는 등 우리 몸에 해로운 화학물질이다. 특히 유통기한을 넘긴 것을 먹으면 치명상을 입을 수 있으니 경계해야 한다.

인류는 한 곳에 머물러 생활하기 시작하면서 먹거리를 저장하고 상하지 않게 보관하는 방법을 경험으로 터득하였다. 햇볕에 말리거나 훈제, 염장 또는 냉동으로 부패를 막는 처리 기술을 이용하여 미생물의 증식을 억제시켰다. 세균의 존재가 알려지기 전에도 이러한 저장법이 과학적이라는 사실을 이미 알고 있었던 것이다.

13
식사할 때 국물을 먼저 떠먹다

예절은 사람들이 서로 질서를 지키며 행복하게 살아갈 수 있도록 규범으로 정해 놓은 생활방식이다. 일상생활에도 예의와 법도에 맞는 절차가 있다.

밥상 앞에 앉아 밥을 먹을 때 식사 예절을 지켜야 한다. 숟가락과 젓가락은 한손으로만 잡고 사용해야 한다. 한 손에 숟가락 다른 한 손에 젓가락을 들지 말라는 뜻이다. 어른과 함께 식사할 때 먼저 수저를 들지 않아야 하며, 식사를 끝내고 내려놓을 때도 아이는 나중에 내려놓아야 한다. 식사 속도를 조절하고 인내심을 배우는 기회다.

어른들은 밥을 복스럽게 먹으라고 하신다. '마파람에 게 눈 감추듯' 먹어서는 곤란하다. 다리를 떨어도 안 되고, 입안의 음식물을 천천히 꼭꼭 씹어 삼켜야 한다. 그래야 소화가 잘되고 뱃속도 편안하다. 음식물을 씹을 때 '쩝쩝' 소리 내지 마라. 젓가락질은 먹을 분량만 한 번에 집고 헤젓지 않아야 한다. 비위생적이고 상대방에게 불쾌감을 주기 때문이다. 밥그릇과 국그릇을 들어 입에 대고 퍼 먹어서도 안 된다.

우리나라 사람들은 국물이 있는 음식을 즐겨 먹는다. 밥상에 빼놓을 수 없는 것이 국과 찌개다. 어르신들은 식사할 때 숟가락으로 국물 먼저 떠서 입안을 축인 다음 밥을 먹으라고 아이들에게 가르친다. 침이나 밥풀 묻힌 마른 수저로 찌개를 떠먹어도 비위생적으로 보는 것이다. 국이나 찌개 등의 국물이 있는 음식을 '술적심'이라고 한다. 술적심이 없으면 부실하게 차린 밥상이다. 술적심은 '숟가락/술+적시(다)+음(명사형어미)'으로 분석된다. 국물에 숟가락을 적신다는 뜻이다.

누구나 맨밥이나 삶은 고구마 등을 허겁지겁 입 안에 넣고 삼키려다 위험천만한 일을 당할 뻔한 적이 있을 것이다. 마른입에 국물 없이 찰떡을 먹다가 목구멍에 걸려 갑자기 목숨을 잃는 경우가 있다. 떡을 먹기에 앞서 국물을 마셔야 하는데 갑자기 목이 메어 숨이 막힌 것이다. 배가 고프다고 음식물을 제대로 씹지 않고 넘기는 빨리빨리 성격이 문제다.

밥 먹는 모습을 보면 그 사람의 성격을 알 수 있다. 식사 예절이 곧 인격이다. 술적심은 숟가락으로 국물을 먼저 떠 마른 목을 축이고 밥을 입에 넣어야 체하지 않는다는 조상들의 슬기로운 밥상머리 교육이다.

14
젓가락으로 익힌 손재주와 집중력

인간은 다른 동물보다 일찍이 놀랄 만한 진보를 하였다. 그 중요한 이유 가운데 하나가 직립 보행을 시작하면서 손을 자유롭게 쓸 수 있다는 점이다. 도구를 만들어 사용하는 손의 쓰임이 점차 커지면서 두뇌의 사고 능력이 발달하였다.

아득히 먼 옛날, 사람들은 음식을 손으로 집어먹고 뜨거운 것은 나뭇가지를 이용하였을 것이다. 인류가 문명화된 오늘날, 아직 맨손으로 식사하는 부족이 있지만, 대부분의 지역에서는 다양한 형태의 식사도구를 쓰고 있다.

채식 위주의 동양 사람들은 숟가락이나 젓가락으로 음식을 먹고, 육식 위주의 서양 사람들은 나이프와 포크, 숟가락을 식사도구로 사용한다. 서양 음식은 덩어리 형태로 나오므로 나이프와 포크가 제격이다. 이와 달리 동양 음식은 한입에 넣을 수 있도록 잘게 썰어서 차려지므로 수저 사용이 오히려 편하다. 우리는 식사할 때 젓가락과 숟가락을 함께 쓰고 있다. 그러나 중국과 일본, 몽골, 베트남 사람들은 거의 젓가락만 사용한다.

인간은 손으로 물건을 집을 때 엄지와 집게손가락[食指(식지)]을 오므린다. 엄지와 식지에 고대 식습관이 고스란히 남아 있기 때문이다. 이들의 연장(延長)이 젓가락이다. 손가락의 기능을 효과적으로 확장하고 지렛대 원리를 적용한 도구다. 젓가락은 식사나 조리도구 이외에 화로에 꽂아 불덩이를 집는 '부젓가락'도 있다.

젓가락은 언제쯤 이 세상에 나왔을까. 중국은 이미 전국 시대에 젓가락[筷子; 콰이즈]을 발명하였다. 그 이전에 주왕이 상아 젓가락을 썼다는 이야기도 전한다. 오늘날 젓가락문화권은 중국을 비롯하여 한반도, 일본 열도, 동남아시아 특정 지역과 몽골 스텝과 티베트 고원지대를 아우른다. 우리나라에서 젓가락을 본격적으로 사용하기 시작한 시기는 5~6세기경으로 추정한다. 일본은 7세기 초에 일부 상류층에서 쓴 것으로 보고 있다.

문화·지식사학자 Q. 에드워드 왕은 그의 저서 〈젓가락(Chopsticks)〉에서 "젓가락은 다른 식사도구에 비해 명백한 장점이 있다. 매우 흔한 재료로 제작되기에 경제적이고 만들기도 쉽다. 따라서 젓가락 사용은 대체로 밑에서부터 위로 올라가는 경로를 밟았다. 젓가락은 상층보다는 하층계급 사람들의 유일한 식사도구로 더 먼저 채택되었다. 상층계급이 많이 쓰는 식사도구는 따로 있었다. 그러나 동시에 젓가락은 식탁 예절의 발달, 식품 청결과 위생에 관한 기본적인 관심의 증가 때문에 다른 식사도구가 힘을 잃으면서 점점 널리 쓰이기 시작했다. 젓가락은 그 민첩한 움직임과 날렵한 모양새로 사람이 원하는 음식을 무엇이든지 그릇과 접시에서 집어 올릴 수 있었다. 그러려면 젓가락질을 능숙하게 해야 함은 물론이고 전통적인 젓가락 예절도 반드시 준수해야 한다."고 젓가락의 특징과 우수성에 대해 말한다.

우리나라 사람들은 음식을 먹을 때 한 손에 젓가락과 숟가락을 번갈아 잡아가며 사용하는 것이 일반적이다. 밥과 국은 숟가락으로 뜨고 젓가락으로 반찬을 집어 먹는다. 숟가락이 필요한 이유는 밥과 찌개, 뜨거운 국물을 떠 조금씩 식혀서 먹어야 하기 때문이다. 젓가락은 음식을 뒤적거리지 않는 한, 자기가 먹을 것만 집어낼 수 있어 한 상에서 여럿이 식사할 때 위생적이다. 그런데 과자나 견과류 또는 찐고구마와 감자, 빵 같은 것은 수저를 쓰지 않고 깨끗이 씻은 맨손으로 집어먹곤 한다. 상추쌈을 싸 먹을 때도 손바닥이 필요하다.

젓가락은 나무나 쇠붙이 따위로 가늘고 길게 만들어 음식이나 그 밖의 물건을 집는 데 쓰는 두 짝의 도구다. '저(箸)+ㅅ+가락'으로 분석된다. 숟가락[←술/숟+가락]과 젓가락을 합친 말이 '수저'다. 이들은 따로 떼어 놓을 수 없는 관계라 '수저 한 벌'로 통한다. 선물할 때도 '한 벌' 단위가 한 세트다.

나라마다 젓가락 형태가 조금씩 다르다. 중국의 젓가락은 주로 튀김 요리가 많고 식탁 멀리 놓인 음식을 집어다 먹어야 하기 때문에 길쭉하고 뭉뚝하다. 일본은 우동이나 밥을 그릇째 들고 밀어 넣듯 먹는 식습관과 생선 가시도 발라야 함으로 짧고 끝이 뾰족한 것이 특징이다.
우리 젓가락은 길이가 이들의 중간 정도다. 재료를 비교해도 중국과 일본은 대부분 나무나 플라스틱 젓가락이다. 그런데 우리는 놋쇠, 스테인리스 등으로 만들었다. 금속 젓가락은 무겁긴 하지만 손아귀에 힘이 들어가므로 음식물을 정확하게 집을 수 있다.

젓가락은 세계 어디서든 중국, 한국, 일본, 베트남 음식을 먹을 때 없어서는 안 될 식사도구가 되었다. 요즘 들어 동양 음식의 세계화로 동서양을 막론하고 젓가락을 사용하는 사람들이 늘어나고 있다. 한번 쓰고 버려지는 엄청난 양의 일회용 나무젓가락이 골칫거리다. 표백제를 쓰는 것도 위생적으로 문제지만, 젓가락 산업이 번창하는 만큼 산림이 훼손된다. 젓가락이 숲을 집어삼키는 일은 없어야 할 것이다.
환경운동가는 그 대안으로 외식할 때 자기 젓가락을 준비하라고 권한다. 그렇다고 일회용 플라스틱 젓가락으로 대체하면 환경적으로 더 큰 문제가 일어날 수 있다. 버려진 폐플라스틱은 땅속에 묻어도 썩지 않아 골칫거리다. 태워 없애려면 발생하는 독성물질을 제대로 처리할 시설을 갖추어야 한다. 그냥 버리게 되면 바다로 흘러들어 생태 환경을 파괴하므로 금속 젓가락을 재활용하는 방법이 바람직한 해결책이다.
이는 일회용 종이컵이나 플라스틱 컵을 쓰지 말고 금속 또는 유리, 사기 컵을 사용해야 한다는 주장과 같다. 우리는 전통적으로 놋쇠로 만든 젓가락을 사용하였고, 요즘은 일반적으로 스테인리스강으로 만든 젓가락을 많이 쓰고 있다.

젓가락을 올바르게 잡는 방법은 다음과 같다.

젓가락의 형태는 손으로 잡는 윗부분이 굵고 뭉뚝하며 음식을 집는 쪽이 가늘다. 한 짝(안짝)의 위쪽을 엄지와 집게손가락 사이에 깊숙이 끼운다. 아래쪽은 약손가락 끝 손톱에 살짝 걸쳐놓는다. 다른 한 짝(바깥짝)은 위쪽을 집게손가락의 셋째 마디에 놓고, 아래쪽은 집게손가락과 가운뎃손가락의 첫마디 사이에 걸친다. 엄지의 둘째 마디는 안짝을 누르고, 첫째 마디 끝으로 바깥짝을 가볍게 눌러 고정시킨다.

음식물을 집으려면 안짝은 고정축이 되고, 바깥짝만 집게손가락과 가운뎃손가락으로 움직여 오므렸다 폈다하는 것이다. 이 때 엄지는 두 짝을 가볍게 누르기만 한다.

아이가 다섯 살 정도 되면 어버이는 젓가락 사용법을 가르친다. 처음에 어려워하지만 차츰 반복된 훈련으로 익숙해진다. 근래 어린이를 위한 젓가락이 나왔다. 두 짝의 윗부분을 연결하고, 잡는 부분에 손가락을 끼울 수 있게 고리 세 개를 달았다. 젓가락질을 제대로 배우기 위한 연습용이다.

일본인 작가 이시키 하치로는 젓가락을 쓰려면 두뇌와 손이 서로 조화를 잘 이루어야 하기에 젓가락 사용은 민첩하게 손을 놀릴 수 있게 할 뿐 아니라, 궁극적으로 두뇌 발달, 특히 어린이의 지능 향상에 큰 도움을 준다고 말한다. 설명을 덧붙이자면, 물건을 쥐기 위해서는 손과 손가락의 작용에 의식이 가해져야 한다. 손의 근육은 수의적이기 때문에 뇌의 명령이 내려지지 않으면 움직이지 않는다. 먼저 쥘 것의 위치와 크기를 눈이 확인하여 대뇌가 근육에 명령하는 것이다. 손은 작은 각각의 뼈가 관절로 연결되어 있기 때문에 자유롭게 움직일 수 있다.

우리나라 사람들은 솜씨가 뛰어나다. 솜씨는 '손+쓰(다)+이→솜씨'로 이루어져 '손을 놀려서 무엇을 만드는 재주'라는 뜻이다. 반복된 젓가락 사용은 놀라운 힘을 발휘한다.

손재주는 하루아침에 느는 것이 아니다. 어릴 때부터 익힌 젓가락질에서 나오는 능력이다. 나무보다 무거운 쇠붙이 젓가락이 손의 근육·신경과 관절을 더 많이 움직이게 한다는 사실과 연관이 있다. 한국이 국제기능올림픽대회에서 연이은 우승과 반도체 산업, 수공업 기술, 수술실에서의 의사의 민첩한 손놀림 등 첨단 기술 분야에서의 눈부신 발전이 이를 입증한다.

인간은 도구를 사용할 줄 아는 동물이다. 젓가락은 식사도구이자 두 짝을 조화롭게 다루는 운동 및 학습도구를 겸한다. 손가락을 많이 움직이면 손 근육이 생기고 혈액 순환이 원활해지며 두뇌가 발달한다. 섬세함과 창의력, 집중력도 생긴다. 손에는 오장육부의 경락이 흐르므로 손가락 운동은 치매를 예방하는데 매우 효과적인 치료법으로 알려져 있다. 섬세하고 정교한 손놀림은 능숙한 젓가락질에서 자연스럽게 길러진 기술이다.

2장

한복의 멋과 의생활

한복의 아름다움과 매력
치마의 멋과 실용성
선녀의 옷 천의무봉
의생활에 혁명을 가져온 무명
천연물감에서 곱게 피어오른 눈부신 빛깔
보자기의 실용성과 아름다움

01
한복의 아름다움과 매력

한복은 우리 고유의 옷이다. 사계절이 뚜렷하여 철따라 옷의 종류가 많고 옷감도 계절마다 다르다. '옷이 날개'라는 말은 단정하고 예의 바른 옷차림을 뜻한다.

가장 오래 된 옷 모양은 고구려 고분 벽화를 통해 살펴볼 수 있다. 바지와 저고리를 입었고, 그 위에 포를 걸쳤다. 옷섶과 단, 소맷부리에 색깔 있는 천을 달았다. 조선 시대 의상은 그 당시에 그린 풍속화, 초상화나 유물을 통해 알 수 있다.

태양을 숭배한 조상들은 아주 먼 옛날부터 흰옷을 즐겨 입었다. 그래서 우리 겨레를 백의민족(白衣民族)이라고 부른다. 일상복으로 남성은 흰 바지저고리에 두루마기, 여자는 흰 저고리와 치마를 입었다. 1950년대 만해도 눈부실 정도의 흰옷 일색이었다. 흰색이 순결과 평화로움 그리고 재탄생을 상징한다. 형용사 '희다'는 '해[〈히〉;태양]에서 나온 말이다.

흰 옷은 품이 많이 들어가야 입을 수 있는 옷이다. 때 묻은 옷을 낱낱이 뜯어 잿물을 받아 빨랫방망이로 두드려 빨아 말린다. 그리고 풀을 먹이고 다시 말려 다듬이질하고 바느질로 재구성하여 다리미로 다린 다음 입는다. 이토록 번거로운 과정을 오랜 세월 되풀이해 온 것은 경제성, 합리성에 앞서 오로지 백의민족 전통에 대한 강한 집념에서였다. 아니, 여성들의 피눈물 맺힌 희생의 대가였다.

윤동주의 '슬픈 족속(1938년)'은 민족의 순수하고 소박한 면을 드러내면서 전통성을 사물로 대신하여 알려주는 시다. "흰 수건이 검은 머리를 두르고/ 흰 고무신이 거친 발에 걸리우다.// 흰 저고리 치마가 슬픈 몸집을 가리고/ 흰 띠가 가는 허리를 질끈 동이다."에서 '흰 수건, 흰 고무신, 흰 저고리, 흰 띠'는 배달민족이 즐겨 입던 옷 빛깔로 삶과 밝음을 상징하며, 학대받고 가난하고 피로에 지친 민족의 고달픈 현실을 상징한다.
　일상생활에서 서민들은 거의 흰옷차림이지만, 여염집 젊은 여인들은 노랑저고리에 다홍치마를 두르기도 하였다. 명절이나 혼례식 등 아주 특별한 날이어야 색동저고리*에 연분홍치마, 연두색저고리에 붉은 치마를 곱게 차려입었다. 여기에 무명으로 지은 외씨버선과 코가 있는 꽃신을 신으면 한층 더 어울리는 차림새다.

　한복의 가장 아름다운 특성은 넉넉함과 선 그리고 화사한 색상에 있다. 양복처럼 몸에 꼭 맞추지 않고 몸과 옷 사이에 공간을 두는 여유 있는 구조다. 양복의 입체형 재단과 달리 한복은 평면 옷감을 직선과 곡선으로 마름질한다. 그리고 몸매에 맞게 주름을 잡거나 끈으로 자연스럽게 처리하여 움직임에 따라 율동미를 자아낼 수 있도록 구성한다.
　도련**과 배래***는 곡선미를 자랑한다. 또한 자연 염료로 물들인 옷감의 색상은 눈부실 정도로 곱다. 저고리와 옷고름 그리고 치마, 바지, 두루마기, 버선과의 배색도 조화를 이루어 미적으로 은은함을 드

---

* 색동저고리: 오색(청, 백, 적, 흑, 황) 빛깔의 헝겊을 층이 지게 잇대어 만든 아이들의 저고리. 어른 옷을 짓고 남은 자투리를 모아 만든 어린이 옷이다.
** 도련: 저고리나 두루마기 자락의 끝 둘레.
*** 배래: 한복의 소매 아래쪽에 물고기의 배처럼 불룩하게 둥글린 부분.

러낸다. 또 하나의 아름다움은 무늬에 있다. 금실 무늬를 넣어 짠 천을 붙이거나 입힌 금박(金箔)은 장중하면서도 화사하다. 갖가지 색실로 놓은 수(繡)는 아름다움을 돋보인다. 한복에 남자는 치렁치렁한 도포에 커다란 갓, 여자는 가채로 머리치장을 하고 장신구를 곁들이면 옷맵시는 더욱 화려해진다.

한복은 세월의 흐름에 따라 형태 변화를 거듭하였다. 특히 가장 뚜렷한 변화를 보여 주는 것은 여성의 옷차림이다. 저고리는 치마나 바지와 달리 당대의 미의식과 다양한 미적 취향을 다채롭게 반영하였다. 16세기까지만 해도 저고리의 길이가 약 65cm로 허리선을 충분히 가렸다. 그런데 18세기 영·정조 이후 20cm 안팎으로 짧아지고 품도 좁아져 입으면 몸에 낄 정도였다. 개화기에 와서야 긴저고리를 다시 입기 시작한 것이다.

신윤복의 '미인도'에서 보다시피 소매와 도련이 일직선을 이루고 소매통도 좁아졌다. 입으면 젖가슴이 드러날 정도로 저고리 기장이 짧다. 이처럼 저고리가 치마말기를 가려주지 못하게 되자, 치마는 가슴 위까지 올라갔고 가슴에 가리개용 허리띠를 매거나 옷고름을 단 것이다. 조선 시대 말기에 허리띠는 브래지어 역할을 하였다. 저고리의 길이가 짧아지면서 가슴의 맨살이 드러나지 않도록 치마 안쪽에 둘러 여민 것이다.

한복의 입음새를 보면 윗도리는 박하고 아래가 후하다. 짧은 저고리는 감춰야 할 곳을 드러냄으로써 매력적이다. 가슴을 드러낸 파격적인 여염집 여인네의 옷차림은 '나에게도 젖먹이가 있다'는 자랑스러운 한 모성애로서의 자부심 깃든 무언의 표현이다.

저고리 길이가 짧아지는 데 반해, 치마는 길어져 폭을 넓히고 속옷을 많이 껴입어 엉덩이를 한껏 부풀리는 것을 멋으로 여겼다. 치마는 보자기처럼 몸을 감싸므로 매무새에 따라 느낌도 다양하게 입을 수 있어 변화무쌍한 옷이다. 남성 한복으로 바지 저고리와 대님, 두루마기, 도포, 갓은 단아한 선비의 풍모를 잘 나타낸다.

옷차림새와 관련된 말이 있다. '창피하다'와 '오지랖이 넓다'가 그렇다. 옷을 걸치고 띠를 안 매어 모양새가 사나운 꼴을 보고 '창피(猖披)하다(부끄럽다)'고 한다. '오지랖이 넓다'는 옷고름을 풀어 굶주린 남의 아기에게도 젖을 먹였다는 데서 나온 말이다. '오지랖'은 '오질(옷깃)+앞'의 합성어로 '옷의 앞자락 깃'을 뜻한다.

여성복의 기본은 저고리와 치마다. 옷맵시는 아름다움의 극치다. 저고리를 짧고 간단하게 치마는 길고 폭을 넉넉하게 입었다. 잘쏙하고 날씬한 허릿매가 일품이다. 풍요를 상징하는 폭넓은 치마의 뒷자락을 살며시 여밈은 몸매를 그대로 드러내어 관능미를 자아낸다.

구한말 개화기에 접어들면서 흰 저고리에 검정 몽당치마가 신여성과 여학생들에게 잘 어울리는 차림새였다. 치마와 저고리가 유행처럼 길었다가 짧아지는 것이 한복의 개성적이고 독특한 미적 매력이라고 할 수 있다. 이 무렵 나들이할 때, 머리에 덮어쓰던 얼굴 가리개용 쓰개치마는 점점 짧아지다가 1900년대부터 여학생들 사이에서 벗기 시작하더니 그 이후로 시대의 유물이 되었다.

오늘날 혼례, 회갑 잔치 등에서 의례용으로 한복을 착용한다. 그리고 활동하기에 편하고 관리와 세탁이 손쉬운 옷감을 쓰고 치마·저고리의 길이와 너비를 현대 감각에 맞춘 생활 한복을 사람들이 즐겨 입는다. 한복은 우아한 실루엣의 드레스다. 이제 고급 패션으로 자리 잡아가고 있다. 첨단 소재와 세련된 디자인 감각으로 새롭게 태어난 것이다. 원형을 살리면서 형식을 파격적으로 깬 양장 같은 퓨전 한복이 젊은 층과 예술인들에게 큰 인기를 끌고 있다.

평창 동계올림픽 피겨 페어 아이스프리댄스에서 민유라와 알렉산더 갬린은 한국인의 정서가 담긴 '홀로 아리랑' 선율에 맞춰, 아름다운 분홍 한복 저고리와 자줏빛 치마, 하늘색 조끼에 감색 바지를 입고 화려한 동작으로 세계인을 감동시킨 바 있다.

우아한 맵시와 고운 색상이 매력인 한복은, 한겨레의 특성과 문화 역사적 배경을 이해하는 지표다. 한복의 화사함과 넉넉함이 우리의 본 모습이다. 옷은 시대 상황과 미의식이나 생활방식을 반영하면서 끊임없이 변화 발전하여 왔다. 요즘 한복이 대표 브랜드로 떠오르면서 세계에 널리 알려지기 시작하였다. 개성과 현대 감각을 살리는 예술적 변형이 앞으로 얼마든지 가능한 옷이다.

02
치마의 멋과 실용성

치마는 여성의 아랫도리에 입는 겉옷이다. 네모진 옷감에 주름을 잡고 치마의 말기에 끈을 달아 가슴에 묶도록 하였다.

저고리와 다르게 구성이 간단하여 입는데 융통성이 있다. 몸집이 크든 작든 몸매가 좋든 어떠하든 감추고 조절하여 자유자재로 두를 수 있다는 말이다. 사람의 키보다 치마의 길이가 길면 가슴으로 추켜올리거나 접으면 그만이다. 허리둘레와 상관없이 몸통에 둘러 치마끈으로 매어 단정하게 마무리하면 된다. 이러한 특성이 치마의 구조적인 특성이다.

치마는 몸을 감쌀 뿐만 아니라 실용성을 곁들인 옷이다. 치마를 펼쳐 놓으면 영락없는 사다리꼴 보자기다. 풀치마는 풀어 펼치면 보자기가 된다. 통치마는 양쪽 선단이 없이 통으로 된 치마로 한 쪽을 묶으면 자루로 변신한다. 치마로 아이를 감싸면 포대기가 된다.

눈물·콧물이 날 때는 손수건이 되고, 그릇을 닦으면 행주로 쓰임이 바뀐다. 때에 따라 곡물을 담아 옮기는 바구니나 자루가 된다. 물건을 덮거나 가림막 구실도 한다. 부끄러운 상황에서 치맛자락으로 얼굴을 가린다. 엄마의 치마 속은 수줍음을 타는 어린아이의 포근하고 아늑한 은신처다.

행주치마는 앞치마로써 부엌일을 할 때 덧입는 짧은 치마다. 그릇 따위를 씻거나 훔치는 헝겊 곧 '행주'에 '치마'가 합성된 말이다. 그런데 임진왜란 때 행주산성 싸움에서 부녀자들이 치마로 무기로 쓸 돌을 날랐다는 사실에 유래를 두는 것은 민간어원설이다. 몽당치마는 발목이 드러날 정도로 길이가 짧고 통이 좁아 일하기에 편리한 옷이다.

쓰개치마는 폭과 길이가 짧고 흰 모시로 만든다. 조선 시대 여성들이 나들이할 때 내외라는 유교 관념에 따라 뒤집어써서 머리와 윗몸을 가리던 치마다. 내외(內外)란 남녀유별(男女有別)이라는 사회규범에 따라 외간 남녀 간에 서로 얼굴을 마주 대하지 않고 회피하는 일을 말한다. 장옷이나 너울이 발달한 것도 이와 관계가 있다. 그러나 외출할 때 방한(防寒)의 기능도 컸던 옷이다.

비단치마는 화선지(畵宣紙)를 대신하기도 하였다. 다산 정약용이 유배지에서 부인 홍씨가 보낸 헌 치마를 다섯 폭으로 오려 거기에 아버지의 따뜻한 충고를 담은 글씨를 쓰고 그림을 그려 아들딸에게 보냈다. 그 유명한 작품이 하피첩(霞帔帖; 1810년)과 매조도(梅鳥圖; 1812년)다.

치마는 몸에 걸치는 단순한 기능뿐만 아니라 무엇이든 아량으로 감쌀 줄 아는 아름답고 포용력 있는 옷이다. 또한 보자기로 변신하여 다양한 용도로 쓰이는 신축성 있고 실용성이 뛰어난 생활용품이다.

03
선녀의 옷 천의무봉

천의무봉(天衣無縫)이라는 말이 있다. 하늘나라 사람들이 입는 옷은 솔기 곧 바느질 자국이 없다는 뜻으로, 시나 문장 따위가 꾸밈이 없이 퍽 자연스럽게 잘 된 것을 비유하는 말이다.

일반적으로 옷은 옷감을 마름질하여 바늘로 꿰매어 짓는 것으로만 알았지, 통으로 만드는 방법은 전혀 불가능한 일로 여겼다. 그런데 최근 패션업계에서 꿰매지 않고 지은 무봉제(無縫製) 의류가 주목을 받고 있다. 홀가먼트(whole garment; 통옷)로도 불리는 이 옷은 옷감을 앞판, 뒤판, 소매 등 별도로 잘라 꿰매는 일반 의류와 달리 하나를 통째로 짠다.

무봉제 옷은 프로그래머가 컴퓨터로 개발한 프로그램을 입력하면 편직기가 인식하여 자동으로 옷을 짜는 고급 방식으로 만들어진다. 이렇게 지어진 옷은 부드럽고 편안하여 착용감이 좋고 디자인 면에서도 우수하다는 평가를 받는다. 그리고 신체에 꼭 맞아 몸매를 돋보이게 하는 데도 효과적이라 젊은 층이 선호한다.

아이가 태어나면 몸을 씻기고 배내옷을 입힌다. 모든 옷은 볼품을 고려하여 솔기를 안으로 짓는 것이 일반적이다. 그런데 갓난아기에게 입히는 배냇저고리는 솔기를 밖으로 내어 안쪽을 매끄럽게 마무리해 신체 마찰을 최소화하였다. 여린 살갗을 보호하기 위해서다. 한 차원 높여 배내옷을 앞자락만 트인 무봉제 방식으로 지으면 훌륭한 발명품이 될 것이다.

천의무봉, 도저히 불가능할 것만 같았던 일이 현실이 되었다. 앞으로 내복이나 배내옷이 솔기 없는 부드러운 통옷 제작 방식으로 새롭게 만들어질 가능성이 충분하다. 그리고 물이나 공기의 저항을 덜 받는 무봉제 수영복, 육상복, 스키복도 기대되는 제품이다.

04
의생활에 혁명을 가져온 무명

옷과 먹거리 그리고 집은 인간 생활의 세 가지 필수 요소다. 천연섬유로 옷을 해 입고 제철 식재료로 만든 음식을 먹으며 친환경적인 주거 시설에서 생활해야 건강에 좋다.

예전 사람들은 짐승의 털가죽이나 식물의 잎을 옷감으로 사용하였다. 그 후 삼베, 모시, 무명, 명주* 등으로 옷을 지어 입었다. 그 중에서 무명은 질박함과 흰 바탕색을 원초적으로 사랑한 우리 민족의 전통직물로써 의류나 침구 등 생활용품에 가장 많이 쓰인 천이다. 태양을 숭배하는 백의민족은 흰 무명옷을 즐겨 입던 우리나라 사람을 가리키는 말이다. 흰색은 순결함과 평화로움, 고결함과 위엄, 정의를 상징한다.

솜을 자아서 꼰 실로 짠 천을 무명 또는 면직물이라고 한다. '무명'은 한자어 목면(木棉)이 /ㄱ/탈락되면서 변한 말이다.[←무명〈목면〉]〈고려사〉와 〈조선왕조실록〉에 고려 선비 문익점이 원나라에서 목화씨를 가져온 것은 1364년(공민왕 13년)이라고 적고 있다.

그러나 삼국 시대에 이미 백첩포가 면직물로서 존재하였음이 알려졌다. 중국의 역사서 〈한원〉에 고구려에서 백첩포(白疊布)라는 면직물을 생산했다는 기록이 나온다. 〈삼국사기〉에도 '백첩포 40필을 당나라에 보냈다'는 기록이 있다. 2010년 부여 능산리 절터에서 나온 백제 시대 면직물 1점이 나와 한반도 목화 재배는 800년이나 거슬러 오르

---

* 명주(明紬): 누에고치에서 뽑은 실로 무늬 없이 짠 피륙. 비단은 무늬를 두어 짠 것을 이르는 말이다. 우리나라에서 누에를 쳐 명주를 길쌈한 것은 삼한 시대부터다.

게 되었다.

문익점이 가져온 목화씨를 재배 시작한 지 30여 년이 지나자, 조선시대 백성들이 모두 무명옷을 해 입을 정도로 면업이 엄청난 속도로 발달하여 전국에 확산되었다. 거칠고 성긴 삼베를 입던 서민의 의생활에 획기적인 변화가 일어난 것이다. 목화씨를 풍토가 다른 한반도에 처음 들여와 재배할 것을 구상했던 문익점의 발상과 창의적 실험정신은 매우 독보적이다. 이는 후손들이 본받아야 할 위대한 과학정신으로 평가된다. 무명을 일본에서는 [모멘]이라고 하는 데, 14세기 무렵 우리가 전해주었다.

목화는 4월에 씨 뿌려 7월 하순경 꽃이 핀다. 열매인 다래가 맺히고 이것이 터지면 새하얀 목화솜이 모습을 드러낸다. 9월 상순부터 서리가 오기 전에 거두어들인다.

목화송이에서 씨를 뽑아낸 섬유질이 솜이다. 솜은 눈이 부실 정도로 하얗다. 솜이나 실을 만들려면 씨아와 물레가 필요하다. 목화송이에서 씨를 빼낼 때는 씨아, 솜을 자아서 실을 뽑을 때에는 물레를 이용한다. 실을 뽑아 틀에 걸어 가정집에서 짰다. 직조 작업을 길쌈이라고 하여 농가의 주요한 부업이었다.

솜이불, 솜바지저고리, 솜방석, 솜버선, 솜으로 된 누비옷은 추운 겨울철 서민들에게 큰 도움을 주었다. 무명은 삼베나 모시보다 대량 생산을 할 수 있고 보온효과가 좋아 실용성이 뛰어나다. 가늘게 비벼 꼰 무명실은 스며듦이 좋아 옷감 외에 화약이나 초, 등잔의 심지, 범선의 돛, 방탄조끼[면제배갑(綿製背甲)] 등으로 유용하게 쓰였다.

솜을 실로 만들어 짠 면직물은 잘 구겨지는 것이 흠이다. 그러나 무명천은 화학섬유에 비해 촉감이 보드랍고 땀과 물기를 잘 흡수하는 장점이 있어 주로 속옷을 지어 입는다. 갓 태어난 아기에게 입히는 배냇저고리도 살갗이 연한 아기를 위해 보드라운 무명으로 만든다. 조상들은 무명 옷감에 쌀풀을 먹여 눅눅한 상태로 발로 밟고 다듬이질로 윤을 내어 촉감을 부드럽게 하였다.

무명실로 성글게 짠 소창은 이불의 안감이나 기저귓감으로 안성맞춤이다. 요즘 무명실의 장단점을 고려하여 폴리에스테르와 섞어 짠 혼방으로 만든 기성복을 흔히 볼 수 있다. 또한 순면의 뛰어난 흡수력과 부드러운 감촉을 이용한 화장솜이 개발되었고, 탈지면은 의약품으로 사용한다.

의생활에 일대 혁명을 가져온 천연섬유 무명은 우리 민족의 으뜸 옷감이다. 앞으로 목화솜은 의류나 침구류 외에 인류의 삶에 유용한 신제품의 친환경적인 소재로 활용될 가능성이 매우 높은 물질이다.

05
천연물감에서 곱게 피어오른 눈부신 빛깔

조상들은 오래전부터 흰옷을 즐겨 입었지만, 때에 따라서 염색 옷을 곱게 차려입었다. 실이나 천, 종이 따위에 천연물감을 들인 것이다. '물들이다[染色(염색)]'에서 '물'이란 물건에 묻어서 드러나는 빛깔을 말한다.

옷을 입고 생활을 하다보면 때가 끼거나 어쩔 수 없이 식물의 진액과 꽃물 또는 동물의 피, 흙이 묻는다. 옷에 묻은 때를 빨면 말끔하게 씻기지만 동식물에 의한 이물질은 잘 지워지지 않는다. 이처럼 자연 생태 관찰에 착안하여 물들이는 이치를 자연스럽게 깨달은 것이다.

인류는 수렵과 채집 생활을 하면서부터 옷감에 물을 들였다. 서양은 지금으로부터 5,000년 전에, 중국에서는 3,000년 전부터 꼭두서니와 쪽 염색을 하였다. 우리는 부여와 고구려 시대에 염색을 시작하였다. 삼국, 고려, 조선 시대에 관리의 지위에 따라 의복의 색을 달리하는 복식 제도가 물들임의 역사를 말해준다. 중국 문헌 〈고려도경〉과 〈천공개물〉*에서 우리나라의 염색에 대한 정보를 소개한 바 있다. 〈임원경제지〉나 〈규합총서〉에는 염료와 빛깔의 이름 그리고 염색법을 자세하게 설명하고 있다.

고구려 고분 벽화를 분석한 결과 그 당시 화려한 색채의 의복에서 식물성과 광물성 염료를 사용한 것으로 밝혀졌다. 자연 염료를 쓰는 염색은 고려와 조선을 거쳐 다양하게 발전하였고, 인조화학 염료는 개화기 이후에 일본을 거쳐 유입되었다.

천연 염료의 종류에 식물성, 동물성(조개 분비물, 벌레), 광물성(흙, 돌가루)이 있다. 이 가운데 조상들은 나무나 풀의 잎, 꽃, 껍질, 뿌리, 열매 등 주변에서 쉽게 구할 수 있는 식물성 염료를 주로 사용하였다.

색깔을 나타내는 고유어에 잇빛(짙은 붉은색), 꼭두서닛빛(빨간색), 갈매빛(짙은 초록색), 치잣빛(짙은 누른빛), 잿빛, 쪽빛, 반물 등이 있다. 꼭두서

---

* 천공개물(天工開物; 1637년)은 명나라 때 송응선이 지은 중국고대과학 기술서다.

니, 오미자, 쪽풀, 치자, 홍화(잇꽃), 땡감, 그을음, 재 따위를 염료로 쓴 것이다.

식물성 염료 가운데 '쪽의 염색 과정'은 다음과 같다.

쪽*을 7월 말이나 8월 초에 베어 항아리에 넣고 냇물이나 지하수를 부어 돌로 지질러 일 주일 정도 삭힌다. 우려낸 쪽물에 조개나 굴 껍데기를 1,200℃ 이상의 황토 가마 불에 구워 빻은 석회가루를 섞는다. 이렇게 하루 정도 두었다가 맑은 윗물을 따라낸 앙금에 콩대를 태운 잿물을 1:10 비율로 풀어 다시 두 달 가량 삭힌다. 조개가루는 이온화 경향이 강하기 때문에 잿물과 반응하면서 염료를 뱉어낸다. 석회와 쪽물 색소가 분리된 것이다. 거기에 양조 식초를 넣은 다음 옷감을 여러 번 담가 햇빛에 말린다.

그러면 자연의 쪽빛이 배어난다. 담갔다 말리는 횟수와 물감의 농도에 따라 파르스름한 색에서 감청색으로 색감이 다양하게 나타난다. 쪽물 들인 옷감은 색이 변할 염려가 거의 없으며 방충 성분이 있어 옷감을 오래 보존할 수 있는 이점도 있다.

제주도에는 감물을 들인 갈옷이 있다. 8월 풋감을 따서 절구통에 넣고 찧어 즙을 낸 다음 옷에 주물러 햇볕에 말린다. 감즙이 밴 옷은 때가 덜 타 작업복으로 안성맞춤이다. 또한 먹물 염색은 먹물과 식초를 3:1로 섞어 끓인 물에 무명을 적셔 볕에 바싹 말리는 것이다. 먹은 송진(松津)을 태워서 만드는 송연묵(松烟墨)을 사용한다. 아이들의 속옷을 황토로 물들이면 아토피 증상을 완화시킬 수 있다.

조상들은 자연에서 색을 찾았다. 염색은 아름다움을 추구하는 한

---

* 쪽: 여뀌과의 한해살이풀. 중국 원산으로 줄기는 50~60cm로 잎은 길둥글고 8~9월에 붉은 꽃이 이삭 모양으로 핌. 잎은 남빛을 물들이는 물감의 원료로 쓰인다.

폭의 수채화 작업이다. 인조 화학 염료로 대량생산하는 공업 염색과 달리 수공예적 방법에 의한 천연 염색은 자연 그대로의 색감을 나타내는 친환경적 기술이다. 자연 물감을 들인 천연 옷감의 아름다운 색상은 하늘이 내린 전통미다.

06
보자기의 실용성과 아름다움

　물건을 싸서 들고 다니거나 덮고 갈무리하기 위하여 네모지게 만든 천을 보자기라고 한다. 신화에서 보자기는 '시작'을, 역사·문화적으로는 '간직과 비밀'을 상징한다. 우리에게 무엇인가를 싸기 좋아하는 보자기 문화가 있다.
　보자기는 그 쓰임이 헤아릴 수 없이 다양하다. 싸는 내용에 따라 모양이 여러 형태로 바뀐다. 물건을 덮거나 가리고 감싸서 운반하는 등 융통성도 뛰어나다. 이불을 싸면 이불보, 책을 싸면 책보, 밥상을 덮으면 상보, 아이를 싸면 강보, 허리에 두르면 앞치마가 된다.
　짐을 싸면 봇짐으로 불린다. 돈을 보자기에 두루 말아 허리에 차면 전대가 된다. 대각선으로 접어 모자 대신 머리에 쓰기도 하고 목도리나 입마개, 복면도 가능하다. 장을 볼 때는 장바구니를 대신한다. 어찌 그뿐이랴. 팔다리를 다치면 삼각 붕대로 변신한다.
　보로 싸면 보쌈이다. 보쌈이란, 지난날 유교사회의 축첩상황에서 가난한 노총각이 과부나 소박맞은 여자를 보에 몰래 싸서 데려와 아내로 삼던 일을 말한다. 뜻하지 않게 누구에게 붙잡혀 가는 일이다. 일종의 약탈혼(掠奪婚)이지만, 과부의 재가금지라는 사회 분위기 속에서 알게 모르게 묵인된 관습이다. 과부의 재혼은 갑오경장 이후에나 허용되었다.

보자기에 물품을 놓고 네 귀퉁이를 묶은 뭉치를 보따리하고 한다. '보따리를 싸다'는 지금까지의 관계를 끊거나 하던 일을 그만둔다는 말이다. '보따리를 풀다'는 숨은 사실을 널리 드러내거나 계획했던 일을 실제로 시작하다를 뜻하는 관용어다.

또한 보따리장수는 작은 규모로 하는 장사를, 봇짐장수는 물건을 보자기에 싸서 지고 다니며 파는 사람을 이른다. 피난보따리처럼 노점상이 물건 보따리를 장마당에 풀어 펼치면 그대로 좌판이 된다. 위급한 일이 들이닥치면 순식간에 네 귀퉁이를 묶어 어깨에 메고 피해갈 수 있는 기동성도 있다.

요즘에는 예물이나 귀중품을 싸서 보관하거나 선물을 주고받을 때, 상대방에 대한 정성과 예의 표시로 사용한다. 그리고 예전의 어르신들은 시장에 갈 때 보자기나 천으로 된 가방 또는 장바구니를 꼭 가지고 다니셨다. 보자기의 실용성을 적극 활용하여 자원의 낭비와 환경을 보호한 것이다. 반드시 우리가 본받아야 할 점이다.

보자기와 같은 기능을 하는 것이 가방이다. 가방은 보자기에서 유래하였다. 이 둘을 서로 비교하자면, 가방은 일정한 공간을 차지하지만 빈 보자기를 접으면 주먹만 하다. 보자기를 펼쳐 물건을 싸면 그

부피에 따라 형태가 커지기도 하고 작아지기도 한다. 그러나 가방은 무게만 다를 뿐 부피는 그대로다. 이러한 차이로 좁은 주거공간에서는 보자기가 훨씬 더 실용적이라고 할 수 있다.

 일상생활에서 보자기는 일회용품이 아니라 필요할 때마다 다시 꺼내 쓸 수 있다는 점에서 편리하고 친환경적인 물건이다. 형형색색의 자투리 헝겊을 여럿 잇대어 만든 조각보는 절약 정신 및 바느질 솜씨와 아울러 디자인 면에서 심미안이 뛰어난 수준 높은 예술작품으로 평가받는다. 보자기의 특성은 남을 아량 있고 너그럽게 감싸 받아들이는 온정주의 사고와 통한다. 보자기는 우리 겨레의 미적 감각과 정감을 고스란히 담은 보물이다.

한옥과 건축술

친환경적인 전통 한옥
풍수사상은 환경지리학이다
벽난로와 등잔을 겸하는 고콜
에너지 효율이 높은 온돌
속담에서 얻은 물다짐 공법
바윗덩어리 자연의 힘으로 쪼개기
전통 건축 기술 그랭이 공법
기둥에 숨겨진 예술·공학적 건축미
고려 시대의 캠핑카 사륜정
구조 역학과 미학이 빚어낸 홍예교
조선 시대 첨단 건축 장비 거중기
석빙고의 자연 에너지 활용 기술
왕릉의 토목건축 기술과 조형미

01
친환경적인 전통 한옥

집은 인간이 생활하는 가장 기본적인 터전이다. 자연재해나 사회적인 침해로부터 가족을 보호하고, 생리적인 욕구를 해결하기 위한 보금자리다. 안전성과 편리성이 중요한 요소다.

한옥은 우리의 전통가옥이다. 목재와 흙이 숨을 쉬면서 습도를 조절하고 한지를 바른 창호는 공기가 통하는 구조로 되어 있어 쾌적한 환경을 만든다. 자연과 가장 잘 어울리는 집이다.

예로부터 조상들은 집을 지을 때 집터를 중요하게 여겼다. 기후 조건에 맞는 좋은 집터란 물이 잘 빠지고 햇볕이 충분하게 들어야 한다. 그래서 터를 잡을 때에 땅을 만물의 어머니로 여기는 풍수사상에 따랐다.

풍수지리란 땅의 생긴 모양과 방향이나 위치를 판단해 집을 짓는데 알맞은 곳을 구하는 이론이다. 배산임수(背山臨水)는 건물이 산을 등지고 시내를 바라보는 지형 배치를 말한다. 이는 결국 생활에 편리한 공간을 찾으려는 노력이다. 뒷산이 겨울철 북서 계절풍인 찬바람을 막아준다. 산이 가까워 땔감을 구하기가 쉽다. 마을 앞으로 흐르는 개울은 먹는 물이나 생활 및 농업용수를 넉넉하게 얻을 수 있는 이점이 있다.

한옥의 멋은 지붕과 처마에 있으며, 보는 각도와 위치에 따라 변화무쌍하다. 형태에 맞배지붕, 우진각지붕, 팔작지붕(합각지붕), 정(丁)자형

지붕 등 다양하다. 그리고 재료에 따라 크게 초가와 기와집, 너와집, 굴피집, 귀틀집 등으로 나뉜다. 지붕이 하늘의 형상으로서, 꼭대기 부분인 용마루나 추녀의 모양이 원형 곡선이다. 처마는 여인네의 치마폭이나 새의 날갯짓 같기도 하여 경쾌하면서 화려하다. 지붕과 처마가 주변의 자연경관과 조화를 이루면 더 한층 아름답다.

초가는 볏짚으로 이엉을 엮어 지붕을 이은 집이다. 초가지붕은 가벼워서 기둥에 무리를 주지 않아 좋다. 속이 비어 있는 볏짚은 보온과 단열이 잘 되는 건축 재료다. 그래서 여름에는 시원하고 겨울에는 무척 따뜻하다. 초가지붕 용마름 양쪽 마구리에 구멍을 뚫어놓았다. 이를 '까치구멍(집)'이라고 한다. 공기의 유통과 채광은 물론 아궁이에 불을 땔 때 내는 연기나 부엌에서 나오는 수증기를 밖으로 빠지게 하기 위해서다. 오늘날 환기팬에 해당한다.

관청이나 절, 부자들이 사는 집은 기와로 지붕을 이었다. 기와는 찰흙을 일정한 모양으로 굳혀 가마에서 구워낸 것이다. 기와지붕의 용마루, 처마, 추녀허리의 휘어진 부분을 한국미의 특징으로 꼽는다. 펼친 부챗살 모양으로 배치하는 선자서까래 설치는 추녀의 하중을 분산시켜 지지하는 구조라서 미의식과 고도의 건축기술이 필요한 작업이다.

일반 농가의 초가와 다르게 산간 지방 화전민 마을에서는 볏짚을 구하기 어려워 너와집을 지었다. 너와는 널빤지로 된 기와를 이르는데, 원래 이엉으로 쓰는 억새풀을 뜻하는 '너새'가 변한 말이다. 너와에는 나무너와와 켜가 얇은 돌너와/ 청석너와가 있다.

나무너와는 나뭇결이 바르고 잘 쪼개지는 소나무나 전나무를 주로 사용한다. 너와란 통나무를 도막내어 도끼로 팬 널쪽을 말한다. 사방 한 자와 자 반 크기의 장방형으로 두께는 한 치 정도다. 수명이 약 5년이다. 돌너와는 점판암을 얇게 뜬 것으로 청석너와라고도 한다. 너와 사이에 틈이 있어 환기가 잘 되면서도 단열 효과도 높아 여름에는 시원하고 겨울에는 밖으로 열을 빼앗기지 않는다.

참나무의 일종인 굴참나무 껍질로 지붕을 이은 굴피집이 있다. 굴참나무의 껍질은 두꺼운 코르크로 되어 있어 방수와 보온성이 뛰어나다. 굴피는 날씨가 맑으면 공기가 건조해져 오므라들고 비를 맞으면 늘어나 벌어진 틈을 메우는 수축성이 뛰어난 재료다.

눈이 많이 내리는 울릉도의 가옥 구조로 알려진 우데기는 처마 둘레에 방설벽을 쳐 눈과 바람을 막아 실내 생활공간을 만들어 주는 집이다. 벽이 바람 많은 제주도와 해안지방의 돌담 또는 산간지방의 방풍림과 같이 바람막이 구실을 한다. 우데기 안에 돼지우리, 외양간, 식량 저장 창고가 있다.

산간지방에서는 귀틀집을 지었다. 통나무를 옆으로 뉘어 귀퉁이를 맞춰 포개 쌓아 만든 건축구조다. 사이가 뜬 데는 바윗돌에 낀 이끼(바위옷) 같은 것으로 채우고 흙을 개어 발랐다. 지붕을 나무껍질이나 풀로 덮었다. 선사 시대부터 지어진 귀틀집은 그 역사가 꽤 오래된 건축양식이다. 〈삼국지 위지 동이전(변진)〉에 "그 나라는 집을 짓는데 나무를 얽어매어 마치 감옥과 같이 만든다."고 하였다.

전통 가옥을 짓는 데는 흙, 나무, 짚, 돌 따위의 친환경적인 천연 재료를 주로 사용한다. 그 지역에서 얻을 수 있는 순수 자연 소재만을 쓴 것이다. 기둥이나 보, 도리, 서까랫감으로 흔히 소나무가 쓰였다. 이들을 연결하여 건물의 뼈대를 세울 때에 가급적 쇠못을 쓰지 않고 목재에 홈을 파 서로 맞물리게 하였다. 재목을 하나의 생명체로 인식한 공법으로 고난도의 목공기술이 요구된다.

벽체를 수수깡이나 대나무, 싸리나무를 발처럼 엮고 안팎에 진흙반죽을 발랐다. 흙을 갤 때 볏짚을 잘게 썰어 넣어 말라도 벽이 갈라 터지는 것을 막았다. 흙벽은 단열효과가 크고 습도를 조절한다. 여름에 땡볕을 받아도 겉벽만 뜨겁지 속벽은 서늘하고, 겨울에는 찬 기운이 속벽까지 잘 전도되지 않는 장점이 있다.

또한 기와지붕의 기왓장 밑에 갠 진흙을 두텁게 깔아 사계절 집안의 온습도 조절을 자연스럽게 하여 여름에는 시원하고 겨울에는 따뜻해지도록 하였다. 흙이 숨 쉬는 집을 만든 것이다. 방바닥은 구들장 위에 진흙으로 고르게 마감하고, 콩기름 먹인 종이를 겹겹이 발라 방수효과를 내었다.

벽과 창, 방문에 통풍이 잘 되는 한지를 발라 온습도와 조명 및 환기 조절을 가능하게 하였다. 인기척을 들을 수 있고 사람들이 들고 나는 동태를 소리로 알 수 있다. 이러한 간접 의사소통 방식이 조신한 생활을 몸에 배게 한 것이다. 반투명 재질이어서 햇빛을 통과시키고 시선을 막아주기 때문에 창호에 커튼이 필요 없다. 또한 출입문이나 창문이 필요 이상으로 크지 않아 열효율과 신체운동 측면에서 경제적이다. 열고 닫는 방향도 공간을 최대한으로 활용하고 편리성을 추구하려는 행동과학 의지가 담겨 있다. 모든 것들이 인체의 크기와 조화를 이루는 구조다.

한옥은 자연에 순응하도록 지었다. 집터를 닦을 때에 남향을 중시한다. 축대 높이를 30cm~1m 정도로 쌓고 그 위에 건축물을 세운다. 지붕의 물매(기울기), 처마의 높이나 길이는 눈이나 비, 계절에 따른 태양의 남중고도와 관련이 있게 조절하였다.

처마가 여름 햇빛을 막고 겨울 햇살은 받아들일 수 있게 구성되었다. 또한 창문은 주변 경관과 조경이 잘된 정원의 아름다운 조망을 염두하고 설계한 것이다. 이처럼 한옥은 집의 방향과 모양에서 기후와 자연환경의 영향을 많이 받아들였다. 현대 서양건축의 선브레이크(sun breaker)는 한옥 처마를 변용한 기술이다.

한옥의 평면 형태는 ㅡ자, ㄱ자, ㄷ자, ㅁ자, 工자집, 丁자집, 홑집, 겹집 등 다양하다. 구조나 기능면에서 보면 방, 마루, 부엌, 내외담, 대문, 외양간이나 헛간, 곳간, 뒷간, 안채, 별채, 사랑채, 행랑채, 마당 및 정원, 사당 등으로 이루어진다. 일부 농촌에서 외양간을 부엌에 붙여 지은 것은 관리의 편리성과 산짐승으로부터 가축을 보호하기 위해서다.

내외담을 쌓은 이유는 조선 시대 남녀 간의 자유스러운 접촉을 금지하던 내외법(內外法)에 따라서다. 집의 구조도 여성의 공간인 안채와 남성의 공간인 사랑채로 떼어놓았다. 사랑채에 창문을 낼 때도 안채를 향하지 못하게 하였다. '개인적 거리/ 공간' 곧 자기 영역을 두어 생활의 안정을 꾀한 주거문화라고 할 수 있다.

　인체공학을 감안하여 사람 무릎 높이로 깔아놓은 마루는 통풍이 잘 되어 시원하고 습도 조절에도 기능적이다. 방바닥 밑에 구들을 깔아 난방 시설을 갖춘 온돌은 열효율이 높은 난방법이다. 이처럼 마루가 여름철 더위에 대응하는 구조라면, 온돌은 한겨울 추위에 대응하는 구조다. 마루와 온돌의 균형이 한옥의 특징이다. 또한 다양한 한옥 형태 가운데 ㅁ자 형은 장단점이 있지만, 서양 전통 석조건축처럼 폐쇄적 공간이 아니라, 모서리가 조금씩 열려 있어 통풍과 의사소통을 높여주는 기능을 갖는다.

　한옥의 입면 구조를 보면, 부엌 바닥은 아주 낮게 파내고 방바닥은 부뚜막보다 높게 하였다. 내부 공간을 높낮이의 차이로 둔 것은 한옥의 독특한 구성이다. 함실아궁이는 매우 낮은데 부넘기가 없어 불길이 그냥 고래로 들어가도록 열 효율성을 높인 구조다.

　한옥은 건축법이 유별나다. 집이 살아 숨을 쉰다. 통풍성이 뛰어나 생태학자와 현대 건축가들에게 주목을 받는다. 목재와 목재를 이음, 짜맞춤, 쪽매붙임 방식으로 결합시킨다. 주춧돌 위에 기둥을 고정시키지 않고 올려놓은 구조로 유동적이라 지진파에 흔들리더라도 쉽게 무너지는 것을 막을 수 있다. 내진 설계를 자연스럽게 한 것이다. 또한 지붕에 흙과 기와를 얹어 하중으로 기둥과 보를 눌러 안정성을 유지하였다.

　전통 건축의 특징은 '자연'이다. 남향을 중심으로 하는 풍수지리적 배치와 건물의 구조 미학이 주는 자연 친화, 그리고 자연 속으로 들어간 낭만성이 생태 한옥의 특성이다. 건축 재료로 쓰인 흙과 짚, 소나무는 몸에 이로운 성분이 들어 있어 오래전부터 질병 예방에 효능이 있다고 알려져 왔다. 황토는 세균 번식이나 곰팡이의 번짐을 막아주는 물질이다.

흙벽이 단열재 역할을 하고 숨을 쉰다. 소나무 목재는 습도를 자연스럽게 조절하는 기능과 원적외선 함유량이 많아 인체의 독소를 없애주고 항균작용을 한다.

경주의 양동마을과 안동 하회마을에서 조선 시대의 전형적인 전통 가옥을 볼 수 있다. 이 두 곳은 2010년 7월 31일 유네스코 세계문화유산으로 등재된 한국의 역사마을이다. 도시 속에 옛 것을 간직한 전주 한옥마을도 전통을 엿볼 수 있는 곳으로 유명하다. 순천 낙안읍성은 600년의 역사와 문화를 잘 보존하고 있는 민속마을이다. 1974년에 세운 용인의 한국민속촌은 양반, 서민 가옥을 비롯하여 볼거리가 풍성한 전통문화 관광지다.

우리의 전통 건축양식은 오늘의 관점에서 본다면, 비능률적이라는 단점을 가지고 있으면서도 그 고유성과 고전미의 가치를 지니고 있으므로 섣불리 단정하여 말하기가 어렵다. 객관적이고 상대적인 평가가 필요하다.

서울 북촌(가회동, 익선동 등)은 도시형 근대 한옥 마을이다. 이 곳에는 1920년대 건축가이자 항일문화운동가 정세권(1888~1965)이 전통 한옥의 특성을 살리면서 공사비를 줄이고 편리성을 추구하여 재구성한 집들이 즐비하다. 전통 한옥은 개화기를 거쳐 재래주택 개량론자인 근대건축가 박동진, 박길용에 의해 현대화의 길을 걷는다. 겉모습만 한옥이지 그 안을 아파트 구조로 바꾸었다.

누구나 전통적인 생활 분위기를 그리워한다. 일반 주택이나 아파트에 비닐 장판 대신 나무판자로 마루처럼 거실바닥을 깔거나 흙벽돌을 내장재로 쓰고 있다. 흙은 우리 생명의 근원이요 질병 치료제이기 때문이다. 예전부터 내려온 황토방에서의 치료 효과가 이를 잘 입증한다. 편리성을 고려한 현대식 설비를 갖춘 한옥도 흔히 볼 수 있다.

현대인은 도시 생활에 몸과 마음이 몹시 지쳐 있다. 그래서 숲 속에 황토로 지은 전원주택을 선호한다. 이러한 바람은 자연으로 돌아가고픈 인간의 본능인지도 모르겠다.

요즘 도심의 아파트를 마다하고 시골에 흙집을 지어 살겠다는 사람들이 늘어나고 있다. 한옥은 그 지역에서 나는 천연재료로 지어져 자연의 순환에 적응하고 건강한 환경을 추구하면서 적정기술*을 사용한 생태 건축물이다. 자연을 거스르지 않는 재료와 환경 친화적 건축기술로 지어진 고건축에서 우리는 조상들의 숨결과 무한의 가르침을 배운다.

한옥은 편안하고 아늑함을 주는 친환경 살림집이다. 규모가 크지 않고 비교적 아담한 휴먼 스케일(human scale)이 특징이다. 앞으로 전통 가옥의 보존도 중요하지만 한옥의 장점을 최대한 살려 생활의 편리성을 반영하는 쪽으로 변화 발전해 나가야 한다. 한옥의 정체성을

---

* 적정기술(Appropriate Technology): 어느 특정한 지역의 사정에 알맞은 기술적 해법을 제시해 주는 기술. 시대와 공간적으로 가장 적합하고 현지에서 손쉽게 얻을 수 있는 재료와 정치적, 문화적, 환경적 조건을 고려해 지속적인 생산과 소비가 가능하도록 만들어진 기술을 의미한다. 예를 들면, 아프리카에서 더러운 물을 정수할 때 거대한 시설이 아닌 위생 빨대를 발명하여 보급한 것이다.

유지하면서 전통과 현대의 조화로 좀 더 인간다운 삶을 위한 집으로 재탄생시켜야 할 것이다.

02
풍수사상은 환경지리학이다

사람이 살아가는 데 가장 중요한 환경 요소는 공기와 물이다. 풍수지리는 땅의 성격을 파악하여 좋은 터전을 찾으려는 사상이다. 삼국시대 이래 민족문화에 깊은 영향을 준 풍수지리설은 바람, 곧 기후와 물 등 인간을 둘러싼 자연환경에 관한 지식 체계다.

풍수(風水)는 오랫동안 문화경관의 입지나 건물을 세울 때 밑바탕이 된 요소다. 장풍득수(藏風得水)의 줄임말이다. 바람과 물을 이용하거나 바람을 모으고 물을 얻을 수 있는 길지(吉地; 明堂)를 택하여 사람의 화복에 영향을 줄 기*를 얻는 방법과 기술을 가리킨다. 음양오행(陰陽五行)의 관념을 토대로 땅이 지닌 생기를 찾아 거주할 공간을 정함으로써 자연과 조화를 이루려는 것이다.

음양(陰陽)이란 모든 사물을 음과 양으로 나누고, 우주와 인간이 변화하고 소장(消長; 사라지고 자라남)하는 이치를 음양의 상대적인 관점에서 자세히 살펴 연구하려는 사상이다. 오행(五行)이라는 것은 우주에 존재하는 모든 것의 활동 요소를 수화목금토(水火木金土)로 나누어, 이들의 상호작용에 의하여 자연현상이 운행되며 인생의 길흉화복이 지배된

---
* 기(氣): 활동의 근원이 되는 힘. 성리학에서 이르는 우주 만물의 정기.

다는 것으로써 세계관을 삼는 것이다.

땅은 삶의 가장 기본적인 터전이다. 좋은 터전이란 몸과 마음을 편안하게 하는 곳이다. 맑은 바람이 불고 깨끗한 물이 풍부한 지역이라야 주거지로 적합하다. 사람들은 집이나 무덤 따위의 방위와 지형이 인간의 길흉화복(吉凶禍福)에 크게 영향을 준다고 믿는다. 그래서 알게 모르게 명당 잡기에 관심이 높다. 산을 살피고 자리 주위의 지형·지세를 파악하여 물의 양과 물길을 알아본다. 그리고 생기가 집중하는 혈(穴; 정기가 모여든 자리)을 찾고 방향을 따져 산천의 형세를 판단하여 땅을 쓸 사람과의 상생관계를 보아 길지를 잡는다.

음양오행설이나 천문사상이 덧붙어 체계화된 풍수지리설은 삼국 시대 이전에 중국에서 들어왔다. 통일 신라 후기에 승려 도선(道詵)이 전국을 답사하고 쓴 〈도선비기〉는 풍수지리서로서 국토의 효율적인 운영에 영향을 주었다. 〈천기대요(1636)〉는 조선 후기 관, 민에 널리 사용된 책으로 음양오행설에 따라, 일상생활 모든 분야에서 길흉을 가리는 방법을 기술하고 있다. 고려 시대는 물론 조선 건국 이후에도 한양을 수도로 정할 때 이 사상을 중요시하였다.

반면에 도참설과 연결되면서 고려 인종(13년) 때 서경천도운동, 지역차별 등 정쟁(政爭)에 이용하려는 사건이 있었다. 도참설(圖讖說)이란, 앞으로 일어날 사건을 암시하는 징후를 추측하거나 예언하는 일종의 복술(卜術)이다. '도(꾀하다)'와 '참(조짐)'의 합성어로, 미래의 길흉화복을 미리 알아보려는 심리와 사회적 욕구에서 비롯된 상징적 행위다. 또한 명당을 찾아 무덤을 쓰거나 옮겨 조상의 덕을 보겠다는 허영에 들뜬 가족이기주의적인 폐단도 줄을 이어 비판의 대상이 되었다.

풍수사상은 배산임수(背山臨水), 경동지괴(傾動地塊) 등 합리적이고 실증적인 이론으로 국토 관리에 크게 이바지한 면이 있다. 풍수가들이 주장하는 명당이란 산이 바람을 막아 주고 물이 열기를 식혀 주는 곳으로 배산임수의 땅을 말한다.

태양에너지를 고려하여 건물을 남향으로 배치해야 하며, 강물이 흘러들어오는 곳을 바라보는 집이 좋다고 한다. 명당에 마을이 들어서거나(陽氣風水) 집을 짓거나(陽宅風水) 조상을 묻으면(陰宅風水) 그 곳에 있는 좋은 기운을 받을 수 있다는 설명이다. 이런 곳이 아니라면 절이나 탑, 장승 등을 세워 지리적인 조건이 부족해서 생기는 재앙을 인위적으로 막아야 한다는 비보사탑설(裨補寺塔說)을 내세운다.

이중환은 〈택리지(1751년)〉에서, "무릇 삶터를 잡는 데 으뜸은 지리(地理)가 좋아야 하고, 다음 생리(生理: 입고 먹는 일)가 좋아야 하며, 인심(人心)이 좋아야 하고, 아름다운 산과 물이 있어야 한다. 이 네 가지에서 하나라도 모자라면 살기 좋은 땅이 아니다"라고 하였다. 집터는 지리·경제·사회적 조건과 주변의 자연경관을 제대로 갖춰야 한다는 것이다. 기름진 땅과 넓은 들, 지세가 아름다운 곳에 집을 짓고 사는 것이 좋다. 곧 자연과 인간의 조화가 이루어진 곳을 말한다.

풍수는 학문적으로 그 위치를 확고히 하였으며, 고려 시대와 조선 시대에 과거 시험과목으로 엄연히 자리하였다. 유교나 불교처럼 신앙이나 교리가 아니었다. 풍수사상은 땅의 이치에 대한 전통적인 지식

체계의 하나다. 오늘날 생태 환경적 이상사회를 지향하는 시대적 흐름과 맞아떨어질뿐더러 자연과 인간관계의 올바른 정립을 위한 문화 전통이다.

인류의 출현과 함께 삶의 터전 잡기, 물자리 찾기 등 토지에 대한 지식이 자연스럽게 형성되고 발전하여 왔다. 사람이 자연과 더불어 풍족하고 행복하게 가꾸며 살아가는 편안한 분위기를 주는 터를 어머니 품속같이 아늑하고 포근한 보금자리로 여겼다. 건축물의 구성도 자연의 지세를 닮음으로써 인간을 복되게 하려는 이상적인 자연관이 바탕이 된 것이다.

오늘날 건축물이나 댐을 건설할 때 사전에 일조권을 따지고 지반에 대한 안정성 검사, 지리조건 등을 조사하는 일도 풍수와 일맥상통한다. 환경영향평가 대상사업의 사업계획을 수립하려고 할 때에 그 사업의 시행이 환경에 미치는 영향을 미리 조사·예측·평가하여 해로운 환경영향을 피하거나 줄일 수 있는 방안을 강구하는 것과 마찬가지다.

풍수는 생태환경에 순응하는 논리로 여전히 우리 생활 곳곳에서 활용되는 지식이다. 자연의 섭리에 맞추어 쾌적한 환경을 찾는 풍수지리 사상은 조상들이 쌓아온 자연관과 토지관, 지리관 등 환경결정론, 생태학적 관점을 한눈으로 들여다볼 수 있게 하는 문화유산이다.

03
벽난로와 등잔을 겸하는 고콜

전깃불이 없던 시절, 조상들은 어두운 밤을 어떻게 밝히고 생활하였을까.

지금도 두메산골 오두막집에서 등불과 난로 구실을 할 수 있도록 만들어놓은 '고콜'을 볼 수 있다. 등잔불처럼 어둠을 밝히면서 불씨도 보관하고 방 안을 훈훈하게 하던 시설이다.

18세기 문헌 〈한청문감〉에 '곡홀(糠燈洞子)'이 나온다. '쌀겨 기름을 태우는 등잔과 벽에 뚫은 구멍'을 이르는 말이다. 고콜은 '코골, 콧굴, 콜쿨, 고쿠리, 콜쿠리'라고 불리는데, '고ㅎ[鼻(비; 코)]+골[谷(곡; 골짜기)]'로 분석된다. 어원적으로 '콧구멍 같이 생긴 굴'이라는 뜻이다.

고콜에는 두 가지 형태가 있다.

밤에 등잔불을 켜놓거나 관솔*불을 올려놓기 위하여 방과 부엌 또는 외양간 사이의 벽에 구멍을 뚫어 이쪽저쪽을 밝힐 수 있게 만든 조명용 고콜이다. 불을 환하게 밝히는 창문이란 의미에서 불창[火窓(화창)]이라고도 한다.

다른 하나는 관솔에 불을 붙여 땔 수 있도록 벽난로처럼 만든 고콜이다. 방안의 공기를 따뜻하게 데우면서 어둠을 밝히는 조명과 난방을 겸한 장치다. 벽 한쪽 귀퉁이에 사람이 앉은 40cm 정도의 높이에 제비집 같은 턱을 만들어 불을 피울 수 있게 하였다. 그 위에 흙으로 벽을 따라 천정 밑까지 굴뚝을 세워 부엌으로 내었다. 부엌으로 빠져나온 연기는 까치구멍으로 통하여 나간다. 까치구멍이란 굴뚝 대신 지붕의 용마루 양쪽 끝 합각에 연기가 나갈 수 있도록 뚫어놓은 환기 장치다. 낮에는 이 구멍으로 빛이 들어와 어두운 집안을 환하게 밝히는

---

* 관솔: 소나무 진이 많이 엉긴 가지나 옹이. 송진이 있어 그을음이 일지만 마디게 타고 냄새가 그윽하기 때문에 고콜에 주로 관솔을 지폈다.

구실도 한다.

고콜은 예전의 굴피집이나 너와집, 산골 초가집에 부수적으로 만들어놓은 설치물이다. 지금도 강원도 삼척 신기면 대이리와 도계 신리 너와집에서 그 원형을 볼 수 있다.

석유가 들어오기 전이나 전기 시설이 없던 지난날, 조상들은 온돌방 한 구석에 고콜을 갖추어 놓았다. 온 가족이 기나긴 한겨울밤 옹기종기 앉아 화롯불을 쬐고 이야기꽃을 피워가며 추위를 이겨내었다. 그리고 고콜불로 방 안의 어둠을 환하게 밝히며 오순도순 생활한 것이다.

04
에너지 효율이 높은 온돌

우리나라 사람들은 삶이 만족스러울 때 '등 따습고 배부르다'는 표현을 한다. 일반적으로 잘 먹고 잘 입고 따뜻한 방에서 지내면 그만큼 건강하고 행복하게 산다는 뜻이다. 한겨울 날씨는 몹시 춥다. 그래서 겨울이 되면 절절 끓는 온돌방의 아랫목이 더할 나위 없이 그리워지는 것이다.

강추위를 이겨내기 위하여 원시 시대에는 땅을 파 지열을 이용하는 움집을 지었다. 구들로 된 온돌 난방 시설이 고안되면서 주거공간이 땅 위로 올라온 것이다. 온돌은 움집 안에서 불을 피우던 신석기 시대를 지나 기나긴 세월을 거치면서 꾸준히 발전하여 왔다. 지금까지 알려진 가장 오래된 유적은 두만강 유역의 5천 년으로 추정되는 서포항 집터에서 발견된 것이다.

온돌에 관한 문헌 기록으로는 〈구당서〉가 가장 오래다. 〈신당서 동이전〉에도 '盛冬長阬溫火以取煖(성동장갱온화이취난)'이라는 기록이 전한다. 중국 북부지방의 탁자식 炕[캉]은 방바닥 전체에 구들을 놓은 온돌과 다른 구조다. 구들 난방은 7세기 초 고구려 때부터 장갱(長坑; 긴 구덩이)에서 비롯하여 발해를 거쳐, 15세기 이후에 한반도 전역으로 퍼져 나갔다. 그리고 중국 대륙을 거쳐 유럽에까지 전파된 난방 문화다.

외국 사람도 온돌에 관심을 가졌는데, 그 중 17세기 말엽 네덜란드 위트센은 〈북동타타르지〉에 온돌을 소개한 바 있다. 미국의 건축가 프랭크 로이드 라이트(1867~1959)는 "한국인의 방은 인류가 발명한 최고의 난방 방식이다. 이것은 태양열을 이용하는 복사 난방보다도 훌륭하다. 발을 따스하게 해 주는 방식이어서 가장 이상적이다"라고 극찬하였다. 그리고 프랭크는 1930년대에 우리 온돌을 미국식으로 개량하였다.

온돌은 방고래 위에 구들장을 덮고 흙을 발라 방바닥을 만들어 불을 때게 하는 장치다. 그 구조는 아궁이와 고래, 고래둑, 부넘기, 개자리, 구들장, 굴뚝으로 이루어진다.

부넘기는 솥을 건 아궁이에서 방고래로 불이 넘어가는 조금 높게 쌓은 부분[←불+넘(다)+기]이다. 불목이라고도 한다. 아궁이의 열기는 부넘기를 넘으면서 고래 안으로 빨려 들어가도록 만든 장치다. 고래는 한두 골 또는 여러 골로 낼 수 있다.

개자리는 온돌의 효율을 높이기 위하여 불기를 빨아들이고 불과 뜨거운 연기를 머무르게 하기 위하여 깊이 파놓은 고랑을 말한다. 구들개자리, 고래개자리, 굴뚝개자리가 있다. 온돌 재료 가운데 최고는 화강암과 흑운모다. 특히 〈동의보감〉에 흑운모로 방구들을 놓으면 원적외선이 방출되어 신경통, 관절염 등의 통증을 없애준다고 하였다.

아궁이에 불을 때면 불기운이 방바닥 밑의 고래를 따라 구들장을 데운다. 연기가 굴뚝으로 자연스럽게 빠져나간다. 굴뚝의 높이와 위치는 구들이 놓인 구조와 지역 및 기후 차이와 밀접한 관계가 있다. 열에 달궈진 구들은 방바닥을 데워 더운 공기가 대류 현상으로 상승하여 방안을 따뜻하게 한다. 한옥의 천장이 낮고 창문이 작은 것은 온돌방의 열기 보존을 위해서다.

온돌방은 고래를 제대로 파고 구들이 잘 놓여야만 불길이 내지 않고 잘 들여 방바닥이 고르게 따듯해질 수 있다. 그래서 오랜 경험을 가진 전문 구들장이의 뛰어난 온돌 설치 기술이 필요한 것이다.

온돌은 솥을 건 아궁이 곧 부뚜막에 불을 지펴 음식물을 끓이고 자동적으로 방도 따뜻하게 하는 일석이조의 효과가 있다. 중국 북부의 캉, 일본의 전통 난방 장치인 이로리(いろり, 囲炉裏, 居炉裏)나 서양의 벽난로, 페치카에 비해 한층 더 효율적인 난방법이다. 다만, 불완전 연소 시 유해가스 위험성에 주의가 필요하다.

따끈한 아랫목에 이불을 깔고 밥이 담긴 놋주발을 앙구어[*] 놓기도 한다. 불 땐 아궁이의 벌건 숯불을 화로에 가득하게 담아 방으로 들

* 앙구다: 음식 따위를 식지 않게 하려고 불 위에 놓아두거나 따뜻한 데에 묻어 두다.

인다. 겨울철 화로는 방안의 웃풍을 줄이고 음식물을 데우는데 안성맞춤이다. 어디 이 뿐이랴. 화롯가에 둘러앉아 정겹게 훈훈한 이야기꽃도 피우면서 감자나 밤, 고구마, 떡 등을 구워먹는 즐거움도 온돌방 바닥 좌식생활에서 빼어놓을 수 없는 분위기다.

아궁이에 불을 오래 때면 고래에 재가 쌓이고 불이 잘 들이지 않아 청소를 해야 한다. 지금은 볼 수 없는 광경이지만 굴뚝 청소부가 긴 장대를 둘둘 말아 어깨에 메고 징을 치며 '뚫어!'하며 온 동네를 다녔다.

온돌 아궁이는 열효율이 높다. 아침저녁 취사용으로 약간의 불을 때도 난방이 되어 많은 양의 땔감이 필요한 것은 아니다. 그럼에도 점차 연료 수요가 늘어나면서 조선의 숲은 벌목과 땔감 채취, 17~18세기 화전 개간으로 한때 몸살을 앓은 적도 있었다. 역사적으로 우리나라는 산림을 훼손하는 사람을 엄한 형벌로 다스리는 등 치산치수를 우선 정책으로 펼쳐왔기 때문에 산림 관리가 잘된 나라였다. 일제강점기 이전만 해도 숲이 울창하여 홍수와 가뭄의 피해가 적고, 물 좋고 땅이 기름졌다. '삼천 리 금수강산'으로 알려졌다. 그런데 일제의 산림수탈과 광복이후 6·25전쟁으로 인한 산불과 홍수 피해로 산림이 온통 민둥산이 되어버렸다.

20세기 한반도 야산에는 나무가 드물었고 곳곳이 헐벗었다. 1950~60년대 숲의 황폐화가 극에 달했다. 산림법을 제정하고 산림청이 발족(1967년)되는 등 산림녹화 기반을 다졌다. 박정희 대통령은 1962년 제1차 경제개발계획을 세워 민수용 석탄 공급계획을 포함시켰다. 1964년에는 도시에 석탄을 공급하면서 나무 땔감 사용을 막았다.

1970년대부터 점차 땔감을 무연탄과 석유, 전기, 가스에너지로 바꾸어 나갔다. 1980년대 들어와 농촌에 연탄보일러, 새마을보일러 등이 도입되었다. 사용하기 편하고 열효율이 높은 기름보일러는 1990년대에 본격적으로 보급되기 시작하였다. 이와 아울러 산림녹화 사업을 크게 펼쳐 벌거숭이산을 오늘의 푸른 숲으로 가꾸는데 성공한 것이다.

사람은 손발과 배를 따듯하게 하고 머리를 차갑게 하는 것이 건강에 좋다. 방바닥을 데우는 구들 난방은 여기에 딱 들어맞는 시설이다. 그리고 온돌은 우리에게 앉아 지내는 생활방식 곧 좌식(坐式) 문화를 정착시켰다. 방바닥에 앉을 때 아이들은 무릎을 꿇고, 어른들은 책상다리 또는 양반다리라고 불리는 결가부좌(結跏趺坐) 자세가 예의 바른 앉음새다.

뜨끈뜨끈한 온돌방 바닥에 배를 깔고 엎드리면 소화기 기능이 활발해지면서 배앓이가 낫는다. 아랫목에 드러누워 등을 지지면 피의 흐름이 원활하여 몸이 가뿐해지면서 쌓인 피로가 싹 풀린다. 아궁이에서 뿜어 나오는 열기와 연기가 부엌 안을 살균 소독하고, 아랫도리에 불기운을 쬐면 원적외선이 혈액순환을 도와 부인병 예방과 치료 효과를 볼 수 있다.

따끈한 방에서 지내는 것은 현대 의학에서도 인정하는 전통 치료 방법이다. 땀을 내 병을 치료하는 황토 찜질방이 온돌방에서 유래한 시설이다. 그 밖에 온돌매트, 온돌 보일러, 돌침대, 온돌마루도 온돌의 과학적 원리를 응용하여 개발한 신발명품이다.

온돌은 역사가 아주 오래된 방바닥 난방장치다. 불과 열을 다스리는 고도의 과학 기술이 만들어낸 고유의 전통 난방 문화다. 브리태니커 사전에 Ondol로 등재될 정도로 세계인이 인정하는 난방시설이다. 이제는 청정에너지를 활용할 수 있는 황토 온돌방의 현대화 산업화가 필요한 시점이다.

05
속담에서 얻은 물다짐 공법

건축 공정에서 가장 먼저 하는 일이 기초 다지기다. '비 온 뒤에 땅이 굳는다'는 말이 있다. 어지럽고 떠들썩함을 겪은 뒤에 일이 더 든든해진다는 비유로서의 뜻이다. 그런데 실제로 비가 내린 뒤에 땅이 단단해진다. 흙 알갱이의 틈새에 빗물이 채워졌다 빠지면서 자연스럽게 땅이 굳어지는 원리다.

집을 지을 때 생땅이 나올 때까지 기초 웅덩이를 파고 물을 부어가면서 모래를 층층이 다져 올리는 것을 입사기초(立砂基礎)라고 한다. 건축에서 이용되는 기술이다. 모래땅에 물을 붓고 단단하게 다지는 방법은 사상누각(砂上樓閣; 기초가 약하여 오래가지 못함)이라는 말을 통째로 뒤집는 이론이다. '두껍아 두껍아/ 헌집 줄게/ 새집 다오'를 부르며 바닷가에 쌓은 모래성이나 사막 지대에 세운 초고층 빌딩의 안정성이 이를 뒷받침한다.

모래는 흙 중에서 물을 가장 잘 배출한다. 기초 밑에 모래를 넣고 물을 부어 다지면 나중에 물기가 빠지면서 모래 입자 사이의 간극이 줄어들어 땅이 단단해진다. 이것을 압밀현상(壓密: Consolidation)이라고 부른다.

땅에 세워진 건축물을 마치 바다에 떠 있는 배에 비유할 수 있다. 건물 밑 땅속에 지하수가 있다는 사실을 생각하면 그렇다. 건물도 대홍수가 나면 부력에 의해 땅 위로 떠올랐다가 물이 빠지면 다시 내려 앉아 자리를 잡는다. 이 때 건물이 평형을 잃고 기우뚱하기도 한다. 이를 최대한 방지하기 위하여 집을 지을 때 건물 앉힐 자리를 탑신보다 기단부의 지대석처럼 넓게 잡아 파일을 박는다.

갯벌을 메운 약한 지반에 지어진 집이 기울어지는 경우가 있다. 이것은 건물 무게에 의해 무른 쪽 땅에 변형이 생겼기 때문이다. 그렇지만 기울어진 건물에 의해 생긴 힘을 지반의 변형에 의해 가두고 있으므로 무너지지는 않는다. 우리가 몸의 균형을 잃고 넘어지려 할 때 다시 중심을 잡으면 안 넘어지는 것과 같은 이치다.

기우뚱한 건물을 원상태로 복원할 때 기초와 기둥 보강에 압입말뚝과 수직보강재, 와이어로프를 이용하는 것도 물다짐 공법이다. 기울어지는 '피사의 사탑' 아래 구멍을 뚫고 파이프를 넣어 지하수를 뽑아내는 공사를 했다고 한다. 시설물을 좌우로 이동하거나 차량 통행 중에 다리를 들어 올릴 때도 이 기술이 적용된다.

건설 현장에서의 '물다짐 공법'은 바로 속담의 사실적 이해에서 얻은 슬기다. 집을 지을 때 터를 파고 기초 공사를 한 다음 되메우기를 할 때나 건축 공사의 마무리 단계에서 실터*를 평평하게 고르고 다질 때 마른 흙에 물을 뿌려 단단하게 하는 방법이다.

물다짐 공법은 조상들이 오랜 시간 삶의 현장에서 경험으로 알아낸 기술 발명이다. 생활의 지혜가 담겨 있는 속담을 잘 살펴보면 거기에 자연법칙이 숨어 있음을 얼마든지 발견할 수 있다. 자연은 인류의 위대한 스승이다.

06
바윗덩어리 자연의 힘으로 쪼개기

돌은 토목·건축 및 비석·조각 따위에 많이 쓰이는 재료다. 채석장(採石場)에서 암석을 갈라 석재(石材)를 떠낸다. 주춧돌로 쓰거나 축대, 성벽을 쌓으려면 떠낸 돌을 알맞은 크기와 모양으로 석수장이가 쓸모 있게 다듬는다.

우리는 오래된 건축물에서 거대한 기단석을 쉽게 볼 수 있다. 그런데 이 큰 돌덩이를 채취하는 방법이 궁금하다. 지금은 암체(岩體)에 동력 구동식 절단기로 구멍을 촘촘하게 뚫고 이랑을 만들어 폭약을 터뜨려 암석을 분리시킨다. 하지만 예전에는 그 큰 돌을 어떻게 쪼갰을까.

사람의 힘으로 바위에 철쐐기를 박고 돌이나 망치로 내려쳐 갈랐다. 쐐기는 물건과 물건의 틈 사이에 끼워 사개가 물러나지 않도록 하

* 실터: 집과 집 사이에 남은 좁고 긴 빈터.

는 역삼각형의 도구다. 앞 끝의 각도가 작으며 단면이 V자형을 이루도록 만든 것이다. 생김새가 나무를 팰 때 쓰는 도끼와 비슷하다. 역학적으로 보면 빗면을 이용하는 원리다.

나무를 벨 때도 쐐기를 사용한다. 톱이 나무에 물리는 것과 작업자 앞으로 나무 쏠림을 막기 위한 것이다. 벌목용 쐐기는 나무나 금속, 플라스틱으로 만든다. 쐐기 박기는 고건축이나 목공예에서도 쓰이는 공법이다.

지난날에는 잘 말린 나무 쐐기를 절리*에 박은 다음, 물을 붓고 불려 팽창하는 힘을 이용하여 돌을 쪼갰다. 나무 가운데 대추나무 목재는 매우 단단하며 벼락 맞은 것은 무거워 물에 가라앉을 정도여서 나무 쐐기로 많이 쓰였다.

나뭇결, 살결과 같이 돌에도 결이 있다. 돌결에 힘을 가하면 좀 더 쉽게 갈라진다. 이것은 석기 시대를 겪어온 인류가 오래 전부터 경험하여 알아낸 지식이다. 바위 틈새에 있는 나무가 자라면서 돌이 조금씩 벌어진다는 사실도 여기에 한몫 더했을 것이다.

암석의 물리적 풍화 원인에 열팽창과 수축, 압력의 감소, 갈라진 틈에 고여 있는 물의 얼고 녹음과 식물 성장 등이 있다. 조상들은 풍화 작용과 쐐기의 원리 및 절리면(節理面; 돌이 잘 잘리는 면)을 이미 알고 실생활에 활용해온 것이다.

07
전통 건축 기술 그렝이 공법

* 절리(節理): 암석에서 볼 수 있는 좀 규칙적인 틈새. 주상절리(柱狀節理)는 마그마의 냉각과 응고에 따른 부피 수축에 의해 생기는 다각형 기둥 모양의 금을 뜻한다.

모든 집은 아름답고 실용적이면서 튼튼하게 지어져야 한다. 건축물의 안정성은 바람과 지진, 물의 피해에 견딜 수 있는 구조를 말한다.

예로부터 집터를 높게 잡았다. 전통 가옥을 보면 땅의 표면에서 사람 무릎 정도의 높이에 지은 것이 대부분이다. 집을 지을 때에 가장 먼저 달구질로 터를 다진다. 그 다음 건축물의 기초가 되는 기단(基壇)을 쌓는다. 그 위에 주춧돌을 놓고 나무 기둥을 세운다. 이렇게 하는 까닭은 장마철 땅바닥에서 튀기는 빗물이나 집터에 스며든 습기로부터 담벼락이 헐거나 나무기둥이 썩는 것을 막기 위함이다.

또한 주춧돌에 닿는 기둥의 밑동에 굽을 파고 숯가루와 소금을 넣는다. 나무를 갉아먹는 흰개미의 피해를 막기 위해서다. 숯은 습기를 제거하고 소금이 방부제 역할을 한다. 또한 기둥과 주초 사이에 공기가 통하여 썩지 않게 하려고 동전 한 닢 들어갈 정도로 숨구멍을 내기도 하였다. 건축 시 지렛대를 넣어 기둥을 움직일 때도 필요한 구멍이다.

주춧돌은 대개 화강암을 반듯하게 다듬어 쓰지만, 시골집은 대부분 산에서 떠온 알맞은 크기의 돌을 그대로 썼다. 주위에서 손쉽게 자연석을 얻은 것이다. 돌과 기둥, 돌과 돌, 도리와 추녀 곧 별개의 두 부재를 짜 맞추는 작업을 '그렝이'라고 한다. 기둥의 밑면을 주초석 모양대로 깎아내는 것이다.

그런데 높낮이가 고르지 않은 자연석 주춧돌(덤벙주초)[*] 위에 기둥을 앉히는 일이 그리 쉬운 일이 아니다. 그렝이질은 눈짐작과 숙련된 솜씨가 필요한 작업이다. 기둥의 밑 부분을 주춧돌의 울퉁불퉁한 면에 맞게 그레를 사용하여 먹줄을 긋는다. 그리고 주초에 맞닿게 끌로 파

---

[*] 덤벙주초: 자연석을 가공 없이 그대로 사용한 초석. 미끄러운 강돌을 쓰지 않고 표면이 거친 산돌을 쓴다. 덤벙주초로 세운 대표적인 건물에 신륵사 극락보전, 선암사 대웅전이 있다.

내는 방법이다. 이러한 기술은 노련한 목수들만의 몫이다.

그레는 기둥이나 재목 따위를 놓일 자리에 꼭 맞도록 따 내기 위하여 바닥의 높낮이에 따라 그리는, 붓 노릇을 하는 물건이다. '그렝이칼'이라고도 하는데 컴퍼스처럼 생겨 한쪽은 먹을 찍어 초석 모양에 따라 기둥 밑면에 선을 그릴 수 있다.

한편, 조선 후기 실학자 박제가는 〈북학의(1778년)〉에서 "중국의 집은 벽돌로 쌓아서 기울어지지 않고 춥지도 않다. 우리나라는 천 호나 되는 큰 고을에도 반듯하고 살 만한 집이 한 채도 없다. 깎지 않은 재목을 평평하지 않은 터에 세우고 새끼줄로 얽고는 기울어졌는지 바르게 섰는지 살피지도 않는다. 문에 틈이 생기고, 창이 찢어지면 해진 버선으로 막기도 한다. 짚을 머리 땋은 것처럼 엮어서 지붕을 인다. 이런 것들을 보노라면 근본적인 본(本)이 없다는 것을 알 수 있다"고 우리 주거 형태를 적정기술 측면이 아닌 편협된 관점에서 허술한 일면을 비판한 것으로 보인다.

우리 기술이 박제가가 얕잡아 보고 염려하는 것처럼 뒤떨어진 수준이 결코 아니었음을 그 당시 건축물을 보아도 알 수 있다. 조상들은 사찰과 같이 규모가 큰 건물의 기단을 비교적 큰 돌을 그렝이를 떠서 서로 맞춰가며 쌓았다. 성벽 또한 그렝이 공법으로 쌓아 견고함을 더하였다. 석축 공사에서 자연석으로 쌓은 기층의 기단에 맞춰 다듬은 돌을 맞물려 놓는 석수장이의 기술이 일품이다. 굽이굽이 동해안으로 흐르는 오십천 절벽 위의 바위 면을 있는 그대로 주춧돌 삼아 지은 삼척 죽서루와 경주 불국사는 그렝이 공법을 적용한 뛰어난 건축물이다.

그렝이 작업은 나무 기둥과 돌의 맞닿는 면적을 넓혀, 기울어지거나 미끄러지지 않게 만드는 공법이다. 주춧돌이 지진에 흔들리더라도 기둥과 분리되어 관성에 의해 그대로 버틸 수 있는 장점이 있다. 신라 시대 잦은 지진과 2016년 9월 규모 5.8 지진에도 끄떡없는 불국사와 첨성대는 그만큼 내진 설계가 잘된 것으로 평가할 수 있다.

지진이나 바람은 건물을 움직이는 중요한 요소로 인장, 압축, 휨, 갈라짐, 뒤틀림이라는 형태로 건물을 변형시키려 한다. 이에 대하여 그렝이 공법은 자연 친화적이면서 구조면에서 지진이나 강풍에 견딜 정도로 안전성을 담보하는 독특한 건축 기법이다.

08
기둥에 숨겨진 예술·공학적 건축미

주춧돌 위에 세워서 보나 도리 등을 받치는 나무를 기둥이라고 한다. 건축물에서 상부의 하중을 받는 공간형성의 뼈대다. 기둥이 기울면 집이 기울고, 집이 기울면 집안이 망한다는 말이 있다. 기둥은 한 집안의 주인을 상징하고, 나아가 나라의 인재를 가리킨다.

기둥은 '긷[株(주)]+-웅(한정적 접사)'으로 분석된다. 모양에 따른 종류에 원기둥과 각기둥, 도랑주가 있다.

기둥의 위아래 굵기를 달리하는 것을 '흘림'이라고 한다. 민흘림과 배흘림으로 나뉜다. 민흘림은 기둥 아랫부분에서 기둥머리 쪽으로 올라가며 직선으로 조금씩 가늘게 다듬은 것을 이르는 말이다. 배를 부르게 한 것이 배흘림이다. 이를 엔타시스(entasis)라고도 한다. 민흘림기둥은 네모꼴 기둥에 많고 배흘림기둥은 원기둥에 많이 적용한다.

배흘림기둥은 주로 큰 건물에 세웠다. 기둥을 배흘림으로 처리하는 까닭은 기다랗고 굵기가 일정한 둥근기둥의 가운데 부분이 가늘게 보이는 착시(錯視; 착각으로 잘못 봄)를 바로 잡아 시각적인 안정감을 주기 위해서다. 또한 기둥을 통해 전달되는 지붕의 무게를 흩트림으로써 건축물을 안전하게 지탱하는 기술이다. 압축력을 받는 기둥의 변형을 막아주기 위하여, 다시 말해 기둥이 옆으로 휘지 않도록 가운데를 불룩하게 만든다.

영주 부석사 무량수전은 고려 말(1376년)에 지은 목조 건축물로 국보 제18호다. 16개의 아름다운 기둥은 소나무보다 단단하고 잘 썩지 않는 느티나무로 만들었다. 기둥을 배부르게 한 점이 고려 시대 사찰 건축의 특징이다. 밑동으로부터 1/3지점에서 지름이 가장 크고 위와 아래로 갈수록 줄여 다듬은 배흘림기둥은 간결한 조화미의 극치를 이룬다.

도랑주(두리기둥)는 원목을 대충 껍질만 벗겨 거칠게 다듬은 자연목에 가까운 기둥을 말한다. 조선 후기 자연주의 사상에 따라 사찰이나 살림집 등에 세운 기둥이다. 화엄사 구충암, 안성의 청룡사 대웅전, 쌍계사 대웅전, 개심사 종각 등이 대표적이다.

기둥을 세우는 방법에 귀솟음(솟음 기법)과 안쏠림(오금 기법)이 있다. 귀솟음은 가운데 기둥을 낮게 하고, 양쪽 추녀 쪽으로 갈수록 귀기둥을 약간씩 높여주는 것이다. 안쏠림(안우림)은 기둥을 수직으로 세우는 것이 아니라, 기둥머리를 건물 안쪽으로 향하게 약간씩 기울여 건물 전체에 안정감을 준 것이다.

귀솟음과 안쏠림은 귀기둥이 처져 보이거나 밖으로 밀려나는 불안한 착시 현상을 없애주고, 지붕의 하중을 가장 많이 받는 귀기둥을 높여줌으로써 구조적인 안정감을 주는 방식이다. 구체적으로 말하자면 처지는 처마를 들어올리기 위해서다. 추녀선이 날아가는 듯한 모양의 아름다움과 건물의 네 귀퉁이 기둥을 평면배치에서 조금 물려 세워 안쪽으로 집을 밀고 있는 형국이 우리 고건축의 자랑이다.

귀솟음과 안쏠림 건축 기법은 무량수전, 완주의 화암사 극락전, 무위사 극락전, 쌍계사 대웅전 등 고건축에 보인다. 이 기술은 12세기 중국 사람 이명중이 쓴 〈영조법식(營造法式)〉에 전한다.

기둥을 쓸모 있게 다듬고 세우는 일은 고난도를 요하는 건축기술이다. 특히 배흘림기둥은 지붕의 부드러운 곡선과 어울리면서 대자연과 조화를 이루어 보는 이에게 안정감을 주는 기법이다. 우리는 귀솟음과 안쏠림으로 지어진 건축물에서 자연을 거스르지 않는 물리적 안정감과 균형미를 발견하고, 예술·공학적으로 세련된 그리고 자연과 화해할 줄 아는 조상들의 장인정신과 솜씨에 감탄할 따름이다.

09
고려 시대의 캠핑카 사륜정

누구나 한번쯤 집채에 바퀴를 달아 이리저리 옮겨 다니면서 살고 싶은 생각을 해보았을 것이다. 사람들은 경치나 전망이 좋은 곳에 놀러 나 쉬기 위하여 아담하게 정자를 지었다. 사륜정(四輪亭)은 바퀴가 네 개 달린 수레와 닮은꼴의 쉼터다. 마소가 끌게 만들어 오늘날 캠핑카를 연상케 하는 이동식 집이다.

이규보의 〈동국이상국집(1241년)〉에 '사륜정기(四輪亭記)'가 실려 있다. 풍류를 즐기기 위해 경치 좋고 물 좋은 곳을 찾아다닐 수 있도록 설계한 정자에 관한 기록이다.

경기도 양평 석창원에 가면 사륜정을 볼 수 있다. 이것은 이규보가 기발한 상상력으로 구상하여 제작하려고 했으나, 여러 사정에 의해 이루지 못한 꿈을 800여 년 만에 설계대로 만들어 놓은 모형 정자다.

캠핑카는 각종 생활 설비를 차안에 갖춘 차량(모터 카라반)과 커다란 짐칸(캠핑 트레일러)을 달고 다니는 차로 분류한다. 모터 카라반은 승합차를 개조한 일체형이다.

요즘 휴가철이면 레저 열풍이 뜨겁다. 여가 생활을 즐기려는 사람들이 부쩍 늘어났다. 캠핑카 시장이 급성장하고 있다. 그런데 유의해야 할 점이 있다. 일반 트럭을 제멋대로 불법 개조한 차를 볼 수 있다. 안전성이 문제다. 반드시 캠핑카 구조 변경에 대한 법적 근거인 '자동차관리법 제34조(자동차의 튜닝)'와 '자동차관리법시행규칙 제55조(구조변경 승인 대상 및 승인 기준)'에 따라야 한다.

충분한 휴식은 지친 몸과 마음을 달래는 보약이다. 노동하는 인간은 일과 쉼을 반복해야 하는 존재다. 여행은 쉰다는 개념이지만 쉼도 일의 연장이다. 낯선 고장이나 다른 나라로 훌쩍 떠나는 여행은 누구에게나 마냥 즐겁고 가슴 설레는 일이다. 더구나 사륜정(캠핑카)을 타고 아무 근심 걱정 없이 가고 싶은 곳을 떠돌아다니는 여유야말로 진정한 신선놀음이라고 할 수 있다.

창작의 전제는 창조적인 상상이다. 이규보는 사물과 다른 사물과의 관계를 발견할 줄 아는 시인이다. 미국의 발명가 에디슨은 시를 쓴 사람이다. 그는 "발명가는 상상력을 가질 수 있기 때문에 시인이 되어야 한다"고 말한 적이 있다.

사륜정은 정자와 우마차를 결합시킨 상상의 소산이다. 유연한 사고의 전환이 정자에서 사륜정, 캠핑카로 거듭나게 한 것이다. 이규보는 오래 전에 이미 고정관념을 깨고 인식을 전환하여 미래에 있을 법한 아이디어를 제공한 사람이다. 오늘날 삶을 풍요롭게 만든 문명은 이와 같이 창조로부터 이룩된 것이다. 우리는 창조적 사고를 해야 한다.

10
구조 역학과 미학이 빚어낸 홍예교

강·개천·길·골짜기 또는 바다의 좁은 목 등에 건너다닐 수 있도록 높게 가로질러 놓은 시설을 '다리'라고 한다. 다리는 이쪽과 저쪽을 연결하여 하나로 통하게 하는 구조물이다. 그 역사는 사람들이 만나고 물건이 오가는 인류사만큼이나 오래다.

다리가 놓이는 형태에 따라 징검다리, 배다리, 매단다리(출렁다리), 홍예교 등으로 갈래를 짓는다. 홍예(虹霓)는 '무지개'를 뜻하는 말이다. 홍예교란 다리 밑이 반원형이 되게 돌로 쌓은 교량이다. 순우리말로 무지개다리 또는 구름다리라고 일컫는 아치형의 다리다.

기록에 의하면 홍예교가 서기전 4,000년경에 이미 메소포타미아지방에서 건설하였다고 한다. 로마 시대 건축에도 널리 사용된 형식이다. 우리나라에 처음으로 가설된 것은 8세기경 불국사의 청운교와 백운교다. 중국에서 7세기 초, 일본은 17세기 초 에도 시대에 건설하였다고 한다. 이와 비슷한 궁륭(穹窿; dome)은 돌이나 벽돌로 둥그스름하게 만든 천장을 말하는데, 평양 낙랑 고분이나 석굴암에서 볼 수 있다. 이 밖에 홍예 구조는 성문(城門)과 석빙고 등에 응용된 기법이다.

궁궐이나 사찰, 성곽 및 일반 다리에 홍예교를 놓았다. 대표적으로 경복궁의 영제교, 창덕궁의 금천교, 선암사의 승선교, 흥국사의 홍교, 불국사의 교량들을 들 수 있다. 수원 화성의 화홍교를 비롯하여 보성 벌교의 홍교, 영산의 만년교 등이 옛 모습 그대로다.

홍예교는 어떻게 만들어지는가. 먼저 양쪽 두 지점에 받침돌(선단석)을 놓는다. 그 위에 반원형의 아치 각도에 맞추어 사다리꼴로 다듬은 돌들을 한 단씩 오므려 쌓아 올리다가 정점에 이맛돌을 끼워 넣음으로써 마무리된다. 이맛돌이란 아치 맨 윗부분의 돌로 다른 돌들의 뒤틀림을 막아주고 전체 구조물을 안정시키는 중심 구실을 한다. 쐐기돌 또는 키스톤(keystone)이라고도 부른다.

축조할 때 고인돌을 조성하기 위하여 받침돌 사이에 흙을 메워 덮개돌을 끌어올리듯이, 홍예의 안 둘레에 맞게 흙 언덕을 만들고 그 위에서 아랫돌부터 차례로 짜 맞추었을 것으로 추정한다. 작업이 끝나면 마무리 단계로 흙을 파내었을 것이다.

아치교가 보를 원 또는 곡선으로 구부려 만드는 것처럼 홍예교도 기둥과 보의 역할을 함께 하는 건축 구조다. 홍예석의 수는 5, 7, 9, 11, 13과 같이 홀수이며, 사다리꼴 모양의 이맛돌을 중심으로 대칭을 이룬다. 홍예의 너비나 높이는 받침돌과 홍예석의 개수로 조절이 가능하다.

홍예 구조는 외부로부터 압력을 받아도 받침돌이 수평으로 밀리지 않는 한, 돌끼리 맞물려 하중(荷重)에 잘 견딜 수 있다. 누르는 힘이 위에서 아래로 작용하지만 아치가 쐐기 모양을 하고 있어서 힘은 양 옆으로 퍼지므로 무너질 위험이 거의 없는 물리적으로 완벽한 구조다. 불국사의 청운교와 백운교는 역학 원리를 이용한 홍예를 2층으로 만들어 더욱 튼튼하며 미적으로 설계한 보기 드문 다리다.

다리는 길의 연장이다. 사람들이 지나다니는 길목이요 만남의 장소다. 또한 천상의 세계와 지상의 속세를 연결하는 상징성을 지닌다. 홍예 구조는 역학적으로 뛰어난 건축기술이다. 홍예교와 홍예문은 튼튼하며 안정감이 있고 빼어난 조형미를 자랑하는 건축물이다. 오랜 세월을 버텨온 우리의 옛 다리는 견고하며 한없이 정겹고 아름다운 예술작품이다.

11
조선 시대 첨단 건축 장비 거중기

　인간은 도구를 사용하는 동물이다. 태초부터 인류는 힘을 덜 들이고 물체를 들거나 옮기기 위하여 여러 가지 도구를 발명하였다. 그 중에서 실학자 다산 정약용이 개발한 거중기는 작은 힘으로 큰 힘을 얻을 수 있게 만든 기계 장치다.
　요즘 건축 현장에서 지게차, 포클레인, 타워 크레인 등 성능이 좋은 장비를 흔하게 얼마든지 볼 수 있다. 그런데 현대식 기계가 없던 예전에 조상들은 성곽을 쌓을 때 무거운 돌을 어떻게 옮겼을까. 통나무 바퀴나 목도, 지렛대, 도르래(활차), 축바퀴를 이용한 것이다. 돌 밑에 통나무를 늘어놓고 끌어당기거나 목도로 들어 옮겼다. 목도는 여러 사람이 무거운 물건이나 돌덩이를 밧줄로 엮어 어깨에 메고 '이영차 이영차' 소리를 내며 옮기는 일을 말한다.
　지레는 작용점, 받침점, 힘점으로 구성되어 작은 힘으로 물체를 들거나 움직이는 데 쓰는 막대기다. 젓가락, 디딜방아, 장도리 등이 지렛대의 원리를 적용한 것이다. 축바퀴도 지레를 이용하여 힘의 이득을 얻는 도구다. 지름이 큰 바퀴와 작은 바퀴를 하나의 축에 고정시켜 함께 회전하도록 만들었다. 자동차의 운전대와 자전거 변속장치가 그 예다.
　수원 화성은 18세기 말(1796년) 조선 정조 때 쌓은 성이다. 화성성곽 건설 과정을 설계에서 완공에 이르기까지 그림을 곁들여 상세히 기록해 놓은 책이 〈화성성역의궤(華城城役儀軌)〉다. 채제공의 총지휘 아래 실학자 정양용이 공사 과정을 계획하고 감독하였다. 무거운 돌을 매우 효율적으로 운반할 수 있는 도구의 발명으로 2년 9개월이라는 짧은 기간에 완공할 수 있었다.

성의 둘레가 5.744km, 높이는 4.9~6.2m다. 옹성에 접근하는 적을 막기 위해 성문의 옆에 치성(雉城)을 군데군데 쌓은 것이 특징이다. 동양 성곽의 백미로 평가받고 있는 화성은 1997년 유네스코 세계문화유산으로 등록되었다.

화성 공사 현장에서 사용한 대표적인 기구는 다산 정약용이 고안한 거중기(擧重機)와 녹로(轆轤; 고패), 유형거(수레)다. 거중기는 고정도르래와 움직도르래를 4개씩 밧줄로 연결하여 물레에 감아 당기는 장치다. 8개의 도르래를 이용하여 40근(24kg)으로 무려 25배나 되는 1,000근의 돌을 들어 올릴 수 있다. 녹로는 기다란 대 위에 도르래를 달고 밧줄을 얼레에 감아 돌을 들어 올리는 데 쓰인 도구다. 오늘날 현대식 장비인 타워 크레인과 같은 원리다.

화성은 피시 공법(Precast Concrete)을 반영하고 과학적으로 개발한 첨단도구를 활용하여 세운 근대식 건축물이다. 피시 공법이란 건축물에 쓰일 부재를 미리 공장에서 만들어와 현장에서 조립하는 방식을 말한다. 오늘날 다리, 건물 등에 적용하는 조립식 건축기술이다. 화성을 축조할 때 이미 돌의 크기를 규격화하였다. 구조물에 맞추어 다듬은 돌을 거중기와 녹로를 이용하여 수레에 실어 날랐다. 이와 같이 성벽은 화강암뿐만 아니라 벽돌에 석회를 섞어 쌓았다.

성을 쌓는 일은 매우 힘들고 위험이 따르는 작업이다. 노역에 동원된 일꾼들의 안전과 공사 효율을 높이기 위하여 거중기를 이용하였다. 피시 공법 반영과 거중기 등 축성에 쓰인 장비들은 노력 경제 원리가 낳은 지혜의 산물이다. 이러한 장비들이 공사비를 줄이고 노동력을 덜 들이면서 공사 기간을 단축시킨 것이다. 수원 화성은 당시의 최첨단 과학기술과 문화적 역량이 빚어낸 역작이다.

12
석빙고의 자연 에너지 활용 기술

냉장 기술이 발달하기 전에 얼음덩어리가 무더운 여름철 사치품으로 귀한 대접을 받았다. 전기냉장고가 없던 시절, 조상들은 겨울에 얼음을 채취하여 그 이듬해 여름까지 곳간에서 보관하는 자연 방식을 활용하였다.

빙고(氷庫)는 얼음을 넣어두는 창고로 나무나 돌로 지었다. 진상품을 보관하기 위해 17세기에 세워진 것으로 추정되는 목빙고(木氷庫) 유적이 2005년에 홍성에서 발굴되었다. 지금까지 거의 온전한 상태로 남아 있는 석빙고는 18세기 초에 돌을 쌓아 만든 것이다. 경주석빙고, 안동석빙고, 영산석빙고, 청도석빙고, 현풍석빙고, 해주석빙고, 창녕석빙고가 그렇다. 서울에 있는 동빙고와 서빙고는 나무로 지은 탓에 지금 그 터만 남아 있다.

〈신당서(新唐書)〉에 "여름에는 음식물을 얼음 위에 놓는다"라고 하였다. 신라 시대에 얼음을 저장하였다는 기록이 〈삼국유사〉와 〈삼국사기〉에 전한다. 고려 때 조정에서 관리들에게 얼음을 나누어 주는 반빙(頒氷) 제도가 있었다. 얼음을 잘 보관하기 위한 사한제(司寒祭) 행사는 고려·조선 시대에 국가의례였다. 중국은 기원전 10세기에 얼음을 보관하고 제사를 지냈다는 기록이 〈시경〉 등 여러 문헌에 보인다. 보관된 얼음은 여름철 하사품이나 지방의 진상 특산물 운반 궤짝인 조빙궤(照氷櫃)에 넣어 냉장용으로 쓰였다.

엄동설한에 강에서 얼음장을 떠내는 일은 매우 고되고 위험한 노동이다. 헐벗은 빙부들은 동상을 입거나 얼어 죽기도 하였다. '빙고청상(氷庫靑孀)'은 벌빙(伐氷) 부역을 피해 남편이 도망간 뜻하지 않게 생과부가 되었다는 데서 유래한 말이다. 오죽했으면 한강 가 주민들이 서빙고에 불을 지르는 사건(1624년)을 일으켰겠는가. 이로 인해 상소문이 끊이질 않았고, 올곧은 선비들은 얼음을 누빙(淚氷; 백성의 눈물)이라 부르며, 한여름에 얼음 받기를 거부하였다고 한다.

정조는 재위 13년 무렵에 궁궐 안의 내빙고(內氷庫)를 아예 없애버린다. 그 대안으로 정약용이 〈경세유표〉에 궁궐 안에서 직접 얼음을 얼리는 방법을 "응달진 곳에 움을 파 돌로 쌓고 그 틈에다 회를 바른다. 가장 추울 때 샘물을 부어 꽁꽁 얼면 외풍이 들지 못하게 보관한다."고 적어 놓았다.

1830년대 영국의 제이콥 퍼킨스가 발명한 인공 제빙기[*]가 나옴으로써 천연 얼음 시대는 막을 내린다. 최초의 냉장고는 독일인 린네가

---

[*] 에테르가 냉각효과를 내면서 증발하였다가 응축되는 원리를 이용한 압축기다.

1876년 암모니아를 냉각재로 사용하여 양조 공장에 도입한 시스템이다. 식품저장용으로 이어진 것은 1925년 미국에서부터다. 암모니아나 프레온 같은 냉매가 증발과 응축을 되풀이하면서 주변의 열을 빼앗아 차가운 기운을 만드는 원리(증기압축 냉동법)를 이용한 것이다.

석빙고의 건축 구조상의 특성과 과학적 원리는 다음과 같다.

석빙고는 바닥, 천장, 벽, 봉분, 환기구 등이 잘 갖춰진 반지하식 건축물이다. 열전도율이 높은 화강암으로 지었다. 천장을 기둥 없이 아치형으로 만들어 사용 면적을 넓혔다. 천장 중간 중간에 홈(에어포켓; 공기주머니)을 두어 내부의 더운 공기를 가두는 역할을 하게 하였다. 여기에 갇힌 더운 공기가 환기구멍을 통해 자연스럽게 밖으로 빠져나가도록 한 것이다. 더운 바람이 위로 올라가고 차가운 바람은 아래로 내려가는 대류 현상을 이용한 구조다. 환기구는 보통 30×30cm 크기로 2~3개씩 내고 뚜껑돌을 덮어 빗물이나 직사광선을 차단하였다.

석빙고의 환기구는 이란의 사막 고대도시 야즈드의 명물 '바람탑'과 같은 원리다. 건축물 꼭대기에 우뚝 솟은 탑이 대기 중의 시원한 바람을 잡아 건물 안의 열을 식힌다. 에어컨과 같은 구실을 하는 장치다. 연기 없는 굴뚝이 건물 내부와 외부 공기 사이의 온도 차로 일어나는 대류에 의한 자연 환기 현상을 이용한 것이다. 이를 '굴뚝 효과'라고 한다.

진흙과 석회, 자갈로 바닥을 단단히 다졌다. 얼음 녹은 물이 잘 빠질 수 있게 문턱에서 안쪽으로 들어갈수록 약 17도 정도로 기울게 하고 배수구를 내었다. 벽과 천장에 돌을 쌓아올리고 흙과 석회로 방수 처리하여 빗물이 스며드는 것을 막았다. 그리고 벽이나 지붕을 통해 들어오는 열과 문을 여닫을 때 들어오는 열을 최대한 줄일 수 있게 설계하였다.

출입문 옆에 붙어 있는 날개벽(냉각장치)은 겨울에 찬바람이 부딪히면서 소용돌이로 변해 내부의 깊은 곳까지 밀고 들어가 온도를 영하로 조절하게 한 것이다. 바깥에 흙을 덮고 잔디를 심어 태양복사열로 인한 열손실을 줄인 것은, 오늘날 빌딩 옥상에 정원을 만들어 꽃과 나무를 심고 채소를 가꾸는 녹화 작업과 같은 이치다.

얼음덩이를 저장할 때 서로 얼어붙지 않도록 사이사이에 볏짚 또는 왕겨나 솔잎 등을 깔고 켜켜이 쌓는다. 마치 쌀가루와 팥고물로 시루떡을 찌듯이 쟁이는 것이다. 얼음과 벽, 천장 사이에 볏짚, 밀짚, 왕겨, 톱밥, 솔가지, 갈대 등 단열재를 채워 열을 차단하였다. 석빙고는 여름철 바깥 기온이 30℃를 웃돌아도 얼음을 보관할 수 있게 설비를 갖춘 시설이다. 그 안에 얼음 50%와 짚을 채운 후 6개월이 지나도 거의 녹지 않고 99.6% 유지되었다는 장동순 교수의 실험 결과가 이를 입증한다.

석빙고는 과학적으로 축조된 움집 모양의 건축물이다. 거기에 공기 대류의 원리와 단열효과, 태양열 복사, 배수 시설, 반지하 등의 구조적 비밀이 숨겨 있다. 자연 에너지를 활용하는 친환경적 축조 기술은 현대 건축물에도 적용이 가능하다. 석빙고는 조상들의 지혜가 오롯이 담긴 신비스러운 유적이다.

13
왕릉의 토목건축 기술과 조형미

조선의 왕릉은 519년 동안 27대에 걸친 왕과 왕비의 무덤을 말한다. 이는 단순한 무덤이 아니라 유교적 통치 이념 속에서 생전에 거처하던 궁궐과 마찬가지로 성역(聖域)으로 취급하였다.

왕릉은 도굴꾼들이 부장품을 노리는 대상이다. 웅장한 능은 도굴의 위험성을 막을 수 있도록 튼튼히 설계하였다. 축조하는 데 시간과 공이 많이 들어가기 때문에 오월장(五月葬) 또는 삼월장을 치른 것이다. 선릉(성종 무덤)과 정릉(중종 무덤)이 임진왜란 때 파헤쳐지고 시신이 불태워지는 사건이 벌어졌다. 반면에 선·정릉을 제외한 조선 왕릉은 이런 불상사가 일어나지 않았다. 그 이유로 왕릉의 건축 기술이 뛰어나 쉽게 파손되지 않았고 부장품을 모조품으로 묻었기 때문이다. 고려 왕릉은 일제강점기에 대부분 도굴을 당했다.

황현의 〈매천야록〉에 "아버지인 남연군의 장례를 치른 흥선대원군은 다른 사람이 명당자리를 탐내는 것을 염려해 쇠 만근을 녹여 붓고 그 위에다 흙을 다졌다. 1866년(고종 3년) 겨울, 독일 상인 오페르트 일당이 남연군의 묘소를 도굴하려고 파헤쳤지만, 쇠붙이가 엉겨 붙어 있어 실패하고 무덤에 불만 지르고 도망갔다"고 기록하였다.

조선 왕릉의 조성 방식은 세조 이전과 이후로 대별된다. 세조 이전에는 지하 3m 깊이에 화강암으로 석실(石室)을 만들고 재궁*을 넣은 다음 회삼물과 잡석으로 에워싸는 방식을 썼다. 그리고 돌과 돌 사이

---
* 재궁/자궁(梓宮): 왕·왕비·왕세자 등의 시체를 넣던 관. 황장목(黃腸木; 질이 썩 좋은 소나무)으로 만들고 옻칠을 한다.

를 工(공)자 모양으로 홈을 파고 쇠붙이 고리로 단단히 고정시켜 틀어지는 일이 없도록 하였다.

회삼물(灰三物)은 석회와 가는 모래, 황토를 3:1:1 비율로 섞어 느릅나무 삶은 물에 반죽한 것이다. 느릅나무 껍질에 있는 코르크층이 물과 공기를 막는 역할을 함으로 이 물을 쓴다. 회삼물은 시간이 지날수록 더욱 단단히 굳는 성질이 있다.

세조가 "죽으면 썩어야 하니 석실을 쓰지 말라"고 명한다. 무덤 공사 기간 단축은 애민사상을 엿볼 수 있는 뜻 깊은 유언이다. 광릉을 조성하면서 석회*를 굳혀 쓰는 방식, 곧 회격을 사용한 것이다. 회격은 관을 구덩이에 내려놓고 그 사이를 석회로 채우는 회다짐을 말한다. 결국 세조 이후 왕릉은 모두 회격으로 조성하였다. 석실 대신 재궁 위에 덮은 외재궁을 따로 만들고 그 위에 삼물을 채우고, 삼물 바깥에는 숯가루로 감쌌다. 남쪽으로 퇴광(退壙; 부장품을 넣는 곳)을 짓고 그 밑으로 재궁을 넣는 방식이다.

회격은 석실을 만들 때보다 능 조성도 간단하고 비용 및 인력 동원도 줄일 수 있는 효과가 있다. 그리고 석실 못지않게 단단한 것이 장점이다. 회격 방식은 방습과 방충은 물론 고강도를 지닌 당대 최고의 과학 기술이다.

왕조의 위엄과 권위를 나타내는 왕릉은 병풍석, 난간석, 문무인상, 혼유석, 장명등, 망주석 등으로 이루어진다. 병풍석(둘레돌, 호석)은 조선 특유의 능묘 구조로 봉분의 흙이 흘러내리는 것을 방지하는 기능을 한다. 물리적으로나 시각적으로 안정감을 주는 난간석은 봉분을 울타

---

* 석회(石灰): 석회암을 태워 이산화탄소를 제거해서 얻는 생석회(산화칼슘)와 생석회에 물을 부어 만들어지는 소석회(수산화칼슘)을 통틀어 이르는 말.

리처럼 두른 돌로 우리나라 능의 특징적인 구조다. 우리는 왕릉의 석실 조성과 외장(外裝)에서 높은 수준의 수학적 곡률(曲率) 계산과 토목 기술을 볼 수 있다.

조선 왕릉은 당대의 역사 문화적 가치를 고스란히 담고 있는 소중한 문화유산이다. 2009년 42기 가운데 북한에 있는 2기*를 제외한 40기가 유네스코 세계문화유산에 지정되었다. 600년을 이어온 왕실 제례와 능의 조형예술성, 풍수이론 등이 세계 유산으로 인정받은 것이다.

---

* 제릉(태조의 정비 신의왕후의 능)과 후릉(정종과 그의 왕비 정안왕후의 능)

4장

건강한 생활의 지혜

엄마 손은 약속이다
손가락 끝을 바늘로 살짝 따다
금줄의 상징 의미와 예방의학
요강과 뒷간 문화
어머니의 살림 솜씨 엿보기
여름철 무더위 물리치는 법
해산의 고통을 줄이는 끈
위생적인 상수도관 대나무
버드나무에 얽힌 이야기와 약물 효과
천연 약수 고로쇠 물
배달민족의 명약 쑥
자정 능력이 뛰어난 숯
하늘이 내린 약초 인삼

01
엄마 손은 약손이다

　어렸을 적 웬만한 병은 어머니의 위로 말씀 한마디와 따뜻한 손길이면 그만이었다. 집에서 해결하지 못할 문제라면 응급처치 후 당연히 약방이나 의원을 찾으셨지만 말이다. 약이 귀하고 병원 문턱이 높던 지난 시절의 이야기다.

　배탈이 나 발을 동동 구를 때면 설탕물을 타 주셨다. 그리고 무릎에 뉘어놓고 '엄마 손은 약손이다'를 주문처럼 외우면서 차가운 배를 쓸어 주곤 하셨다. 배꼽 언저리를 손바닥으로 원을 그리며 살살 문지르면 아픈 배가 따뜻해지면서 편안해진다. 내장을 자극하여 혈액순환을 촉진하고 단단해진 근육을 풀어주는 것이다. '뱃속이 더운 사람은 병이 없다'라는 말이 있다. 〈동의보감〉에 "안마와 마사지는 병을 예방하고 건강을 증진시킨다[按摩導引(안마도인)]"라고 하였다. 오늘날 여기에 착안하여 만든 상품이 '핫팩'이다.

　아이가 넘어져 어딘가 다쳤을 때 엄마는 "얼마나 아프겠니? 우리 아들딸 장하네."라고 위로하며 입김을 호호 불면서 보듬어 준다. 신통하게도 눈 깜박할 사이에 아픔이 가시면서 나아지는 자연치유 효과가 있다. 엄마의 정성과 사랑이 특효약이 된 것이다. 일종의 자기 암시인 플라시보 효과다.

　플라시보[*]란 환자의 심리적 효과를 노려 약을 지어 쓰는 치료법이다. 실제로는 약효가 전혀 없고 몸에 해롭지 않은 물질을 진짜 약으로

* 플라시보(Placebo)란 '마음에 들게 하다. 즐겁게 하다. 만족시키다'를 뜻하는 라틴어다.

속여 환자에게 먹여도 그 효과에 대한 믿음이 강하여 실제로 병이 낫는 경우가 있다. 약리적인 효과와는 아랑곳없이 약을 먹었다는 환자의 심리적 안정이 병을 낫게 한다는 이론이다. 이는 설탕물을 마시게 하는 것과 '엄마 손은 약손'이라는 믿음에서 심리적 안정과 주술적인 힘이 작용한 것으로 보인다.

찢어지게 가난하던 지난 시절 약이 귀하기도 했지만 여간해선 먹이지 않으려고 하셨다. 먹은 것이 체할 때에 날무를 먹이셨다. 무에는 디아스타아제라는 효소가 있어 소화를 촉진시킨다. 웬만큼 배가 아프면 밖에 나가 동네 한 바퀴 돌고 오라는 등 물리적 방법을 택한 것이다. 아마 약물의 내성을 우려하셨는지 모를 일이다. 아니면 엄마의 사랑을 확인하려는 아이의 꾀병 심리를 간파한 훈훈한 모성애이던가.

온몸이 펄펄 끓을 때는 벌거벗겼다. 보리차를 마시게 하고 찬물에 적신 수건을 이마에 대어 열을 다스렸다. 열은 우리 몸의 신진대사를 지배한다. 모든 병의 원인은 몸속의 냉기다. 몸이 따뜻해야 면역력이 강해진다. 그래서 머리는 차고 배와 손발은 따뜻하게 키우셨다. 아랫도리가 차면 기와 혈액이 몸 위 얼굴로 쏠린다. 이 때 발한(發汗), 발진(發疹) 증상이 나타나면서 병이 생기는 것이다.

생선 가시가 목에 걸리면 맨밥을 씹지 않고 꿀떡 삼키게 하였다. 그리고 감기 기운이 돌면 생강차를 마시게 하고, 목이 아프면 도라지를 달여 먹였다. 돌부리에 넘어져 피나는 상처에 오징어뼛가루를 뿌려 지혈시켰다. 생인손을 앓으면 간장을 바르고, 벌에 쏘이면 된장을 발라 열을 가라앉히고 중화시켰다. 만성 위장병에 마늘을 구워 먹였다. 칼에 손가락을 베었을 때 생쑥을 짓찧어 붙였다. 연탄가스 중독에 김칫국을, 식중독 증세가 있으면 미나리 즙을 먹였다. 여름철 밥맛을 잃거나 더위 먹은 데에 쓰디쓴 익모초 달인 물을 마시게 하고 사탕 한 알을 얼른 물려주었다.

상처가 나면 피를 짜내고 침을 발랐다. 벌레에 물려 가려워도 긁지 않고 침을 바르면 신통하게 가라앉았다. 본능이랄까 동물도 피나는 상처를 열심히 핥는다. 침 속에 포함되어 있는 리소자임이라는 살균성 효소의 치료 덕분이다. 침은 소독 작용뿐만 아니라 독성 물질의 활동도 억제한다. 또한 염증으로 생긴 부스럼이나 고름이 생기면 식초를 소독약으로 썼다. 벌레에 물린데도 유용한 약이다. 식초를 이용한 처방은 항균, 제독, 혈액순환 촉진 등 약효가 있는 것으로 알려졌다.

〈향약구급방〉, 〈향약집성방〉, 〈의방유취〉와 〈동의보감〉은 수 천 년의 경험이 축적된 민간요법을 집대성한 의·약학 서적이다. 허준의 〈동의보감(1613년; 국보 제319호)〉은 동양의학의 임상경험을 우리의 실정에 맞게 체계적으로 정리한 의학책이다. 중국(1766년)과 일본(1724년) 그리고 베트남에서 이 책을 매우 높이 평가하고 출판하여 참고하고 있다. 2009년 유네스코 세계기록유산으로 등재되었다.

요즘 사람들은 조금만 아파도 약에 의존하려 한다. 멀쩡하던 사람이 항생제나 강장제를 지나치게 먹어 오히려 건강을 잃는 경우를 볼 수 있다. 약을 남용하면 내성이 생겨 몸에 자생력이 약화될 우려가 있다. 병을 고치는 게 약이다. 그런데 약을 쓰지 않는 것이 가장 좋은 약이라는 역설이 있다. 약물의 오남용을 경계하자는 소리다. '진료는 의사에게 약은 약사에게'라는 말처럼 몸이 아프면 병원에서 의사의 진료를 받고 약사의 처방에 따라야 한다.

건강은 현대인의 가장 큰 관심거리다. 엄마 손은 자연치료에 심리치료 효과를 더한 마법의 손이다. 어머니들은 반 약사요 반 의사인 셈이다. 자라는 아이에게 엄마의 따스한 손길은 유효한 약발이다. 한약을 약탕관에 정성껏 달이시던 어머니의 모습이 그립다.

02
손가락 끝을 바늘로 살짝 따다

예로부터 조상들은 병을 고치는데 침을 사용하였다. 침은 한방에서 사람이나 가축의 경혈(經穴; 구멍)*을 찔러 질병을 다스리는 데 쓰이는 바늘처럼 생긴 치료 기구다. 침술은 침으로 몸에 자극을 주어 기혈(氣血)의 흐름을 조절하고 정신을 다스려 병을 치료하는 의술이다.

먹은 음식이 체하여 토하고 설사를 하거나 중한 병일 때 기(氣)를 통하게 하기 위하여 손과 발의 네 곳에 침을 놓는다. 사관(四關)이란 손발의 기혈 순환 통로로 엄지와 검지, 엄지발가락과 둘째발가락 사이를 가리킨다. 사관을 따거나 젓가락과 같은 물건으로 눌러 자극하면, 기혈의 흐름을 원활히 소통시키는 효과가 있어 식도에서부터 직장까지 소화기능이 활성화된다.

이처럼 기의 흐름이 막혔을 때 사관에 침을 놓는 것을 '사관을 튼

---

* 경혈(經穴): 침을 놓거나 뜸을 뜨기에 알맞은 자리. 우리 몸에는 365여 개의 혈이 있다. 각종 질병이 이것과 연관된다.

다/ 딴다'라고 한다. 이 때 할아버지는 바늘 끝을 화롯불이나 성냥불에 달구어 깨끗한 헝겊으로 닦아 소독을 하셨다.

집안에 갑자기 배가 아픈 사람이 생기면 급한 대로 우선 수지침이나 바늘 끝으로 엄지손가락의 손톱 윗부분을 살짝 따서 피를 내었다. 그러면 체기가 내려가는 경우가 있다. 어린아이가 경기를 일으켰을 때도 그렇게 하였다. 침에 의한 치료는 삐거나 체했을 때, 경기(驚氣), 신경통, 중풍, 편도선염, 결막염, 졸도 등 급성 질환에 빠른 효과를 나타낸다.

우리의 침구술은 아득히 먼 옛날 민간요법의 하나로 만들어진 골침(骨針)과 돌침에서 그 기원을 찾을 수 있다. 그 후 중국의 침구학이 고구려 평원왕(561년) 때 들어와 성행하였고 신라가 일본에 전한다. 조선시대에 허임의 침구보사법(鍼灸補瀉法)이나 황정학의 오행침법(五行鍼法)은 우리나라 침구학의 독자적 발전의 정점을 이룬다. 사암도인(舍岩道人) 황정학이 정리한 〈사암침구결(舍岩鍼灸訣)〉이 일본에 전해졌으며, 경락(經絡) 치료법이 유럽에까지 영향을 주었다고 한다.

언제 어느 때 일어날지 모를 상황에 대비하여 방안의 벽에 바늘이나 핀을 꽂아놓았다가 지체 없이 침 대신 사용한 것이다. 평소 입고 다니는 옷에 옷핀을 꽂아놓으면 유용하게 쓸 수 있어 좋다. 그런데 남의 손을 따는 섣부른 무면허 행위는 의료법에 저촉되므로 절대로 해서는 안 된다. 합법적인 치료는 의사에게 맡겨야 한다.

한두 방울 정도의 출혈이야 큰 위험이 없겠지만, 비위생적인 경우에 감염의 우려가 있어 주의를 기울여야 한다. 한의학은 개개의 경험이 총괄된 의학이다. 위급한 상황에서 손가락을 따는 민간 치료법은 우리 생활 속에서 경험적으로 자연스럽게 뿌리내린 지혜다.

03
금줄의 상징 의미와 예방의학

갓난아기가 태어나면 금줄을 친다. 금줄이란 부정을 꺼리어 사람이 함부로 드나들지 못하도록 문이나 길 어귀에 건너질러 매는 줄이다. 금줄치기는 외부 사람들의 드나듦을 막는 산모와 사회와의 적극적인 분리의례다.

출산을 하면 짚으로 왼새끼를 꼰 다음 새끼줄 사이사이에 아들인 경우에 숯이나 빨간 고추를, 딸은 청솔가지와 미역을 끼워서 문간에 매달았다. 숯이 붓을 상징하므로 공부 잘하는 아들을, 솔잎은 악귀를 쫓고 바늘을 상징하니 딸이 바느질을 곱게 잘하기를 바라는 마음에서다.

새끼줄의 재료인 짚은 쌀알을 맺는 줄기이므로 다산(多産)과 힘을 상징한다. 볏짚에는 정화력과 주술력이 있다. 귀신은 왼새끼를 싫어하고 무서워한다는 말이 전해 내려온다. 요사스러운 귀신과 부정(不淨; 꺼리고 피하는 불길한 일)을 막는 신성한 물건으로 알려진 왼새끼가 액막이의 기능을 하는 것이다. 일반적으로 새끼는 두 손바닥에 짚을 놓고 왼손은 안쪽으로 오른손바닥은 바깥쪽으로 비벼가며 꼬는데, 왼새끼는 이와 반대 방향이다.

　금줄치기는 갓난아기와 출산으로 몸이 쇠약해져 질병에 대한 면역력이 떨어진 산모를 전염병이나 세균의 침투로부터 보호한다는 격리 차원에서 효과가 있다. 산모를 심리적으로 안정시키기 위한 조처로써 부정을 배척하고 바깥 사람들의 접근을 경계한 것이다. 결국 몸과 마음이 부정한 사람은 들어오지 말라는 뜻이다.

　금줄은 삼칠일(21일)이 지나야 거두는 것이 보통이다. 그런데 아주 거두는 것이 아니라 한쪽 기둥에 감았다가 49일이나 100일이 지나서야 풀었다. 뗀 금줄은 불에 태워버렸다.

　아이를 낳았다고 금줄을 치고 솔가지를 꿰어 장독에 두르는 일이나, 집주변 또는 무덤가에 소나무를 심는 것은 피톤치드의 살균 효과를 이용한 과학이다. 소나무는 오래 전부터 잡귀의 침입과 부정을 막는 정화의 상징물로 여겨 왔다. 또한 대문간에 해독제인 황토를 30cm 간격으로 뿌리는 것도 산실에 악귀나 병균을 막기 위한 것이다.

　예로부터 내려오는 금줄치기는 격리 표현의 상징적인 의식이다. 온갖 부정과 귀신 퇴치라는 의미를 띠는 동시에, 외부인의 출입을 금하여 전염병을 막기 위한 위생관리 기능을 갖는다. 유아와 산모를 병균 감염으로부터 보호하려는 것이 궁극적인 목적이다. 이제 금줄은 미신이 아니고 주술도 아닌 예방의학적 효과를 지닌 매우 슬기로운 풍습이라고 할 수 있다.

04
요강과 뒷간 문화

 지난날, 어느 집에서나 겨울밤 방안의 윗목 한 귀퉁이에 요강이 놓여 있는 것을 흔히 볼 수 있었다. 집안에 화장실이 없었던 시절, 사용하기에 편리하여 오래전부터 널리 애용해온 생활필수품이다.
 요강은 방에 두고 오줌을 누는 그릇으로 일종의 이동식 좌변기다. 생김새가 둥근 달항아리 형태이며 뚜껑에 손잡이 꼭지가 달렸다. 높이 15cm 정도, 들이 약 3.75L로 어린아이가 편안히 앉아 배변을 할 수 있는 크기다. 만드는 재질에 따라 놋요강, 사기요강 등이 있다. 신라 시대에 토기로 만든 요강을 사용했다는 흔적으로 보아 그 역사는 삼국 시대로 거슬러 올라간다.
 '처가와 뒷간은 멀수록 좋다'라는 속담이 있다. 전통 가옥구조를 보면 뒷간을 집의 안채와 떨어진 마당가에 배치하였다. 냄새도 냄새려니와 우물에서 멀리 둔 것은 똥·오줌이 땅속 물로 스며드는 것을 막아 더러운 물로부터 질병을 예방하려는 보건 위생 관념에서였다.
 안채에서 먼 뒷간은 드나들기에 불편할 수밖에 없다. 지금은 화장실이 방에 딸려 있지만, 얼마 전까지만 해도 뒷간이 멀어 밤이면 아이들은 무서움에 떨면서 누구와 함께 가야만 했다. 더군다나 눈보라 몰아치는 한겨울에 밤똥을 누려면 보통 일이 아니었다. 그래서 요강이 필요했던 것이다.
 요강 안에 잘게 썬 짚을 넣어 일을 보더라도 소리가 들리지 않도록 한 것은 일종의 사생활 보호라고 할 수 있다. 심지어 꽃가마를 탄 새색시에게 종이요강을 넣어 일을 볼 수 있게 하였다. 한지를 끈으로 꼬아 둥글게 틀어 요강을 만들고 안팎에 옻칠을 하여 오줌이 새지 않게 하고, 소리도 나지 않아 부끄러워할 염려가 없었다. 요강은 시집갈 때 빼놓을 수 없는 혼수품이었다. 여기에 쌀을 담아 두는 풍습은 자손의 번성이나 생산과 연관이 있는 상징 의미가 있기 때문이다.

가장 오래된 요강은 부여 군수리와 개성에서 출토된 것이다. 부여 관북리 유적에서 토기로 만든 호자(虎子)가 발굴되었다. 입을 벌린 호랑이 형상에 손잡이가 달린 남성용 소변기로 보인다. 함께 출토된 여성용 요강은 걸터앉기 편하게 만들었다. 이들은 국립부여박물관이 소장하고 있다.

궁궐에서 왕은 뒷간에 가지 않고 가지고 다닐 수 있게 만든 매화틀/ 매우틀(《매유통/틀)을 사용하였다. 매화틀은 'ㄷ'자 모양의 나무로 된 의자식 변기다. 앉는 부분을 빨간 우단(벨벳. 비로드)으로 덮었고, 그 틀 아래에 구리로 만든 그릇을 두어 여물을 잘게 썬 매추를 깔아 오줌과 똥을 받아내었다. 잠자리에서는 왕도 요강을 사용하였다. 황현의 〈매천야록〉에 관청에서 요강이 없어진 것은 1907년이라는 기록이 있다.

경주의 불국사 극락전 옆에는 신라 시대에 돌로 만든 수세식의 매화틀이 남아 있다. 현재 우리나라에서 가장 오래된 화장실 유적은 7세기에 전북 익산 왕궁리에 조성된 것이다. 수세식 화장실로는 8세기 무렵 통일신라 왕실에서 사용하던 것이 최초다. 화강암을 타원형으로 다듬고 바닥에 구멍을 내어 변기와 배수로를 갖춘 시설로, 경주 동궁·월지 유적 인근에서 발굴하였다.

서양은 2세기에 지어진 하드리아누스 신전(터어키 에페소 고대유적지) 옆의 공중화장실 밑으로 물이 흐르게 되어 있는 돌변기가 남아 있다. 12세기에 축성한 스위스 시옹성에서 나무판에 구멍을 뚫은 좌변기를 볼 수 있다. 그리고 질그릇으로 만든 병이나 구멍 뚫린 의자 밑에 변기를 붙여 사용하다가 19세기에 와서야 수세식 변기가 나왔다. 수세식 변기로 처음 특허를 받은 사람은 1775년 영국의 알렉산더 커밍이다.

요강은 1960~70년대까지만 해도 일반 가정에서 두루 사용하던 실용적인 생활용품 가운데 하나였다. 지금은 사라졌지만 아무래도 방안에 있는 변기가 비위생적인 것은 사실이다. 그러나 오늘날 요강 대용으로 여러 모양의 플라스틱 변기가 개발되어 어린아이의 똥·오줌누기 활동을 돕고 있다. 병실에서 손잡이가 달린 환자용 요강을 편리하게 사용하고 있다. 여하튼 조상들이 요강을 방안에 마련하여 용변의 불편함을 덜게 한 것은, 어린이나 늙은이를 위한 각별한 배려였으리라.

2010년 문을 연 '수원 해우재'는 똥 박물관이다. 화장실 문화 운동의 중심인물인 심재덕 전 수원 시장이 살던 집터에 세웠다. 이 곳에서 전 세계의 뒷간 변천문화사를 한 눈에 볼 수 있다.

05
어머니의 살림 솜씨 엿보기

가정에서 음식물 관리를 철저히 해야 식중독을 예방할 수 있다. 집안 생활환경이 열악하던 시절, 가족의 건강을 책임진 어머니의 살림 지혜 몇 가지를 알아보자.

지금은 집집마다 냉장고가 있어 음식물 보관이 편리해졌지만 예전에는 어떻게 하였을까.

먹거리를 주로 독에 넣어 보관하였다. 독은 숨을 쉬는 용기로 저장 능력이 뛰어나다. 초겨울이 되면 김장을 하여 김칫독에 담아 땅에 묻었다. 고양이나 쥐의 피해로부터 부엌의 찬장과 선반은 안심이 안 되지만, 독은 음식물을 안전하게 보관할 수 있다. 장독대는 간장, 된장, 고추장 등을 크고 작은 항아리에 담아 보관하는 어머니의 신성한 영역이다.

행주와 그릇을 펄펄 끓는 물에 삶아 햇볕에 말렸다. 도마는 항균성이 있는 소나무로 만들었지만 항상 물기가 있어 가끔 햇볕을 쪼인다. 눅눅한 이불도 맑은 날 밖에 내다말렸다가 덮으면 보송보송하고 부드럽다. 햇빛은 가장 값싼 천연 살균제다. 열기 외에도 살균력과 자외선이 있어 균을 죽인다. 세균 세포 속의 유전자가 자외선을 흡수하면서 죽는 것이다.

참기름이나 들기름이 담긴 병을 냉장고에 오랫동안 넣어두면 향이 제대로 나지 않고 변질되기 쉽다. 소금 항아리에 보관하면 산패(酸敗)하여 맛이 변하는 것을 막을 수 있다. 쌀독에 말린 고추, 생솔잎, 통마늘을 넣어 쌀바구미, 좀바구니, 화랑곡나방, 장두 등 쌀벌레를 퇴치하였다. 마늘의 매운맛을 내는 알리신(Allicin)이 강력한 살균 및 항균

작용을 하기 때문이다. 그리고 쌀통에 신문지나 숯을 넣었다. 숯이 습기를 제거함으로 곰팡이가 생기지 않고 벌레가 꾀는 것을 막아 쌀의 신선도를 유지시킨다.

마늘을 단오 무렵에 사서 새끼줄로 엮어 처마 밑 응달진 흙벽에 걸어 두었다. 김장철을 지나 겨울을 나고 이듬해 햇마늘이 나올 때까지 썩히지 않고 보존한 것이다. 흙에 해독성이 있고 원적외선을 발산한다. 흙벽은 외부의 열을 단절시키는 효과가 크고, 습도를 조절하는 기능이 있다는 사실을 체득한 것이다.

갓 지어낸 밥을 뜨끈뜨끈한 가마솥에 보관하였다. 그날 먹다 남은 음식을 하룻밤 정도 안심하고 보관할 수 있다. 보온밥통 구실도 겸한다. 그리고 솥은 고양이, 쥐나 벌레의 침입으로부터 안전한 저장고다.

송편은 솔잎을 시루 바닥에 깔고 찌는 떡이다. '송(松)'은 소나무를 '편'은 떡을 이르는 말이다. 송편을 찔 때 솔잎을 넣는 이유는 서로 들러붙지 않고 솔내음이 배어 맛깔스럽게 하기 위함이다. 여기에 숨어 있는 또 하나의 비밀은 오래 두고 먹을 수 있게 살균 처리를 이용한 과학이다. 솔잎에 들어있는 '테르펜'은 살균 효과가 있어 세균의 번식을 막아 떡이 쉽게 상하지 않게 하는 성분이다. 결국 솔잎이 천연 방부제 역할을 한 것이다.

테르펜은 피톤치드의 주성분이다. 숲속의 보약이라고 불리는 테르펜은 가연성 불포화 탄화수소로 향료나 의약품 등 화학공업의 원료로 사용한다. 피톤치드(phytoncide)란 식물이 마음대로 움직일 수 없는 자신을 기생충, 세균, 곰팡이로부터 보호하기 위해 내뿜는 휘발성 살균 물질이다.

예나 지금이나 항아리는 음식물의 저장 용기 가운데 으뜸이다. 햇빛과 소금, 마늘, 숯, 솔잎은 천혜의 살균방부제다. 음식물은 병균의 침입을 막고 해충과 동물로부터 안전하게 보관해야 한다. 알맞은 온도와 습도를 갖춘 자연환경에서 신선한 상태로 식재료를 관리하여 건강한 밥상을 차려 낸 어머니의 지혜가 바로 살림과학이다.

06
여름철 무더위 물리치는 법

여름이 되면 찜통더위가 기승을 부린다. 더위에 약한 사람들은 온종일 무기력한 상태에 빠져 축 늘어지기 일쑤다. 열대야 현상으로 밤잠을 설치면 신경이 날카로워지고 생활 리듬이 깨져 정상적인 활동이 어렵다. 병약한 늙은이와 어린이는 무더위로 죽음에 이르는 경우도 있다.

하루의 최고기온이 33~35℃ 웃도는 상태를 폭염(暴炎)이라고 한다. 폭염의 원인은 땅 거죽의 기온이 오랜 기간에 걸쳐 올라가는 '지구 온난화'다. 이 현상은 인간의 활동 영향으로 발생하는 온실 기체 농도의 증가와 화석 연료 사용에 의한 것이다. 엄청난 인공열의 발생과 숲 훼손으로 탄소 배출량이 감소되어 지구의 평균 온도가 점점 높아지고 있다.

기온이 높아지면 체온 조절을 위해 혈관이 확장되어 열방출량이 늘어난다. 반면에 몸은 차가워져 소화 기능이 약해지기 쉬우므로 뱃속을 따뜻하게 하는 것이 건강을 지키는 비결이다. 그래서 이열치열(以熱治熱; 열은 열로써 다스린다)로 삼복* 더위에 펄펄 끓는 삼계탕이나 추어탕을 먹는 것이다. 어르신들이 뜨거운 국물을 마시면서 '어, 시원하다'라고 느끼며 표현하는 경우와 같이 자연스러운 이치다. 국물 맛의 청량함과 시원함은 속을 개운하고 산뜻하게 한다.

여름철은 땀을 많이 흘리므로 체력 소모가 크다. 이럴 때 영양 관리를 잘 해 주지 못하면 식욕을 잃고 기력이 떨어지는데, 이런 증상을 '여름 탄다'라고 한다. 여름 건강식으로 초교탕**, 가지냉국, 콩국, 미역오이냉국 등이 있다. 특히, 복날에는 복달임이라 하여 고깃국을 끓여 먹으며 놀았다. 들에 나가 천렵(川獵; 냇물에서 고기를 잡는 일)을 하고 개나 닭을 잡아먹으면서 하루를 즐겼다. 단오에 익모초 즙을 먹고 그네와 씨름으로 몸을 단련하여 무더위로 인한 질병을 예방하기도 하였다.

식물성 섬유는 몸에 붙지 않는 선선한 옷감이다. 조상들은 무더위를 이겨내기 위하여 바람이 잘 통하는 삼베나 모시로 헐렁하게 옷을 해 입었다. 삼베 적삼은 약간 거친 느낌을 주지만 모시는 가볍고 올이 곱다. 모시는 모시풀의 겉껍질을 벗긴 줄기를 재료로 한다. 삼국 시대부터 생산된 자연 섬유 모시는 세계적인 명품 옷감으로 평가받고 있다. 충남 서천의 '한산모시 짜기'가 2011년 유네스코 인류문화유산에 등재되었다.

---

* 삼복(三伏)은 1년 중 가장 더운 때인 초복(初伏), 중복(中伏), 말복(末伏)을 말한다. 낮이 가장 긴 하지(夏至; 양력 6월 21일경)로부터 세 번째와 네 번째 경일(庚日)을 각각 초복과 중복, 그리고 입추(立秋; 양력 8월 8일께)로부터 첫째 경일을 말복으로 정한다. 경일이란 10간 가운데 경(庚)자가 들어가는 날이다.

** 초교탕: 삶은 닭고기를 뜯어 넣은 깻국에다가 전복·해삼과 오이·표고 따위를 넣고 잣을 띄워 만든 여름철 보양 음식.

대나무로 엮은 땀받이를 옷 속에 받쳐 걸쳤다. 그리고 등나무 줄기를 가늘게 다듬어 결은 등토시를 팔에 끼어 몸에 바람이 통하도록 하였다. 더우면 부채질을 하고 졸리면 죽부인을 껴안고 대청마루로 불어오는 서늘한 바람을 쐬며 낮잠을 즐겼다. 배코(상투를 앉히려고 머리털을 깎아 낸 자리)를 치고, 우물가에서 등목을 하거나 냇물에 몸을 담갔다.

탁족(濯足)은 천렵과 함께 조상들이 여름을 보내던 피서법이다. 탁족이란 발을 씻는다는 뜻으로 세속을 벗어남을 일컫는 말이다. 발은 온도에 민감하므로 계곡물이나 폭포를 찾아 흐르는 물에 담그기만 해도 시원해지는 느낌을 받는다. 파격적인 피서법에 풍즐거풍(風櫛擧風)하는 풍습이 있다. 산에 올라가 상투를 풀어 머리카락을 바람으로 빗질하고, 옷을 벗어 사타구니를 드러내 바람과 볕을 쐬어 태양의 정기를 받는 것이다. 현대판 알몸 삼림욕이라고 할 수 있다.

냉방 시설이 없던 시절, 귀신 이야기로 공포심을 느끼게 하여 더위를 피한 것은 조상들이 고안해 낸 고도의 피서법이다. 닭살이 돋고 소름이 끼치는 공포심리 반응은 추울 때 몸이 으스스 떨리는 것과 같은 원리다. '간담이 서늘하다'는 말이 있다. 몹시 놀라서 마음이 섬뜩해진다는 뜻이다. 한의학에서 간과 쓸개 그리고 위와 심장이 공포, 놀람의 감정과 관계가 있다고 한다. 무시무시한 이야기의 납량(納凉) 특집 드라마나 괴기(怪奇) 영화는 여름에 더위를 피하여 서늘함을 맛보게 하는 내용으로 과학적인 근거가 충분하다.

전 지구적인 기후변화뿐만 아니라, 도시의 열섬 현상을 완화하기 위하여 화석 에너지 사용량을 큰 폭으로 줄이고 태양광발전시설을 늘려야 한다. 아울러 무분별한 벌채와 산불로 인한 산림훼손을 막고 녹지 면적을 넓혀나가야 할 것이다. 이와 같은 노력이 미세 먼지도 줄이고 더위를 근본적으로 물리치는 자연 해법이기 때문이다.

'한국DMZ평화생명동산' 정성헌 이사장은 "나부터 열을 낮추자"고 말한다. 온난화로 몸살을 앓고 있는 지구를 되살리는 길이다. "불을 줄여 온실가스를 낮추고, 물을 아껴 어려운 때를 대비하자"고 권한다. 사람마다 생활 현장에서 절전 절수를 몸소 실천하는 것만이 해결책이다.

요즘 사람들은 자원 낭비가 심하다. 물을 펑펑 써대고, 훤한 대낮에도 전등불을 켜놓고 생활한다. 한여름철 에어컨 바람으로 냉방병에 시달리는 사람이 있다. 건강과 자원을 동시에 잃어 간다. 지구 온난화의 주범이 에너지 과다소비다. '여름에는 덥게 겨울은 춥게 살자'는 운동이 필요한 때다. 우리는 조상들의 자린고비 정신과 친환경적인 방법으로 무더위를 물리치는 지혜로운 생활을 배워야 한다.

07
해산의 고통을 줄이는 끈

새 생명의 탄생은 인류의 축복이다. 아무 탈 없이 낳기를 바라지만 출산 과정은 이루 말할 수 없을 정도로 고통이 뒤따른다. 아기를 낳을 때 온 몸에 힘을 써야 하기 때문이다. 자칫 잘못되면 산모의 목숨이 위태로울 수도 있다.

'아버님 날 낳으시고 어머님 날 기르신다'라는 말이 있다. 아버지도 출산을 함께 한다는 뜻이다. 예전에 진통이 심한 아내 곁에서 남편이 순산을 돕기 위해 상투를 내밀었다가 머리털이 뽑히는 일도 있었다고 한다. 임산부의 쥐는 힘이 얼마나 센 지를 짐작할 수 있는 대목이다. 손아귀 힘과 어금니를 다무는 힘이 출산의 고통과 비례한다. 1987년에 개봉한 영화 임권택 감독의 '씨받이'에서 분만 장면을 떠올리면 상상이 될 것이다.

씨받이란 지난날 혼인한 부부의 아내에게 이상이 있어 대(代)를 잇지 못할 경우, 본처의 양해 아래 재물을 받고 그 남자의 아이를 대신 낳아 주던 일 또는 그 여자를 일컫는 말이다. 이의 상대어를 '씨내리'라고 한다.

아내가 이슬을 보이기 시작하면 남편은 지붕에 올라가 출산의 고통을 감내하는 괴성을 고래고래 지르며 나뒹굴다가 일부러 떨어졌다는 '지붕지랄'이라는 풍습도 전한다. 이와 같이 아내의 임신과 출산 중에 남편이 아내와 같은 증상을 겪는 심리적 지원을 '쿠바드 증후군'이라고 한다. 쿠바드(Couvade)는 프랑스어 Couver(알을 품다. 부화하다)에 어원을 둔 말이다.

조상들은 해산 무렵이면 아기 낳는 방의 문고리 또는 대들보에 삼새끼[麻繩(마승; 삼노끈)]나 명주실을 외로 꼰 끈 또는 무명천을 단단히 매어 놓았다. 임부가 힘을 쓰다 보면 이와 잇몸이 상하기가 쉽다. 그래서 천 뭉치를 재갈*처럼 입에 물려 이와 턱뼈를 보호하도록 한 것이다. 산통이 심할 때, 끈을 두 손에 움켜잡고 아랫배에 힘을 주게 한

* 재갈: 말의 입에 가로 물리는 쇠 도막. 사람의 입에 물리는 물건.

것은 순조로운 출산을 돕기 위한 해산바라지다.

08
위생적인 상수도관 대나무

　물은 모든 생명체의 근원이다. 생명을 유지하는데 물이 필수적이다. 사람은 깨끗한 물을 마셔야 오랫동안 건강하게 살 수 있다.
　요즘 수돗물에 대한 시민들의 막연한 불신으로 집집마다 정수기를 사용하고 있다. 정수장에서 아무리 맑은 물을 공급해도 낡은 배수관이 골칫거리다. 물을 안전하게 마시려면 상수도 시설 관리가 무엇보다 중요하다.
　먹는 물을 공급하는 상수도관은 재질이 주로 플라스틱이나 쇠파이프로 되어 있다. 국내 수도용 급수관으로 에폭시 코팅관을 사용한다. 문제는 코팅 수지에 발암물질인 '비스페놀A'가 들어 있다는 사실이다. 연구 기관의 상수도 배관 실험 결과, 이 물질이 다량 검출되었다. '수돗물의 역습'이 공연한 말이 아님을 실감한다.
　쇠로 만든 관은 오래되면 녹슬어 물을 오염시키는 폐단이 있다. 낡은 수도급수관 이음매에서 몸에 해로운 구리나 아연, 납 성분이 검출된다. 납의 경우 먹는 물 기준이 0.01mg/L 이하인데, 수질 검사 결과 자그마치 기준치의 50배나 나온다고 하니 큰일이다.
　납(pb)은 중독성이 강한 물질로 핏줄을 타고 들어가 장기, 조직, **뼈**

에 저장된다. 납에 급성이나 만성적인 노출로 혈중 농도가 0.4ppm 넘으면 납중독이라고 한다. 납중독은 청각, 언어, 발달장애를 일으키는 무서운 질병이다. 그런데 화려했던 고대 도시 폼페이 유적지의 수도관이 납이었다니 놀라운 일이다. 우리는 1960년대까지만 해도 양은솥이나 냄비가 뚫어지면 납땜*을 하여 썼으니 더 말해 무엇하랴. 납과 수은 중독에 비타민 C가 효과적이라고 한다.

예전에 뒷산의 샘물을 대나무 관을 이용하여 집안에 대고, 먹는 물이나 생활용수로 쓰곤 하였다. 그러면 대나무를 어떻게 물관으로 만들어 썼을까.

통대나무를 최대한 긴 물관으로 쓰려면 마디마디 막힌 부분을 없애야 한다. 물론 구멍을 최대한 크게 뚫어야 물 흐름이 좋아진다. 쇠꼬챙이를 불에 달구어 뚫었을까. 장대 길이로 보아 그리 쉬운 일이 아니다. 조상들은 '정'을 이용하였다. 정은 돌에 구멍을 뚫거나 쪼아서 다듬는 데 쓰는 쇠로 만든 연장이다.

이것을 대나무 통에 넣고 약간 기울여 들었다 놓았다 방앗공이를 내려찧듯이 천천히 움직인다. 묵직한 정은 윗마디에서 아랫마디로 내려오면서 차례차례 칸막이를 뚫고 나온다. 대나무 속을 시원하게 관통한 것이다. 이렇게 힘을 덜 들이고 뚫었다. 얼마나 슬기로운 방법인가.

지금도 산골 마을이나 절간 음료수대에서 간혹 대나무로 만든 물관을 볼 수 있다. 녹이 슬지 않아 친환경적이고 위생적인 수도관으로 안성맞춤이다. 대나무 관을 통하여 졸졸 흘러나오는 샘물을 표주박에 받아 시원하게 목을 축이는 나그네의 모습이 눈에 선하다. 우리는 낡

---

* 납땜: 금이 가거나 부러진 금속 재료를 그것보다 녹는점이 낮은 합금을 이용하여 때우는 일. 작은 도가니에 숯 그릇을 넣고 그 안에 납덩이를 녹여 솔은 때움.

은 상수도관을 교체하여 새나가는 물도 줄이고 맑은 수돗물로 시민의 생명과 건강을 지켜야 한다.

09
버드나무에 얽힌 이야기와 약물 효과

버드나무는 연못가나 개울둑에서 흔하게 볼 수 있다. 나무 밑을 조금만 파내도 물이 나올 정도다. 그만큼 물을 좋아하는 나무다. 가지를 잘라 땅에 꽂아도 잘 자란다.

예로부터 우물가에 심은 이유는, 잔뿌리가 물에 녹아 있는 질산태(窒酸態) 질소와 인산을 흡수하여 물을 맑게 하는 정수 기능과 살균·살충 효과가 뛰어나기 때문이다. 생태 환경을 보존하고 홍수를 예방하기 위해서 습지나 하천 주변에도 많이 심는다.

버드나무와 비슷한 나무에 능수버들과 수양버들(실버들)이 있다. 버드나무는 그 해에 자란 가지만 늘어지는데, 능수나 수양은 3~4년 된 가지가 더 길고 멋들어지게 늘어져 하늘거린다는 점이 다르다.

봄날 늘씬하게 늘어뜨려 간들거리는 가지의 자태를 가냘픈 여인의 몸매나 허리에 비유하기도 한다. 아름다운 여인을 일러 버들잎 같은 눈썹, 버들가지같이 가는 허리, 버들이마, 버들맵시라고 한다. 고귀한 남녀의 사랑으로 승화되는 버들은 이별 노래에서 그 푸릇푸릇함이 곧 변치 않는 사랑의 징표로 나타난다. 이른 봄 물오른 버들가지를 꺾어 비틀어 속심을 빼낸 껍질을 손질하면 '삘리리' 정겨운 소리의 버들피리가 된다.

불교 그림에 보이는 버들가지와 잎은 가볍디가벼워 간들간들 부는 실바람에도 나부껴 미천한 중생이 괴로울 때 구원을 청하면 관음보살이 자비로써 구해준다는 상징적 의미를 지닌다. 버들은 순수한 사랑과 이별, 관음의 자비라는 뜻을 담고 있다. 그러나 꽃과 만나[화류(花柳)] 살랑 봄바람을 쐬면 육감적이고 퇴폐적으로 변한다. 화류계(花柳界)는 '논다니/ 노는계집 사회'를 일컫는 말이다. 아마 버들이나 꽃은 누구나 쉽게 꺾을 수 있다는 그릇된 시대 사회적 인식에서 비롯되었을 것이다.

낯선 길손이 우물가에 불쑥 나타나 물 한 모금을 청하는 이야기가 전한다. 수줍음을 몹시 타는 물 긷는 처녀가 바가지에 물을 담아 버들잎을 한두 잎 띄워 아무 말 없이 고개를 돌리면서 건넨다. 목이 타 들어가는 사내는 하는 수 없이 심호흡을 하고, 잎을 '후~후~' 불어가며 천천히 마신다.

물에 체하면 약이 없으니 체할 것을 염려하여 잎을 띄워놓은 속내를 사내가 모를 리 없다. 숨이 찬 사람이 찬물을 벌컥벌컥 단숨에 들이마셨다간 심장마비를 일으킬 수도 있기 때문이다. 깊은 뜻을 알아챈 사내는 처녀의 지혜로운 태도에 반하여 뒷날 그녀를 아내로 맞이한다는 내용이다.

위의 이야기를 잘 나타낸 작품에 김동환의 '웃은 죄(1938년)'가 있다. 순박한 시골 처녀의 부끄러운 마음을 노래한 시다. "지름길 묻길래 대답했지요./ 물 한 모금 달라기에 샘물 떠주고/ 그리고는 인사하기 웃고 받았지요.// 평양성에 해 안 뜬대두/ 난 모르오.// 웃은 죄밖에."

버드나무의 쓰임새는 매우 다양하다. 껍질을 벗겨 버들고리나 키 따위 생활 용구를 만드는 재료가 된다. 나무를 태운 숯은 무르고 부드러워 목탄화를 그리는데 적합하다. 칫솔이 나오기 전에 독성이 없고 부드러운 버들가지로 이를 닦았다. 그래서 양치질[←楊枝(양지; 버들가지)+-질]이라는 말이 생겨난 것이다. 〈동의보감〉에서 버드나무를 달인 물로 양치질을 하면 치통이 멎는다고 한다. 충치 예방 기능을 하는 자일리톨도 자작나무나 떡갈나무에서 채취한 천연 감미료다.

의학의 아버지로 불리는 히포크라테스는 버드나무를 씹으면 통증을 완화할 수 있다고 하였다. 고대 중국 한의학에서도 버드나무 껍질을 해열제로 권하였다. 아주 오래 전부터 버들잎과 줄기, 껍질은 한방에서 이뇨, 진통, 해열제로 써 내려왔다. 항암과 간경화증 치료에 효과가 있다고 민간요법으로도 전한다. 뼈가 상하였거나 관절을 다쳤을 때, 그 부위를 껍질로 감싸면 통증이 가라앉는다. 염증을 완화시키고 통증을 가라앉히는 천연 파스 역할로 진통 작용을 하는 것이다.

여기에 착안하여 마취제·진통제를 만들었고, 1853년에 그 껍질에서 아세틸살리실산/ 살리신을 뽑아내어 아스피린이라는 약물을 개발하였다. 독일 바이엘은 진통 해열제인 아스피린 하나로 세계적인 제약회사로 유명하다. 모든 심장발작 환자에게는 환자가 가슴의 불쾌감을 느끼게 되면 바로 한 알의 아스피린을 씹어 먹도록 한다. 아스피린은 관동맥의 피가 덩어리지는 것을 억제하는 효과가 있다.

버드나무가 천막벌레나방(텐트나방) 애벌레의 공격을 받으면 잎사귀에서 페르몬으로 추측되는 화학물질을 배출하여 천적을 물리친다. 이런 신통력으로 말미암아 버드나무가 고대 신화에서 유화(柳花) 부인으로 의인화되고 신성화된 것으로 보인다.

버드나무는 왕성한 번식력과 줄기찬 생명력을 지니고 있는 나무다. 나무에 얽힌 이야기와 상징적인 의미, 그리고 약물의 탁월한 효과는 인간을 자연 친화적으로 더욱 건강하게 만드는 삶의 활력소다. 요컨대 대부분의 현대 의약품과 치료제는 식물에서 추출된 것들이다.

10
천연 약수 고로쇠 물

사람들은 곡우에 받은 수액이 몸에 좋다고 하여 마신다. 수액은 땅속에서 나무줄기를 통해 잎으로 올라와 양분이 되는 물질이다.

곡우(穀雨; 양력 4월 20일께)는 농작물에 이로운 비가 내리는 절기로 논밭의 농사를 본격적으로 시작하는 시기다. 나무에 물이 가장 많이 오르는 때다. '곡우에 가물면 땅 석 자가 마른다'는 속담이 있다. 이 무렵 가뭄이 들면 한 해의 농사를 망친다는 의미다.

곡우물은 주로 산다래, 자작나무, 박달나무 등의 줄기에 상처를 내 거기서 흘러나온 물을 말한다. 입춘(2월 초)부터 상처 낸 나무줄기에 물통을 달아 수액을 받는다. 물을 받을 나무는 적어도 15년 이상이 되어야 적당하다. 밑동에서 1m 높이에 드릴로 1~3cm 깊이의 구멍을 뚫고 호스를 꽂아 통에 연결하면 위생적으로 물을 받을 수 있다. 수액 채취가 끝나면 바로 상처 부위에 포르말린 등 살균제를 발라 나무를 보호한다. 자작나무 수액(거자수)은 지리산 아래 구례 등지에서 많이 난다.

'고로쇠'란 말은 수액이 뼈에 이롭다는 뜻에서, 한자 '骨(골; 뼈)+利(이; 이롭다)+水(수; 물)'의 음이 변하여 붙여진 이름이다.[골리수→고리수/고로쇠] 고로쇠나무는 단풍나뭇과의 낙엽 활엽 키큰나무다.

경칩(3월 초) 무렵에 나오는 고로쇠 물은 자작나무나 박달나무 수액보다 달작지근하고 약간 희뿌연 색을 띤다. 수액은 자연수에 비해 칼슘, 칼륨, 마그네슘, 철분 등 많은 양의 영양물질이 들어 있다. 한방에서 위장병이나 폐병, 관절염, 신경통, 골다공증, 고혈압, 당뇨 등에 효과가 있는 신비의 약물로 알려져 왔다. 이 밖에 생체면역력을 높여 주는 효과도 있다.

천연수 고로쇠 물은 우리 몸에 당분과 미네랄을 공급하는 깨끗한 약물이다. 웰빙 바람을 타고 널리 알려진 수액은 상품성이 높은 건강한 음료다.

11

배달민족의 명약 쑥

쑥은 국화과에 딸린 여러해살이풀이다. '쑥대밭이 된다'라는 말처럼 번식력이 매우 강하여 산과 들에 지천이다. 아주 먼 옛날부터 먹거리와 약용으로 써온 식물이다.

'쑥'하면 가장 먼저 떠오르는 것이 되는 대로 빚은 어머니의 손맛 담긴 쑥 개떡이다. 조금 씁싸래하면서 감칠맛 나던 그 향내가 코끝에서 맴도는 이유는 무엇일까. 그리고 어릴 적 여름철 초저녁 온 가족이 모여 앉은 마당 한 구석에 쑥 연기 모락모락 피어오르던 모깃불 추억도 아련하다.

그 맛은 쓰고 맵고 향기가 있으며 성질이 따뜻하고 독성이 없다. 그래서 이른 봄 어린잎은 쑥즙, 쑥떡을 하거나 쑥국을 끓였다. 쌀과 함께 절구에 찧어 개떡, 범벅, 쑥경단을 만들어 먹는다. 봄·가을 중 꽃이 피기 전에 베어 그늘에 말려 쑥찜질, 쑥탕 등의 약재로 쓴다. 비벼 부싯깃으로도 사용하였다.

약이 귀하던 지난 시절, 들일을 하다 낫에 손을 베여 피가 흘러나오면 으레 쑥을 짓찧어 붙이곤 하였다. 쑥이 독소를 없애고 피를 멎도록 도와주는 역할을 하기 때문이다. 통증을 가라앉히며 염증을 없앤다. 마른 쑥을 삶아서 요강에 담아 깔고 앉아 김을 쏘이면 여성 질환에 효험이 있다. 쑥은 배앓이나 토하고 설사를 하는데 약효가 있고, 몸을 덥게 하며 피를 맑게 한다고 알려져 왔다.

한방에서 쑥을 경혈(經穴)*에 놓고 불을 붙여 뜨겁게 하는 자극 요법으로 뜸을 놓는다. 마른 쑥을 살갗에 올려놓고 불을 붙여 태워 약 60~70℃의 열기로 가벼운 화상을 입혀 경혈을 자극한다. 특수한 물

---

* 한방에서, 14경맥의 혈을 이르는 말. 경락(經絡; 몸 안의 경맥과 낙맥)의 기혈이 신체 표면에 모여 지나는 부위로, 침을 놓거나 뜸을 뜨면 효과가 있는 자리.

질이 몸 안으로 들어가 여러 가지 예방·치료 효과를 내게 하는 방법이다. 뜸쑥은 3년 이상 묵은 것으로 담황색을 띠며 촉감이 부드럽고 섬유가 가늘면서 곱고 잘 건조된 것을 최고로 친다. 이런 쑥일수록 타는 속도가 빨라 덜 뜨겁고 자극을 완화하는 데 도움을 준다.

약으로 쓰는 쑥은 자람이 왕성한 음력 5월 단오에 뜯은 것이 좋다. 우리나라에 자생하는 30여 종의 쑥 가운데 가장 품질이 우수한 것은 백령도와 강화도 마니산 부근에서 자라는 싸주아리쑥이다. 품질 좋은 쑥에 산삼을 능가하는 약효가 있는 것으로 알려졌다. 개똥쑥은 암세포를 죽이는 아르테미신을 함유하고 있어 신비의 약초로 밝혀졌다. 혈압과 당뇨병 치료에도 효능이 있다.

쑥이 정화력을 상징한다. 단군신화에 나오는 쑥과 마늘은 우리 민족의 영약(靈藥)이다. 쑥은 주변에서 쉽게 구할 수 있고 먹어도 탈이 없어 가뭄으로 굶주리던 시절 대표적인 구황식물이었다. 아주 먼 옛날부터 자연이 준 쑥 치료법은 전통 경험의학 가운데 으뜸이다.

12
자정 능력이 뛰어난 숯

나무를 숯가마에 넣고 구워 낸 검은 활성탄소 덩어리가 숯이다. 불땀이 좋은 참나무나 소나무로 만든다. 숯은 불이 잘 붙고 열량이 높으며 연기가 나지 않아 오래전부터 조리용 땔감으로 썼으며, 가야 시대부터 제련(製鍊) 연료로 사용하였다.

숯은 목재를 구워 만든 연료로 수분이 모두 날아가고 섬유질만 탄소로 남은 다공질 물질이다. 탄소가 90% 넘으며 조금의 미네랄과 회분이 들어 있다. 주로 참나무를 재료로 하는데 비중이 높고 수분 함량이 적어 숯을 만들면 단단하면서 열량이 높다. 숯을 구울 때 나오는 연기를 냉각시킨 목초액은 농약, 의약품 등으로 쓰인다.

참나무 숯 1g당 빈 공간의 표면적은 200~300㎡가 된다. 이처럼 수많은 구멍으로 이루어져 수분과 미세먼지를 흡착하는 성질이 뛰어나고 탈취 효과가 탁월하다. 습기가 많을 때는 빨아들이고 건조하면 내뿜는 자동 습도 조절 기능이 있어 천연 제습제와 보습제로 이용한다.

집안에 숯을 들여놓는 것도 생활에 알맞은 습도를 유지하기 위해서다. 예로부터 한옥 집터를 닦을 때에 숯을 묻었다. 건축 대지에 숯을 파묻으면 지자기(地磁氣)의 안정과 습도조절, 방충, 전자파 차단 등의 효과를 얻을 수 있다. 조상들은 팔만대장경판을 안전하게 보관하려고 지은 해인사 장경판전의 흙바닥에 숯과 소금, 횟가루, 모래, 찰흙을 섞어 깔고 다져 습도와 온도를 조절하여 경판의 변형과 벌레의 피해를 막았다. 그리고 무덤 바닥에 방부 효과가 있는 숯을 깔아 시신을 보존하였다.

수돗물이 널리 보급되기 전에 마을마다 공동우물이 있었다. 우물 밑바닥에 숯을 묻어 언제나 깨끗한 물을 마실 수 있었던 것은 숯의 정화작용 덕분이다. 장독에 숯을 띄우면 간장이나 된장이 썩지 않는 것도 숯 구멍에 발효 미생물이 깃들어 살아 살균을 하기 때문이다. 냉장고와 김치통에 숯을 넣으면 신선도가 오랫동안 유지되는 것도 같은 이치다. 또한 아기가 태어나면 부정을 멀리한다는 뜻으로, 금줄에 숯을 끼워 대문에 걸어 놓는 풍습도 상징적인 정화 효과로 볼 수 있다.

숯에 염화아연이나 인산과 같은 물질을 촉매로 건조시키거나 수증기로 활성화시킨 것이 활성탄(活性炭)이다. 활성탄은 표면적을 증가시킨 소재로서 수돗물 정수, 하·폐수처리 등의 시설에 널리 쓰인다. 대나무숯 활성탄은 소주 정제(精製)나 담배 필터에 첨가되어 해로운 물질을 걸러주는 친환경 소재다. 반도체 공장의 공기 정화 시설에도 활성탄이 들어간다. 이러한 원리로 표면 흡착 효율을 극대화시킨 나노카본볼은 냉장고, 에어컨 등의 탈취나 항균 필터로 사용된다.

숯은 음식물 조리용 땔감 이외에 자정 능력이 뛰어나 방부재, 약재 등으로 널리 쓰인다. 정수기, 가습기, 제습기, 공기청정기 구실을 해내는 천연물질이다. 가전제품에서 나오는 유해 전자파를 막는 효과도 있다. 건축용 바닥재나 숯 매트는 쾌적한 실내 공간을 만드는 데 적합한 아이디어 제품이다. 조상들은 일찍이 숯을 이용한 나노기술을 일상생활에 적용한 것이다.

13
하늘이 내린 약초 인삼

인삼은 두릅나뭇과의 여러해살이풀이다. 오래전부터 신통하고 영묘한 약초로 알려져 왔다. 학명은 Panax schinseng(ginseng)이다. Panax는 '만병통치약'을 뜻하고 schinseng(ginseng)은 神蔘(신삼)의 중국어 변이음으로 인삼을 가리킨다.

인삼의 15세기 문헌 표기는 '심'이다. 산삼 캐는 일을 직업으로 하는 사람을 심마니[←심+-마니(사람)]라고 한다. '심봤다!'는 심마니가 산삼을 발견했을 때 지르는 소리다. 고유어 '심'을 아득한 옛날에 중국이 '蔘/参(삼)[shēn]'으로 차용한 것으로 보인다. 인삼(人蔘)은 '사람과 모양이 닮은 삼'이라는 뜻이다.

삼은 한반도를 비롯하여 우리의 옛 고구려 영토인 만주, 연해주 일대가 자생지이므로 고려인삼(Korean ginseng)이라고 부른다. 〈삼국사기〉에 고구려, 신라, 백제가 중국과 인삼을 교역한 사실이 기록되어 있다. 〈향약구급방〉에도 인삼이 나온다. 중국 문헌 〈명의별록〉, 〈책부원구〉에 인삼을 선물로 받았다는 내용이 있다.

〈하멜표류기〉에 인삼을 조선특산품이라고 서양에 처음으로 소개하였다. 북아메리카에는 야생삼이 많이 나 1750년대에 중국에 수출하면서 조선과 미국 사이에 무역경쟁을 하였다는 기록이 있다. 미국에서 인공 재배에 성공한 시기는 1870년대다. 일본은 고려인삼 종자로 1728년에 실험 재배에 성공하고 19세기에 널리 심었다고 한다. 근래에 프랑스(2000년), 독일, 호주 등에서도 재배하고 있다.

삼은 깊은 산속에서 저절로 자라는 식물이다. 그런데 산삼이 수요를 따르지 못하자, 고려 말 인삼 재배가 활발해졌다. 고려인삼은 효능이 좋다고 알려지면서 개성상인에 의해 가공되고 상업적으로 재배되면서 중국과 일본에 대량으로 수출하였다.

밭에 심어 가꾼 삼을 인삼, 산에 씨를 뿌리거나 옮겨 기른 것을 산양삼(山養蔘), 산에서 자생하는 것은 산삼(山蔘)이라고 부른다. 산삼은 북향이나 북동향이면서 반은 응달이고 반은 양달인 땅에서 잘 자란다. 인삼에 비해 작고 아름다우며 잎은 연한 초록색을 띤다. 뇌두(腦頭; 몸통과 줄기 사이)가 길고 가느다란데 인삼은 짧고 굵다. 맛은 산삼이 달고 뿌리 끝을 조금만 씹어도 향이 깊고 진하다. 이와 달리 인삼의 맛은 쓰면서 달고 아리면서 화하거나 텁텁하다.

삼의 키는 60㎝에 이르고, 근경(根莖: 뿌리와 줄기)이 짧으며 곧거나 비스듬히 서고, 밑에서 뿌리가 발달한다. 근경 끝에서 1개의 원줄기가 나오고 끝에서 3, 4개의 잎이 돌려나며 긴 잎자루 끝에 5개의 손바닥 모양의 겹잎이 달린다. 인삼은 생장속도가 매우 느리기 때문에 충분한 약효성분을 얻으려면 4~6년의 재배기간이 필요하다.

인삼을 수삼과 홍삼, 백삼으로 분류한다. 수삼은 밭에서 갓 수확한 것이고, 홍삼은 수삼을 가마솥에 넣고 쪄서 말린 불그레한 빛깔의 인삼이다. 백삼은 수삼을 그대로 말린 것을 말한다. 흑삼은 아홉 번을 찌고 건조시킨 것이다. 〈고려도경(1123년)〉에 홍삼(紅蔘)이 기록되어 있다. 조상들은 일찍이 홍삼으로 가공하여 보관하기 쉽고 약효도 높였다. 일제강점기만 해도 개성은 인삼 재배 중심지로서 홍삼의 고장이었고, 금산과 풍기는 백삼의 주산지였다.

고려인삼은 강장제 역할에 의한 신체의 항상성 유지와 저항력 증대로 병적인 상태를 정상화시켜주는 작용을 한다. 그리고 암 예방, 항산화 활성 및 노화억제 등의 효능이 있다. 주요 활성성분은 사포닌(saponin) 또는 진세노사이드(ginsenosides; 약 5.22% 함유)라는 복합 탄수화물이다. 이 물질은 중추신경계 흥분작용과 진정작용을 하며 신진대사를 조절하고 근육활동 향상, 내분비계 흥분작용, 호르몬 농도를 알맞게 유지시켜 준다.

고려인삼에 함유되어 있는 사포닌의 화합물총수(37종 진세노사이드)가 미국의 화기삼(14종)과 중국의 삼칠삼(15종), 일본 죽절삼(8종)보다 훨씬 많다. 특히 진세노사이드 Ra, Rf, Rg3, Rh2 등은 고려인삼에만 유일하게 들어있는 성분이다.

인삼을 먹으면 기운이 솟는 것을 느낀다. 인삼은 날것 또는 달이거나 갈아서 먹는다. 인삼차를 끓이고 인삼주를 담근다. 꿀에 재워두었다가 먹고 인삼정과, 삼계탕을 만든다. 효소홍삼 제품도 개발되었다. 탕약에 인삼양위탕, 인삼진피탕, 인삼황기탕 등이 있다. 이밖에 의약품과 화장품 원료로 쓰인다.

삼을 먹으면 열이 나고 어지러울 수가 있다. 이를 명현반응(瞑眩反應)이라고 한다. 명현반응이란 장기간에 걸쳐 나빠진 건강이 좋아지기 시작하면서 나타나는 일시적 현상을 말한다. 근본적인 치료가 이루어지는 징후로 이 반응이 강할수록 치료 효과도 높아진다. 삼을 복용함으로써 몸에 쌓인 독소가 몸 밖으로 빠져나오며 일어나는 현상이다. 〈동의보감〉에도 명현현상을 겪어야 병이 낫는다고 하였다.

인삼이 체질에 맞지 않으면 졸음이 밀려와 깊은 잠에 빠지고, 상체에 열이 오르며 가슴이 답답해진다. 몸이 허약한 사람과 여성, 어린이, 노약자들에게 보이는 증상이다. 이 정도로 상태가 지나치면 부작용으로 보고 바로 의사의 검진을 받아야 한다.

우리나라는 약 2천 년 전부터 인삼을 생산하여 왔다. 고려인삼은 약효가 뛰어나 세계인들이 믿고 찾는 최고의 상품이다. 그런데 요즘 들어 여러 나라에서 인삼 재배와 가공 제품 연구 개발에 열성이다. 우리는 인삼 종주국이다. 고려인삼은 하늘이 내린 명약으로 고유의 상표다. 앞으로 인삼산업의 획기적인 발전을 위하여 혁신을 주도하고 국가전략산업으로 육성해야 한다. 영주, 부여, 금산에 인삼박물관이 있다.

창의력이 빚어낸 과학 기술

생활 속의 볏짚 문화
속담에서 찾은 생활의 슬기
오동나무로 만든 혼수품 가구
가마솥의 비밀이 담긴 압력솥
숨 쉬는 그릇 옹기
자연을 닮은 그릇 뚝배기와 막사발
선진 공예 기술 도자기 상감기법
1,200년의 생명력을 지닌 전통 한지
정보의 대중화를 이끈 활자의 발명
팔만대장경판의 제작 비법
전통 운반 도구 지게
부채의 쓰임새와 예술성
조선 시대에 지은 방탄복
조선 시대의 비행기 비거
역학적 평형을 이루는 마름쇠
번뇌를 일깨우는 신비의 소리 범종
자연에서 영감을 얻다

01
생활 속의 볏짚 문화

 오늘날 지구 환경이 심각하게 오염되어 가고 있다. 인간에 의한 자연 훼손과 함께 환경 파괴의 주범은 화학물질로 가득한 생활용품이다. 비닐, 나일론이나 플라스틱 제품이 나오기 이전에는 주로 짚풀을 이용하는 친환경적인 생활이었다.

 조상들은 일찍이 벼농사를 짓기 시작하였다. 볏짚은 벼의 이삭을 떨어낸 줄기를 말하는데 그 쓰임새가 매우 다양하다. 볏짚은 소나 말의 먹잇감으로 쓰인다. 이를 '짚여물*'이라고 일컫는다. 마른 볏짚을 그대로 먹이거나 작두로 잘게 썰어 여물죽을 쑤어 준다. 김이 모락모락 나면서 구수한 냄새를 풍기는 맛깔스런 사료다. 지푸라기를 외양간에 깔아 밟히고 썩혀 논밭의 거름으로 활용한다. 화학비료에 의한 토양 및 수질의 오염을 줄일 수 있는 유기농법이다. 또한 건강에 좋은 흙집을 지을 때, 잘게 썬 짚을 진흙에 섞어 사용하였다.

 농경사회에서의 생활용품은 짚을 소재로 하여 만든 것이 대부분을 차지한다. 짚으로 꼰 새끼줄에서부터 초가지붕을 덮는 이엉과 가마니, 거적, 둥구미, 맷방석, 멍석, 멱서리, 망태기, 섬, 짚둥우리, 짚방석, 짚신, 보온밥통 등 풀공예품의 종류가 헤아릴 수 없이 많다. 달걀꾸러미와 같이 포장 완충재나 겨울철 월동용품 재료로 다양하게 쓰였다. 줄다리기 줄도 짚으로 꼬았다. 축구공이 귀하던 시절에 아이들은 새끼줄을 둘둘 뭉쳐 차기도 하였다.

* 여물: 짚이나 풀을 말려서 썬 마소를 먹이.

민속에서 짚으로 왼새끼를 꼬아 악귀를 쫓는 주술적인 표지로 금줄을 달았다. 왼새끼는 귀신을 물리치는 힘이 있다고 믿었다. 이렇듯 짚에 대한 신성성은 곡물신앙의 기반이 되어온 것이다.

볏짚에 바실러스균이 들어있어 식품의 발효에 도움을 준다. 콩을 삶아 찧어 뭉쳐 볏짚으로 묶어 메주를 띄운다. 그것으로 된장과 간장을 담근다. 청국장도 발효시킨다. 메주를 띄울 때 바실러스균이 콩을 먹이로 증식하여 갖가지 물질을 생성하므로 건강에 좋은 풀로 알려진 것이다.

예전에 동치미를 담글 때 볏짚을 넣었다. 이렇게 발효된 식품은 위장 운동에 도움을 주어 소화 기능을 활발하게 한다. 친환경 무농약 볏짚을 깨끗이 씻어 넣고 끓인 물은 식이섬유와 무기질, 비타민이 풍부하여 몸속의 노폐물을 배출하는 작용을 한다. 삼겹살이나 곰장어를 짚불에 구우면 비린내를 잡아주어 맛과 향이 좋은 것도 볏짚의 효력 때문이다.

볏짚의 단면 구조를 보면 작은 구멍이 많아 푹신푹신하여 베갯속에 넣기도 하였다. 정지용의 '향수'에 나오는 시어처럼 '짚베개'를 베고 누우면 구수한 냄새로 숙면을 취할 수 있다. 우리는 온돌방이지만 일본 사람들은 짚으로 만든 '다다미'를 깔고 생활한다. 요즘에 보온성이 뛰어난 짚으로 매트를 만들어 스티로폼 대신 건축물의 친환경 단열재로 쓰고 있다.

자연에서 얻은 것은 사용한 뒤 자연으로 되돌리는 것이 순리다. 시골에서 고품질 쌀 생산을 위하여 가을걷이가 끝난 논에 볏짚을 잘게 썰어 뿌리고 가을갈이를 하는 방식으로 토양의 유기물 함량을 높여 나가고 있다. 짚을 깔고 깊이갈이를 하면 벼 뿌리의 수직분포를 많게 하여 소출이 늘어나는 환원주의 원리다. 최근에 중국과학원 물리화학연구소 연구팀은 볏짚에서 휘발유, 경유, 정밀화학공업품 등을 제조하는 방법을 개발한 바 있다.

볏짚은 우리 민족의 생활사에서 빼어놓을 수 없는 소중한 천연자원이다. 약용이나 식용 외에 생활 용구의 재료, 짐승의 먹잇감, 건축재 등으로 폭넓게 쓰여 왔다. 앞으로 얼마든지 이용 개발이 가능한 신비의 풀이다.

02
속담에서 찾은 생활의 슬기

속담은 오랜 역사 속에서 조상들이 몸소 경험하여 알아낸 삶의 지혜다. 어떤 사실을 비유의 방법으로 간결하게 서술하여, 민중들에게 선악을 분별하고 옳고 그름과 자연의 이치를 깨우치는 지적 역할을 해온 것이 속담과 격언이다.

사람들은 구름이나 동물의 움직임 또는 몸으로 느끼는 기온의 변화 등으로 날씨를 점쳤다. 특히 농경생활과 관련된 속담은 현대의 기상학적인 분석과도 잘 맞아떨어진다. '제비가 낮게 날면 비가 온다', '햇무리, 달무리가 서면 비가 온다', '아침 무지개는 비, 저녁 무지개는 맑음', '산이 멀리 보이면 날이 맑아지고, 가까이 보이면 비가 온다'는 비가 오기 전에 나타나는 습도나 수증기에 의해 생기는 현상으로 비가 내릴 확률이 높다는 판단의 근거가 된다. 일반적으로 비가 오려면 저기압이 형성되어 습도가 높아져 제비가 낮게 날아 지면의 곤충을 잡으려 한다. 이러한 정보들은 습도 변화와 동물의 습성 등 자연에 대한 깊은 관찰과 경험을 통해 얻은 이치다.

'등잔 밑이 어둡다'거나 '얕은 내도 깊게 건너라', '낮말은 새가 듣고 밤말은 쥐가 듣는다'는 각기 빛의 직진과 굴절, 땅거죽의 밤과 낮의 온도 차로 나타나는 음파의 굴절 등 물리 현상으로 설명되는 과학적 진술이다. '아니 땐 굴뚝에 연기 날까'는 원인이 없으면 결과도 없고 모든 결과에는 반드시 원인이 있게 마련이라는 인과율이자 관성의 법칙이다.

'바늘구멍 황소바람'이라는 속담도 '그 자리에 있기가 몹시 거북하고 불안함'을 비유하는 말이다. 그런데 사실적 진술로 바꾸면 자연의 이치에 들어맞는다. 한겨울 창호지로 바른 문풍지의 좁은 틈새로 들어오는 바람은 얼굴을 바늘로 찌르는 듯한 칼바람이다. 바람이 좁은 곳을 지나면서 속도가 빨라지고 황소만큼 바람의 세기도 매섭다. 이 원리를 '베르누이 법칙'이라고 한다.

넓은 관에서 좁은 관으로 유체(流體)가 이동하면 유체의 속력이 증가한다. 좁은 관으로 유체가 흘러 들어갈 때 유체의 속도가 증가하는 것은, 유체가 가속된다는 것이고 알짜힘이 유체에 가해진다는 것을 뜻한다. 관을 따라 흐르는 유체의 속력은 관의 단면적이 좁을수록 빠르다는 말이다. 강폭이 좁은 곳에서 물살이 빠르고, 여름철에 골목길이 시원함을 느끼는 현상이나 비행기가 양력(揚力)에 의해 뜨는 것도 이를 뒷받침하는 예가 된다.

자연을 관찰하여 이해하는 것이 과학이다. 속담에는 조상들의 생활 경험으로 터득한 지혜가 압축되어 있다. 재치와 비유, 그리고 오묘한 진리가 담겨 있기 때문에 곱씹을수록 새로운 맛이 나는 값진 말들이다. 속담은 주옥같은 자연법칙의 보물 창고다.

03
오동나무로 만든 혼수품 가구

지난날 아버지들은 아들딸을 낳으면 이듬해 삼월 삼짇날 나무를 심었다. 아들이면 잣나무나 소나무를 심어 늙어 죽을 때 관목으로 쓰게 한 것이다. 딸을 낳으면 뜰에 오동나무를 심는다. 먼 훗날 시집보낼 때 베어 반닫이, 농, 장, 함 등을 짜기 위해서다.

오동나무는 쓰임새가 다양하다. 열매나 잎, 꽃, 껍질과 뿌리는 여러 질병을 고치는 약용으로 쓰인다. 또한 벌레를 죽이는 효과가 있어 지난날 재래식 뒷간에 잎을 넣어 구더기를 구제(驅除; 해충 따위를 몰아내어 없앰)하거나 냄새를 없앨 때 사용하기도 하였다. 목재는 주로 악기나 가구를 만드는데 쓰인다.

오동나무는 1년에 1~2.5m씩 자라는데 6, 7년이면 지름이 20~25cm

에 달하는 등 생장이 빠르고 목재의 쓰임이 다양하여 경제적인 나무로 알려져 왔다. 재질이 가볍고 부드럽다는 장점도 있다. 나이테가 뚜렷하여 무늬가 아름답다. 나뭇결은 곧고 갈라지거나 뒤틀림이 적다. 그러므로 목재를 얇은 판으로 켜 밖에 그대로 말려도 무방하다.

나무에는 진이 없을뿐더러 물기와 벌레의 피해에 강하므로 가구나 상자, 가야금, 거문고의 재료로 쓰인다. 상자는 옷이나 귀중한 서화를 보관하는 데 적격이다. 가야금은 우리나라 고유의 현악기다. 오동나무로 만든 공명통 위에 명주실로 꼰 12개의 줄을 걸고 기러기발을 받쳐 놓았다. 튕기면 공명판에 울려 맑은 소리를 낸다.

목재용으로 베어낸 나무는 껍질을 벗겨 물이나 개흙 또는 땅에 묻어 결을 삭혔다. 그런 다음 알맞게 켜 2~3년간 그늘에 말리고 방안에 두어 온돌방의 환경에 적응시키는 과정을 거치도록 하였다. 가구를 짜는 방법도 판재가 늘어나고 줄어드는 것까지 계산하여 사개짜임[*], 연귀짜임[**]이나 촉짜임[***], 주먹장이음과 나비장이음으로 맞물린 채 쇠못을 쓰지 않고 요철로 이어 붙였다. 목재를 하나의 인격체로 본 것이다. 이러한 공법은 철따라 방안의 습도가 달라지더라도 쉽게 뒤틀림이 없도록 하기 위해서다.

완성된 가구는 생칠이나 황칠 또는 들기름을 먹여 터짐을 방지한다. 온갖 정성을 들여 만든 오동상(梧桐欌)은 나뭇결이 주는 자연 그대로의 무늬에다 황금비를 맞춘 형식미와 간단한 장식으로 이루어져 단조롭지 않고 단아한 정취를 풍긴다. 대물림하여 쓸 수 있을 정도로 아름답고 튼튼한 것이 특징이다.

---

[*] 사개짜임: 기둥을 쓰지 않고 판재와 판재가 서로 맞물리도록 이를 내어 끼워 맞춰 마치 손가락을 맞물린 것처럼 짜여 부위를 노출시키는 기법.

[**] 연귀 짜임: 판재나 판재 이음 부분에서 45도로 빗잘라 직각으로 맞붙이는 기법.

[***] 촉짜임: 한쪽 판재에 구멍을 파고 다른 쪽에는 볼록 튀어나오게 해서 서로 맞물리는 기법.

전통 가구는 자연을 닮은 집안 살림 기구다. 우리는 고색창연한 오동장을 마주하면서 일찌감치 혼숫감을 마련하려고 오동나무를 심은 어버이의 깊은 뜻을 헤아려본다. 그리고 장인들의 뛰어난 가구 제작 솜씨와 정성, 예술성과 실용성에 놀랄 따름이다.

04
가마솥의 비밀이 담긴 압력솥

사람들은 거의 날마다 쌀로 밥을 지어먹는다. 밥이 주식이요 밥심으로 살아간다. 솥은 밥을 짓거나 음식을 끓이는 데 쓰는 그릇이다. 쇠붙이나 진흙 따위로 만든다. 밥과 국을 주식으로 하는 부엌살림에 없어서는 안 될 필수품이다.

가마솥은 크고 우묵한 솥을 뜻하는 말로 '가마[←검다]'와 '솥'이 합성된 말이다. 어원적 의미는 '검은 솥'이다. 같은 솥에서 지은 밥은 유대 개념을 함축한다. 한솥밥을 먹고 자랐다는 것은 집안 형제를 가리키고, '한솥밥 먹고 송사한다'는 속담은 가까운 사람끼리 다투는 것을 비유하여 이르는 말이다. 한솥밥은 결국 공동체의식을 가리킨다. 그런 뜻에서 아주 먼 옛날부터 솥의 크기가 그 나라의 국위를 상징한다.

석기 시대에 돌솥이, 토기 시대에는 토기 솥이 사용되었을 것이다. 한반도에서 밥을 지어 먹기 시작한 것은 무쇠 솥이 개발된 철기 시대부터로 추정한다. 오늘날 일반적으로 압력밥솥이나 전기밥솥을 쓰고 있지만, 오십여 년 전만 해도 가마솥을 온돌방에 딸린 부뚜막 아궁이에 걸어 사용하였다.

명절이나 잔칫날이면 소댕(솥뚜껑)을 화덕에 뒤집어 놓고 번철 대용으로 돼지기름을 둘러가며 부침개를 부쳤다. 이를 '소댕질'이라고 한다. 지금도 무쇠 솥을 보면 갓 지은 구수한 밥 냄새가 물씬 풍긴다. 소댕에서 고소한 기름 냄새가 아직 코끝에서 맴돈다.

밥은 쌀을 씻어 솥에 넣고 물이 쌀 위에 손바닥 두께만큼 오르게 붓고 장작불로 짓는다. 물과 불 조절이 잘못 되면 밥이 타거나 설기도 하고 된밥, 진밥 또는 죽이 되고 만다. 밥알에 기름기가 자르르 흐를 정도로 먹음직스럽게 지은 쌀밥은 어머니들의 노련한 솜씨와 온갖 정성이 담긴 걸작이다.

맛있는 밥을 지으려면 쌀을 솥에 안칠 때 품종이나 품질에 따라 밥물의 양을 달리해야 한다. 묵은 쌀은 물에 불렸다 씻어 안쳐야 하고 햅쌀은 물을 적게 붓는 경험과 요령이 필요하다. 그리고 불을 잘 때야 한다. 밥을 잦힐 때 불을 물렸다가 다시 조금 때거나 뜸을 들일 때 소댕을 살짝 여닫아 김(수증기)을 알맞게 조절하고, 찬물에 적신 행주로 소댕을 훔치는 직관적 판단은 고난도의 기술이다.

밥을 짓는 기술도 중요하지만 가마솥에서 지은 밥이 맛있는 이유는 솥뚜껑과 솥바닥에 그 비밀이 숨어 있다. 솥 무게의 1/3을 차지할 정도로 무겁고 입구보다 넓게 만든 소댕은 솥 안에서 물이 끓으면서 생기는 김의 압력을 높이는 구실을 한다. 김이 새면 밥이 설익게 되는 것을 막기 위한 장치다.

솥바닥의 표면적이 넓고 둥그스름하다. 달밑(솥 밑의 둥근 부분)의 한가운데를 두껍게 하고 솥전으로 갈수록 점점 얇게 주조(鑄造)한 것은 열전도와 관련이 깊다. 장작불의 열기를 솥바닥에 균일하게 전달하여 쌀알을 고르게 익히기 위한 과학적 원리다.

가마솥의 구조를 응용한 압력솥은 뚜껑을 틈 없이 꼭 막거나 닫아 내부의 압력을 높임으로써 고온이 유지되도록 만든 솥이다. 오늘날 우리가 편리하게 쓰고 있는 통가열식 전기압력밥솥은 가마솥의 원리 그리고 오래전부터 내려온 밥을 맛있게 짓는 방법과 현대 과학기술의 만남이 이루어낸 발명품이다.

05
숨 쉬는 그릇 옹기

옹기는 우리의 삶과 예술을 그대로 담은 생활 용기다. 오래 전부터 쌀이나 건어물을 저장하거나 막걸리 또는 장을 담가 넣는 그릇으로 사용하여 왔다. 특히 발효음식은 품질이 우수한 항아리라야 싱싱하게 보관할 수 있다.

옹기(甕器)는 진흙만으로 구운 질그릇과 잿물을 입힌 오지그릇으로 구분한다. 만드는 과정은 먼저 수비질*한 찰흙을 정성스럽게 이기고 쌓아 빚어 볕에 말리거나 낮은 온도로 초벌구이를 한다. 여기에 순수 자연 유약인 잿물을 입히고 손가락을 휘둘러 마음 내키는 대로 다양

* 수비(水飛): 진흙(태토)을 땅두멍에 넣고 물을 타 휘저어서 돌, 나뭇조각, 짚풀 등의 불순물을 가려내는 일.

한 무늬를 그려 넣는 것이 멋이다. 그런 다음 가마에 넣고 일 주일에서 열흘 정도 1,100℃ 이상의 장작불로 구워내면 모래 알갱이 등이 녹아 공기구멍이 만들어지면서 비로소 완성된다. 투박스럽게 생겼으며 검붉은 색을 띤다.

옹기의 종류에는 다양한 형태의 항아리와 시루, 뚝배기, 소래기, 소줏고리, 물동이, 자배기, 약탕관, 술병, 병아리물병, 똥장군, 허벅, 굴뚝 등 수십 종이 넘는다. 생김새가 지역마다 풍토에 따라 다르다. 전라도 지역의 옹기는 배가 불룩한데 비해 중부지방의 것은 배의 폭이 좁고 날렵한 편이다.

흔히 옹기를 숨 쉬는 그릇이라고 한다. 전자현미경으로 단면을 들여다보면 수많은 기공(氣孔)이 관찰된다. 지름이 1~20마이크로미터 정도로 매우 작다. 그 구멍으로 공기가 통하여 습기가 있으면 숨을 내쉬어 뿜어내고, 건조하면 들이마셔 자연스럽게 조절한다. 마치 고어텍스[*]처럼 외부로 들어오는 물기는 막고 몸에서 나는 땀은 배출하는 기능과 동일한 원리다.

옹기에는 플라스틱이나 유리그릇이 갖지 못하는 통기성이 있으므로 과일이나 곡식을 담아두어도 오랫동안 보관이 가능하다. 미세한 구멍은 미생물이 살아가는 데 필요한 산소를 공급하여 식품의 발효에 영향을 준다. 그러나 광명단 옹기는 순수 잿물이 아닌 화학도료 광명단(光明丹; Pb_3O_4)을 칠하여 낮은 온도에서 구워지므로 겉보기만 번드레하다. 통기성도 좋지 않고 납 성분이 들어있어 몸에 해로워 사용을 꺼린다. 우리 음식은 대체로 발효식품이면서 저장식품이다. 그런 까닭에

[*] 고어텍스(Gore-tex)는 cm^2당 약 14억 개 정도의 미세한 구멍이 있는데, 그 크기는 물 분자보다 20,000배 작지만 수증기 분자보다는 700배가 크므로 방수와 투습이 동시에 가능하여 등산용품과 우주복에 쓰이는 섬유소재다.

산(酸)에 약한 광명단 옹기가 보관 용기로써 부적합한 것이다.

옹기는 발효식품과 떼려야 뗄 수 없는 존재다. 통기성이 좋아 김치나 간장, 된장, 식초 등을 잘 보존할뿐더러 자연 그대의 맛을 낼 수 있어 나무랄 데 없는 그릇이다. 우리 음식 가운데 유난히 발효식품이 발달한 것은 전적으로 옹기 덕분이라고 할 수 있다.

얼마 전까지만 해도 집집이 김장독을 마당 한구석에 묻어 놓고 겨우내 싱싱한 김치를 꺼내 먹었다. 그런데 주거 형태가 아파트로 바뀌면서 장독대는 물론 김장독이 추억 속으로 사라져 버렸다. 지금은 옹기의 원리를 본 떠 만든 김치 냉장고(1995년)가 그 자리를 대신하고 있다. 조상들의 지혜와 현대 과학이 만나 신제품으로 탄생한 것이다.

미국 워싱턴에 자리한 스미소니언 자연사박물관에 옹기 2점이 전시되어 있다. 이름도 그대로 Onggi다. 이 박물관의 학예사 로버트 세이어스는 〈The Korean Onggi Potter(1989)〉의 저자이며, 1992년에는 이 책을 영상화해 다큐멘터리를 만든 옹기 예찬론자다. 일본 사람들이 투박한 우리 막사발에 사족을 못 쓰는 것처럼, 한낱 생활 용기에 불과한 옹기를 세계인이 감탄하도록 만든 것이다. 불현듯이 일생을 독 굽는 일에 바친 한 노인의 고뇌를 표현한 황순원의 단편소설 〈독 짓는 늙은이〉가 생각난다.

옹기는 거칠면서 꾸밈이 없이 수수한 자연 친화적인 그릇이다. 구수한 맛과 따스한 정이 듬뿍 배어있는 소중한 생활문화유산이다. 요즘에 미세한 기공으로 집안의 온습도를 자연스럽게 조절할 수 있는 옹기 타일과 옹기벽돌이 개발되어 친환경 건축자재로 쓰이고 있다.

06
자연을 닮은 그릇 뚝배기와 막사발

우리에게 가장 친숙한 그릇은 뚝배기와 막사발이다. 뚝배기는 찌개나 지짐이를 끓이거나 설렁탕 따위를 담을 때 쓰는 오지그릇이다. 사발은 사기로 만든 밥그릇이나 국그릇을 가리키는데, 아래는 좁고 위는 넓고 굽이 있다. 별다른 생각 없이 기교를 부리지 않고 되는대로 '막-' 만들어서 막사발이라고 한다. 모양이 화려하지도 않고 자연스럽고 질박한 것이 특징이다.

음식을 담는 그릇은 어떻게 발전하여 왔을까. 식기의 원초적인 출발은 손바닥이다. 손바닥이 접시나 사발 구실을 하고 손가락은 젓갈과 숟가락으로 진화한 것이리라. 아주 먼 옛날 인류는 식물의 잎에 밥을 담아 먹었을 것이다. 바나나 잎, 연잎, 칡잎, 표주박 등이 그릇을 대용한 것이다. 그러다가 나무로 만든 목기(木器), 흙으로 빚은 토기(土器)와 쇠붙이, 유리, 플라스틱 그릇이 나왔다.

뚝배기는 삼국 시대 이전부터 사용된 것으로 추정된다. 뚝배기와 조선 시대의 막사발은 뒷산에서 파낸 흙을 이기고 손 가는 대로 빚어, 아궁이에서 퍼낸 재를 발라 구워 거칠고 균형도 제대로 안 잡힌 볼품없는 그릇이다. 열악한 작업 환경에서 힘 덜 들이고 많이 만들어내 흔하디흔하다. 깨져도 별로 아까울 것이 없다.

도공이 신의 손으로 빚은 조선 막사발은 16세기 후반부터 일본에서 선풍적인 인기를 끌면서 현재 국보급(기자에몬 이도)으로 대접을 받는다.

이것이 바로 입지름 14cm에 높이 8cm인 조선 찻사발 이도다완(井戶茶碗)이다. 우리가 막사발이라고 하지만, 일본 다성(茶聖)으로 추앙받는 센리큐(千利休)가 천하제일이라고 극찬한 바 있는 이도다완이 저들에게는 신과도 같은 존재다. 임진왜란 때 패전한 왜놈들이 앞을 다투어 도자기를 약탈해 갔을 뿐만 아니라 도공을 납치하고, 흙과 유약까지 가져갔다. 조선인 도공들을 강제로 끌고 가 일본큐슈지역의 남쪽 사쓰마(薩摩)지방에 머물게 하고 도자기 산업을 일으킨 것이다. 이와 관련하여 임진왜란을 일본 역사가들은 '문화전쟁', '도자기전쟁'이라고 부를 정도다.

우리나라 사람들은 뜨거운 음식을 좋아한다. 식으면 데워 먹는다. 제 때에 식사를 못하는 식구를 위하여 온돌방 아랫목에 밥그릇을 앉구어 놓고, 화롯불에 찌개 뚝배기를 올려 식지 않게 간수한다. 손님이나 어르신께 식은 밥을 올리면 큰 실례다. '찬밥 신세'라고 하면 곧 별 볼일 없는 사람으로 푸대접을 받는다는 뜻이다.

우리 민족이 흙으로 만든 질그릇을 주된 식기로 사용한 것은 더운 음식을 좋아하는 식문화와 관계가 깊다. 양은그릇과 달리 음식의 열을 얼마간 유지해 주기 때문이다. 뚝배기는 내열성과 보온성이 우수하여 국밥, 곰탕, 설렁탕, 순댓국 따위를 담는데 안성맞춤이다.

사발의 쓰임은 제기(祭器), 밥그릇, 잔 등 다양하다. 막걸리는 사발에 부어 마셔야 제 맛이 나듯이 나물은 접시에, 간장은 종지에, 차는 찻잔에 따라야 어울린다. 내용과 형식의 조화가 아름다움이다. 음식을 용도에 맞는 그릇에 정성껏 담아내는 것이 한식의 품격이다.

사발과 관계되는 낱말이 있다. '사발농사'는 밥을 빌어먹음을 비유하여 이르는 말이다. 그리고 '사발통문(沙鉢通文)'은 호소문이나 격문 따위에 연명할 때, 주동자가 누구인지 알아채지 못하게 이름을 빙 둘러 적은 통지문을 말한다. '묵사발'은 심한 타격을 받고 사물이 몹시 일그러지거나 망가진 상태를 뜻한다.

뚝배기와 막사발은 오래전부터 흔하게 사용해온 토종 그릇이다. 그런데 한동안 가벼운 양식기로 편리성을 따르다가 요즘에는 발암물질 없는 사발, 바이오 식기로 되돌아오는 추세다. 자유분방한 예술미를 드러내는 따뜻한 생활 용품으로서의 뚝배기와 막사발은 한겨레의 순박한 심성이 빚은 전통 공예품이다.

07
선진 공예 기술 도자기 상감기법

우리 민속 공예품은 뛰어나게 섬세하고 아름답다. 그 가운데 손꼽히는 것이 상감청자다. 고려 시대에 장식 무늬를 상감기법으로 세공하여 만든 자기다. 작품의 우수성은 실용적 기능에 예술적 조형미를 조화시킨 장인의 숙련된 솜씨에서 찾을 수 있다.

상감이란 산의 골짜기[嵌(산 깊을 감)]를 메워 어떠한 형상을 이룬다는 뜻이다. 상감(象嵌; 그림을 새기다)은 쇠붙이, 도자기, 나무, 유리 등으로 만든 그릇의 겉면에 여러 가지 무늬를 파고 그 속에 금·은·구리 등의 금속이나 흙, 보석, 자개 등을 넣어 채우는 기술상의 수법을 말한다. 이 기법은 중국에서 서기전 4~5세기 무렵에 이미 금속공예에 사용하고 있었다.

입사(入絲)란 금속공예의 장식 기법으로 쇠그릇, 칼집 따위에 백동이나 은실을 장식으로 박는 것을 말한다. 백동(白銅)은 구리에 니켈 10~30%의 비율의 합금으로 은빛과 비슷한 흰빛을 띤다. 놋그릇이나 쇠그릇의 겉면에 무늬를 새겨 놓고 은실로 빈틈을 메운 다음, 두드리고 불에 달구어 녹여 무늬를 돋보이게 하는 것을 은입사라고 한다. 실처럼 가늘게 들어간 은 무늬는 하얀 빛을 내며 아름다움을 자아낸다. 상감(象嵌) 또는 상안(象眼)으로 불리는 이 기법은 동서양을 막론하고 고대부터 사용되었다. 금속상감은 삼국 시대부터 고려, 조선을 거쳐 오늘에 이르기까지 청동 정병(淨瓶), 향로, 담배합, 장신구 등에 많이 쓰이는 기술이다.

고려 시대에 들어와 처음으로 도자기에 입사와 같은 상감기법이 과감하게 적용되었다. 흙으로 빚은 반 건조된 그릇의 겉면에 그림을 새긴 다음, 그 자리를 자토(赭土; 붉은 흙)나 백토(白土)로 메운 뒤 초벌구이를 거쳐 유약을 발라 불에 구우면 자토는 검은색으로, 백토는 흰색으로 나타난다. 이 기법은 고려 도공이 창안한 유일한 장식법이다.

청자는 푸른 옥빛 바탕에 흰색 또는 검은색의 문양이 색채 대비를 이루어 눈부실 정도로 아름답고 화려하다. 도자기 상감은 고려 도공들의 창조적인 아이디어에 의한 독보적인 솜씨로 빼어난 미의식을 드러낸 핵심 기술이다. 중국인 서긍이 지은 〈고려도경〉에서 "고려인들은 도자기 색이 푸른 것을 비색(翡色)이라고 한다. 근년에 들어와 그 만드는 솜씨가 공교해지고 색깔이나 광택이 더욱 아름다워졌다."고 하였다. 상감청자 가운데 국보 제98호인 '청자상감 운학무늬 매병'이 대표적이다.

목상감이란 나무로 된 기물에 그림을 새긴 뒤, 다른 빛깔과 나뭇결을 가진 나뭇조각을 끼워 넣는 것을 말한다. 목상감 기법은 문갑, 장롱, 찻상 등에 많이 쓰인다.

이와 유사한 기법에 나전칠기가 있다. 나전(螺鈿)은 '소라로 꾸민다'는 뜻이다. 빛이 반짝이는 조개·전복껍데기를 썰어낸 조각[자개]을 여러 가지 모양으로 박아 붙이고 옻칠*한 뒤, 자개 위의 칠을 문질러 벗겨내는 공정을 거친다. 자개박이는 기물에다 무늬를 나타내는 대표적인 칠공예의 하나다. 나전칠기의 본고장은 전복 생산지로 유명한 경남 통영이다. 나전칠기로 된 공예품은 세계인이 경탄하는 예술품이다.

공예의 아름다움은 꾸밈새에서 나오는 미적 감각이다. 금속 입사 기법이 우리의 자랑스러운 고려 상감청자를 탄생시켰고 이어 목상감으로 응용되었다. 상감은 발전적으로 계승되어 여러 분야에 다채롭게 활용될 수 있는 전통 조형 기술이다. 색상과 무늬가 뛰어난 고려청자는 우리 예술품을 대표하는 얼굴이다.

---

* 옻칠: 옻나무의 진을 바르는 일. 옻칠의 흔적은 일찍이 청동기 시대로 거슬러 올라간다. 주성분이 우루시올(urushiol)인 옻은 항균, 살균 및 항암 등 약리 작용을 하고 방습·방부·방충제 구실을 한다. 목기(木器) 등에 엷게 바르고 적당한 습도에서 말리기를 수회 반복하면 빛깔이 곱게 나타난다. 목공에 분야에 많이 쓰이는데 근래에는 금속 부품, 도자기, 천, 가죽 등에도 사용한다. 옻나무의 원산지는 중국이며, 절강성 소산의 신석기 유적지에서 약 8천 년 전 것으로 보이는 칠궁(漆弓)이 출토되었다.

08
1,200년의 생명력을 지닌 전통 한지

 글을 쓰거나 인쇄에 이용되는 판판하고 얇은 것을 종이라고 한다. 주로 식물성 섬유를 물에 풀어 말려 책이나 신문 또는 기록 용지 외에 생활용품 재료로 쓰인다. 종이는 문자의 발명과 함께 문화 발달에 크게 이바지하였다.

 인류는 종이가 나오기 이전에 식물의 잎, 죽간(竹簡), 녹피지(사슴가죽), 양피지(양가죽) 등을 써 왔다. 고대 이집트인은 파피루스의 풀줄기로 종이를 만들었다. 이 종이가 고대 이집트에서 그리스를 거쳐 로마 제국에서도 널리 사용되었다. paper(종이)는 원어가 파피루스(papyros/papyrus)다. 파피루스의 껍질을 벗겨 겹쳐 눌러 제작한 종이가 15세기까지 쓰였다. 7세기 무렵에 만든 세계 최초 〈오스만 코란〉은 녹피지에 쓴 귀중본이다. 구텐베르크 성서는 양피지와 종이에 인쇄하였다.

 105년경 중국의 채륜이 종이를 처음 만들었다고 알려져 왔다. 그러나 채륜이 그 시대 공공연한 종이 제작 과정을 체계적으로 수집 정리하여 공식화 했다고 보는 것이 정설이다. 중국의 제지 기술이 8세기 무렵 아라비아 상인을 통해 중앙아시아에서 이집트, 북아프리카에 이어 스페인과 시칠리아로 전파되었다. 13세기에 들어와 유럽에 전해졌다. 우리나라에 들어온 때는 삼국 시대로 "닥나무 껍질을 맷돌에 갈아 종이를 만든다"는 기록이 있다. 세계에서 가장 오래된 금속 활자본 '직지심체요절'은 전통 한지에 찍어낸 책이다.

284년에 백제의 아직기가 일본에 천자문을 전해주었다. 〈일본서기〉에 고구려의 스님 담징이 610년에 종이 만드는 기술을 일본에 전수했다는 내용이 나온다. 이로 미루어 2~6세기경에 한지가 만들어진 것으로 추정된다. 우리나라 종이는 부드럽고 질겨 오래 보존할 수 있는 것이 장점이다. 중국학자들이 고려 종이를 천하의 일품이라고 하면서 다투어 구해 썼다고 한다.

한지(韓紙)는 어떻게 만들어지는가. 주원료가 닥나무다. 닥나무를 늦가을에 베어 깨끗이 다듬은 백피를 흐르는 물에 담가둔다. 그리고 메밀대나 콩대를 태워 만든 재로 잿물을 내어 푹 삶아 껍질을 벗겨 햇볕에 말린다. 그런 다음 물에 담가 씻어 불순물을 없애고 말려 물에 부풀린다. 표백이 끝나면 넓적한 돌 위에 얹어놓고 떡메 치듯이 방망이로 곱게 빻아 접착제인 천연 닥풀* 과 함께 물에 골고루 풀어 한지발** 틀로 얇고 고르게 외발뜨기 방법으로 떠 응달에서 말린다. 그러면 섬유조직이 날줄과 씨줄로 고르게 井(정) 자 모양으로 짜여 질기다.

한지의 마무리 공정은 도침이다. 도침(搗砧)이란 종이를 여러 장씩 겹쳐놓고 방망이로 내리치는 공법이다. 풀칠한 종이를 다듬이질하면 종이 표면이 치밀해지고 윤이 나며 부드러운 한지로 완성된다. 이는 무명 옷감에 풀을 먹여 밟고 다듬이질하는 원리와 같다.

양지와 달리 닥종이는 친환경적인 섬유질로 만들어지므로 쉽게 부스러지거나 삭지 않고 질기다. 양지는 산성지로서 고작 50~100년 정

---

* 닥풀(황촉규): 아욱과에 속하는 한해살이풀. 뿌리를 으깨어 나온 끈적끈적한 즙은 종이를 뜰 때 섬유가 가라앉는 것을 막고, 발 위에서 물이 흐르는 속도를 조절하여 지질을 고르게 하는 작용을 한다. 닥풀은 날씨가 따뜻해지면 삭으므로 여름보다는 서늘한 계절에 뜨는 것이 좋다.

** 한지발: 대나무를 가늘게 쪼개 실처럼 다듬은 대촉을 말총으로 촘촘하게 엮어 만든 것으로, 반죽이 된 섬유를 물질을 하여 종이를 뜰 때 사용하는 도구.

도면 누렇게 삭아버린다. 이에 비해 한지는 pH 7.8인 중성지로서 수명이 길어 오래도록 보존이 가능하다. 또한 쪽물과 함께 떠서 만든 감지(紺紙; 검은 빛을 띤 짙은 남색 종이)는 방충 효과가 있어 좀이 슬지 않아 경전을 인쇄하거나 화선지로 쓰였다.

비단은 500년, 한지는 1,000년 간다는 말이 있다. 세계에서 가장 오래된 목판인쇄물인 무구정광대다라니경(無垢淨光大多羅尼經; 국보 제126호)은 신라 시대(8세기)에 저지(楮紙; 닥종이)로 제작한 유물이다. 석가탑 속에서 무려 1,200년이란 세월을 버텨낸 한지다.

최근 실험 결과에 의하면 한지의 내구성이 8,000년 지속된다고 한다. 인쇄물을 오래 보관하기 위해서는 종이의 질도 중요하지만 온습도 조절이 필수다. 조상들은 습기를 없애고 좀이 슬지 않게 하기 위해 서책을 장마가 끝난 가을철 그늘진 곳에서 말리고 바람을 쐬며 먼지를 털었다. 이를 포쇄(曝曬)라고 한다. 왕조실록은 포쇄가 끝나면 기름 먹인 종이로 책을 씌우고 천궁이나 창포 같은 약재를 넣어 병충해를 막았다.

일찍이 우리 조상들은 한지에 글을 쓰고 그림도 그리고 인쇄하여 책을 만들었다. 방안의 벽지와 창호지로 썼다. 기름 먹인 한지는 인장 강도가 높아 농업용으로 사용하였다. 어디 그 뿐이랴. 한지를 여러 겹 덧발라 골격을 짓거나 나무 상자에 각종 문양을 오려 붙여 함지, 반짇고리, 장, 함, 보석 상자 등을 만들었다.

그 밖에 부채, 종이 끈(노끈), 종이그릇, 종이옷, 닥종이 인형, 지갑(紙匣; 종이로 만든 상자), 지갑(紙甲; 갑옷), 한지 갓(한지등)을 만드는 재료로 다양하게 쓰였다. 최근에 내구성이 인조 가죽보다 높은 친환경 한지 가죽이 주목을 받는다. 한지는 문화재 복원 용지로도 쓰이고 있다.

한지를 바른 창문은 유리창에 비하여 통풍성이 뛰어나 환기가 잘 되고 항균성, 흡음성(吸音性)이 우수하다. 시선을 가리면서도 빛을 막지 않아 보이는 듯 보이지 않는 반투명성의 문화를 형성하여 생활의 운치와 멋을 더한다. 창문을 닫아도 비바람 소리, 풀벌레 소리를 그대로 들을 수 있어 사람과 자연이 소통할 수 있다. 초저녁 창호지문에 비치는 다듬이질하는 여인의 실루엣은 우리의 전통 이미지다.

서화(書畵)에 쓰이는 한지는 중국의 화선지나 일본의 화지에 비해 먹으로 글씨를 쓰고 그림을 그려도 좀처럼 번지지 않아 섬세한 표현이 가능하다. 또한 모세관 현상에 의해 물을 빨아들이는 성질이 있어 선염법(渲染法; 바림)으로 은은함을 묘사하는데 아주 효과적이다. 갖가지 색으로 물들인 한지는 색상이 곱고 예스러워 고급 포장지로 인기가 높다.

자연과 함께 살아 숨 쉬는 한지는 한국인의 품성을 닮은 종이다. 손으로 직접 정성스레 만듦으로 기계화된 양지에 비하여 품위 있고 우아한 멋이 깃든 종이로 평가받는다. 세계적으로 잘 알려진 한지는 앞으로 자동차 필터, 방음재, 친환경 내장재, 한지 의류 섬유, 한지 가죽, 의료용품 등 다양한 분야에서의 연구개발이 얼마든지 가능한 친환경적인 소재다.

09
정보의 대중화를 이끈 활자의 발명

인류는 글자를 사용하기 시작하면서부터 어떤 형태로든 생활사를 기록으로 남겼다. 종이가 발명되기 전에는 진흙 판이나 거북이 등껍데기, 동물의 뼈, 대나무 쪽 또는 양가죽[羊皮紙(양피지)]에 그림이나 글씨를 새겼다. 그 후 나무판에 글자를 파 종이에 찍어내다가 활자가 출현한 것이다.

활자의 발명은 인류 문화 발전의 대혁명이다. 인쇄술의 발달로 대량 생산된 책이 지식과 정보의 대중화를 이끌어왔기 때문이다. 활자(活字)는 '살아 움직이는 글자'라는 뜻이다. 일정한 크기로 만든 기둥 모양의 나무나 납, 구리 따위의 마구리에 볼록하게 새긴 글자 틀이 활자다. 미리 만들어 놓은 글자를 판에 일정하게 배열하여 인쇄를 한다. 처음에 만들어진 활자는 나무활자였다. 목질이 단단한 회양목을 재료로 많이 썼다. 그런데 여러 번 쓰고 나면 뒤틀리고 쪼개지는 단점이 있어 금속활자가 나온 것이다.

인쇄의 역사는 글자가 새겨진 한 장의 나무판에 먹을 묻히고 종이를 펴 눌러 여러 벌 찍어내는 방식으로 출발하였다. '무구정광대다라니경(8C초: 국보 제126호)'은 세계에서 가장 오래된 목판 인쇄물이다. 신라는 8세기 전반기에 목판으로 인쇄를 시작했다. 경주 안압지 출토 유물 가운데 주령구(주사위), 나무로 만든 불상, 칠기, 빗, 나무배, 나무도장 등이 있다. 특히 나무도장은 목판의 한 모습을 보여주는 자료다.

중국은 〈중국과학기술사(2003)〉에서 다라니경이 자기네 것이라고 주장하지만, 신라 특유의 가공법으로 만든 닥종이로 밝혀짐으로써 논란은 이미 일단락되었다.

13세기에 이르러 목판 인쇄술의 절정을 보여주는 팔만대장경판이 나온다. 그런데 목판 인쇄는 엄청난 비용과 노력이 든다. 그리고 부피가 크고 무거워 다루기 불편할뿐더러 목판에 새겨둔 것만 찍어야 하는 한계가 있다.

목판의 단점을 보완한 것이 활판(活版; 활자로 된 인쇄판)이다. 활판 인쇄는 쇳물을 거푸집에 부어 만든 낱개의 활자들을 그때그때 필요에 따라 조합하여 단어나 문장으로 판을 짜 책을 찍어내는 기술이다. 목판에 비해 효율성이 뛰어나 빠른 시간에 손쉽게 더 많은 양의 원본 복사가 가능하다.

고려가 일찍이 금속(청동)활자를 만든 배경은 가야와 신라로부터 금속 세공과 청동제 그릇 및 범종 주조 기술을 이어받은 것이다. 활자와 범종의 성분 비교분석이 그 사실을 뒷받침한다. 예로부터 놋수저와 놋그릇을 많이 만들어 사용한 것도 큰 도움이 되었을 것이다. 제련은 그 시대의 첨단기술이었다.

또한 고려는 1101년에 주전도감을 설치하여 고주(鼓鑄; 북 모양의 거푸집)라는 방법으로 해동통보를 만들었다. 금속화폐가 나왔다는 사실은 활자주조에 필요한 기본조건이 두루 갖추어졌다는 것을 의미한다. 성현의 〈용재총화〉에 금속활자 주조 방법에 대하여 자세하게 기록하여 전한다.

고려의 금속 기술자들은 진흙이 아닌 뻘흙 거푸집을 사용하였다. 뻘흙의 미세한 알갱이가 섬세한 주물 뜨기를 가능하게 하였다. 또한 인쇄에 필요한 질 좋은 닥종이와 인쇄용 먹의 제조 기술을 아울러 갖추고 있었기 때문에 활자 인쇄가 발전한 것이다.

조선 시대에 이르러 인쇄 문화가 활짝 꽃이 핀다. 질기고 깨끗한 한지와 인쇄에 적당한 먹이 있었기 때문이다. 조정에서 활자로 찍은 다량의 인쇄물을 통해 유교 통치 이념을 퍼뜨렸다. 왕조실록을 '세종실록'부터 금속활자로 인쇄하기 시작한 것도 활자 혁명의 영향 덕분이다. 조선왕조는 백성들에게 교훈을 전하는 책을 찍거나 칙령 등에 쓰이는 활자를 나라의 상징물처럼 중하게 여겨 제작과 보관에 각별한 공을 들였다.

조선 초 주자소(鑄字所)를 설치하고 1403년(태종3) 구리로 만든 계미자(癸未字)를 시작으로 세종 때의 갑인자(甲寅字), 정조 때의 정리자(整理字) 등 한글활자와 조선 말기의 철활자 등 다양한 크기와 모양새의 글자들을 발전시켰다.

조선의 인쇄기술은 이웃 나라에도 영향을 주었다. 계미자는 중국 명나라 홍치 13년(1500년) 때의 활자보다 1세기 가까이 앞선다. 일본은 임진왜란 때 경복궁의 주자소를 습격하여 금속활자 20만 자와 목활자, 인쇄 기구를 약탈하여 〈고문효경(古文孝經; 1593년)〉 등을 간행하였다. 조선의 활자가 에도 시대의 문화부흥에 큰 도움이 된 것은 두루 알려진 사실이다.

세계에서 가장 오래된 현존(現存) 금속 활자본은 고려 말엽 백운화상이 지은 '직지심체요절'이다. 한자로 된 이 책은 1377년 7월에 청주 흥덕사에서 한지에 찍어낸 것으로 서양의 구텐베르크가 양피지와 종이에 찍은 '42행성서(1455년)'보다 78년이나 앞선다. 직지심체요절은 프랑스 국립중앙박물관이 소장하고 있는 것을 박병선 박사가 1972년에 찾아내 빛을 보았다. 2001년 유네스코 세계기록문화유산으로 등재되었다.

금속활자로 책을 인쇄했다는 기록만으로는 '상정고금예문(1234년; 현전하지 않음)'이 서양보다 자그마치 216년 먼저다. 다만, 국가 주도로 활자를 만들어 불교 경전과 용비어천가 등 왕권 중심의 서적을 주로 찍고, 소설 읽기를 금기시한 나머지 독자층이 엷어질 수밖에 없었다. 아쉬운 점은 대중화하지 못한 것이다. 반면에 구텐베르크의 금속활자는 성경책을 비롯하여 상업적 인쇄로 출판·유통이 많은 다양한 책을 더 빨리, 더 싸게 만드는 방법의 발명으로 일반 사람들에게 널리 보급되어 정보가 더 빠르게 전파되었다.

최초의 한글활자 인쇄물은 〈월인천강지곡(1447년)〉이다. 한글활자는 세종이 훈민정음을 창제 반포하고 바로 주조하여 〈석보상절〉, 〈사서언해〉 등에 사용하였다. 사서를 한글로 번역함으로써 대중성을 높이는 계기를 마련했다는 점에서 문화적 의의가 크다.

이로부터 수 백 년 세월이 흐른 뒤 19세기 말에서 20세기 초에 활자본 고소설 방각본(坊刻本)이 나온다. 방각본 소설이란 민간 출판업자가 영리를 목적으로 목판과 활판을 이용하여 대량 찍어 팔던 소설을 말한다. 이 무렵 일본에서 서양식 납활자 한문 인쇄술을 들여와 1883년 〈한성순보〉를 발행한다. 1896년 순 한글로 창간한 〈독립신문〉이 활판으로 인쇄 보급된 것은 민족문화와 민주주의 발전에 큰 공이라 할 수 있다. 사장 겸 주필인 서재필은 국문판 논설과 영문판 사설을 맡았다. 주시경은 국문판의 편집과 제작을 담당하였다. 한편, 1900년대 초에 벌써 성경 번역판이 10만 부나 인쇄될 정도로 인쇄 문화 규모가 성장한 것이다.

인쇄술은 목판에서 나무활자*로, 다시 금속활자로 발전을 거듭하다가 타자기를 거쳐 오늘날에는 매우 편리하고 성능이 뛰어난 사진 식자 컴퓨터 식자로 이어졌다. 주조 활자의 발명과 인쇄술의 발달은 사상을 세상에 널리 퍼뜨리고 지식의 보급 확장에 공헌하였다. 그 결과 인류 문화는 놀라울 정도로 눈부시게 발전한 것이다. 아울러 인쇄술이 발달하면서 예술적 안목이 더해져 글꼴(서체) 디자인 개발도 꾸준히 발전하고 있다.

세계 최초로 금속활자를 만들어 인쇄한 사람은 고려인이다. 국립중앙박물관은 현재 82만여 자의 활자를 보존 관리하고 있다. 이는 양과 질 모두 세계 최대·최고 수준으로 금속활자의 종주국이 우리나라임을 입증하는 귀중한 자료다.

---

* 목판활자의 재료로 나무질이 곱고 단단한 회양목을 주로 썼다. 이 나무는 도장을 새기기에 적합하다. 금속활자의 재료는 구리, 아연, 주석, 납, 철의 합금으로 만들었다.

10
팔만대장경판의 제작 비법

고려 시대 불교문화를 상징하는 것 가운데 하나가 팔만대장경이다. 대장경이란 부처님의 설법[經藏(경장)]과 가르침을 따르는 사람들이 지켜야 할 교단의 규칙[律藏(율장)] 그리고 이들을 체계적으로 해설한 논장(論藏)을 모아놓은 경전이다.

경남 합천 가야산 중턱의 법보(法寶) 사찰 해인사 장경판전에는 1236년에 착수하여 16년 후인 1251년에 완성한 팔만대장경판(국보 제32호)이 보관되어 있다. 이것은 고려 고종 때 부처의 힘으로 외적을 물리치기 위해 만든 목판이다.

대장경판의 재료는 산벚나무를 비롯하여 돌배나무, 단풍나무, 동백나무, 박달나무, 후박나무 등을 썼다. 베어낸 나무를 적당한 크기로 잘라 1년간 그대로 버려두어 숨을 죽였다. 바닷가 뻘(개흙)에 묻은 뒤 바닷물에 3년 동안 담갔다가 꺼내어 그늘에 자연 상태로 2~3년 건조시킨다.

그런 다음에 원목을 켠 판재는 부패를 방지하는 소금물에 삶아 진을 빼고 다시 그늘에서 말려 곱게 다듬었다. 이처럼 복잡하고 까다로운 작업 과정은 목재의 뒤틀림이나 갈라짐을 막고 나뭇결도 삭혀져 판각하기에 더없이 좋은 판재를 만들기 위해서다. 1983년에 완도에서 인양된 유물선(12세기에 제작된 목선)은 뻘 속에 묻혀 있었기에 일종의 진공 상태가 유지되면서 썩지 않고 남아 있었던 것이 이를 증명한다.

이러한 공정을 거쳐 완성된 판재의 앞뒷면에 불경의 내용을 양각하였다. 판이 뒤틀리지 않도록 양 끝에 각목으로 마구리를 대고 구리판을 이어 붙였다. 모서리에 덧댄 나무는 손잡이 구실과 판끼리 부딪침을 막기 위한 장치다. 팔만대장경판은 81,352매다. 판목 한 장의 무게는 약 3.5kg이며 길이 67cm, 너비는 23cm, 두께 2.2~3.6cm다. 판목에 옻칠을 하여 기후 변화로 인한 손상을 방지하였다. 옻의 주성분인 옻산(우루시올)은 산이나 알칼리에도 녹지 않으며 내염성, 방부, 방수, 방충 효과가 뛰어난 도료다.

한편, 보관 건물인 판고(板庫)도 눈여겨보아야 한다. 경판이 오늘날까지 온전하게 보존될 수 있었던 것은 뛰어난 건축술에 그 비밀이 숨어 있다. 장경판전(국보 제52호)은 해발 645m에 위치한다. 바람이 잘 통해 습기가 머물 시간을 주지 않도록 자연적이면서 과학적으로 설계되었다.

건물 바닥은 숯과 찰흙, 모래, 소금, 횟가루가 층을 이루도록 깔았다. 바람이 잘 통하도록 살창을 달았다. 그리고 경판을 두 장씩 포갠 상태로 세워놓아 일정한 간격을 유지하여 통풍이 원활하도록 하였다. 자연 환기와 온·습도 조절이 목재 보존에 결정적 요인이기 때문이다. 대류 현상에 의한 자연환기 시스템은 현대 건축물에도 적용하는 기술이다. 판전은 1995년 유네스코 세계문화유산으로 등록되었다.

대장경판은 이렇게 공을 들여 만들고 부처님의 뜻이 있었기에 750여 년이 지난 오늘날까지 고스란히 남아 있는 것이다. 고려의 뛰어난 인쇄 기술을 한눈에 보여주는 증거물이다. 부처님의 가르침을 기록한 법보(法寶)로서의 팔만대장경판은 목판 인쇄술의 우수성과 희귀성을 인정받아 2007년 세계기록유산으로 지정되었다.

목재를 다루는 뛰어난 기술은 서민들의 생활에도 다양하게 응용되었다. 집안에서 도구로 사용하는 도끼나 망치, 삽 등의 자루(손잡이)는 오래 쓰다보면 부러지기 일쑤다. 그래서 예전에는 알맞은 굵기의 나무를 베어 웅덩이에 한 해 정도 박아두었다가 그늘에 말려 다듬어 쓰곤 하였다.

나무를 물에 담갔다가 말리거나 뗏목으로 운반하면 그 과정에서 섬유질이 질겨져 뒤틀림이 없고 탄력이 생겨 오랫동안 쓸 수 있다. 이처럼 조상들은 오랜 경험으로 얻은 나무의 특성을 실생활에 유용하게 활용해온 것이다.

11
전통 운반 도구 지게

사람이 짐을 옮기려면 머리에 이거나 들기, 안기, 어깨에 메기, 등에 지는 방법이 있다. 지게는 짐을 얹어 등에 지고 다니는 운반 도구다. 크고 무거운 물건을 나를 때에 지는 것이 가장 힘이 덜 드는 이치를 적용하여 만들었다.

제작 방법은 먼저 나뭇가지가 y자 형으로 비스듬하게 옆으로 돋친

두 개를 잘라 위는 좁고 아래는 벌어지게 세운다. 그 사이에 세장*을 가로질러 사개를 맞춰 탕개**를 틀고 밀삐(멜빵)를 걸어 등에 지도록 하였다. 밀삐의 길이는 체형에 맞게 조절이 가능하다. 지겟작대기 윗부분은 세장을 받치는 알구지(아귀 진 부분)가 있고 아랫부분은 뾰족하게 다듬었다. 몸체는 주로 탄력 있는 소나무로 하고, 세장은 단단한 밤나무나 박달나무를 쓴다.

그 종류에 쪽지게, 바지게, 거지게 등이 있다. 물지게와 똥지게도 등태가 있다는 점에서 일반 지게와 비슷하다. 등태란 짐을 질 때에 등이 배기지 않도록, 짚 따위로 방석처럼 엮어서 걸치는 것을 말한다. 쪽지게는 다리가 짧고 자그마하다. 바지게는 발채(바수거리)를 얹은 것을 가리킨다. 거지게는 소의 등에 짐을 실어 나를 때 길마에 걸치는 지게다.

지게는 구불구불한 논두렁길이나 길이 좁은 산간마을 또는 비탈진 길을 쉽게 다닐 수 있어 매우 편리하게 쓸 수 있는 장점이 있다. 도로 사정이 좋지 않았던 시절, 장터마다 돌아다니면서 물건을 파는 등짐장수들도 이용하였다. 6·25전쟁 때 '지게부대'가 편성되어 험한 산악 지대를 실탄과 전투 보급품을 수송하는 임무를 수행하였다.

중국 소수 민족인 윈난성 나시족과 광시 좡족, 라오스의 몽족도 우리와 비슷한 형태의 지게를 쓰고 있다. 윈난성 서부 지역에 낫, 도리깨, 써레, 갈퀴, 쟁기가 우리 농기구와 유사한 점으로 보아, 이들이 백제 유민의 영향을 받았다는 설이 있다. 일본에서도 지게를 사용하는데, 대마도 사람들은 우리말 그대로 [지케]라고 부른다. 서양의 A 프

---

* 세장: 지게의 두 짝이 마주 짜여 지게 가로 질러 박은 나무.
** 탕개: 물건의 동인 줄을 죄는 기구. 동인 줄의 중간에 비녀장을 질러 비비 틀면 줄이 죄어들게 됨. 볼트와 너트의 구실을 한다.

레임도 지게와 같은 원리다.

두 개의 지겟다리와 작대기는 삼각대 이상으로 유동적이어서 울퉁불퉁한 땅바닥에 관계없이 짐*의 무게를 분산시켜 안정감을 준다. 지겟작대기는 짐을 싣거나 내릴 때 받침대가 된다. 짐을 지고 일어설 때 무게중심 곧 균형을 잡아주고 땅띔(무거운 것을 들어 땅에서 뜨게 하는 짓)을 돕는 구실을 한다. 일꾼이 짐을 부리고 잠시 쉬면서 두드리면 삶의 애환을 달래는 타악기로 변한다. 갑자기 산짐승이 나타나면 호신용으로 바뀐다.

짐을 질 때는 지게에 짐을 얹고 멜빵에 양쪽 어깨를 끼운다. 손으로 작대기를 잡고 한 쪽 무릎을 땅바닥에 꿇는다. 상체를 앞으로 숙인 다음 작대기를 짚고 일어서는 것이다. 지게에 짐을 얹고 잡아매는 줄을 지게꼬리라고 하는데, 이것을 머리 위로 잡아당기면 균형을 잡기가 훨씬 쉬어진다.

지게질은 온몸으로 감내해야 하는 중노동이다. 속설에 아이를 밴 여자에게 지겟작대기를 만지게 하면 손가락이 여섯인 아이를 낳는다고 하였다. 농경사회에서 임산부에게 힘든 일을 시키지 말라는 어르신들의 속 깊은 배려다.

지게는 등과 어깨 그리고 엉덩이에 짐의 무게를 고르게 분산하여 전달한다. 그러므로 지게꾼이 다리만 버티고 일어설 수 있으면 약 135kg 정도의 짐을 거뜬히 옮길 수 있게 설계하였다. 히말라야 고산족이 사용하는 머리띠나 중국, 일본, 동남아 사람들이 어깨에 메는 멜대와 에너지 효율 면에서 비교 우위에 놓이는 운반 도구다.

* 머리에 이는 물건을 '임'이라고 하고, 다른 곳으로 옮기려고 챙기거나 꾸려 놓은 물건을 가리키는 '짐'은 '지대[負(부)]'에서 파생한 명사다. 남부여대(男負女戴)는 남자는 짐을 등에 지고, 여자는 머리에 인다는 뜻이다.

산악등산용품 지게배낭(Frame Pack)은 지게에서 착안한 것이다. 또한 지겟다리에 바퀴를 달고 짐받이 가지를 밑으로 내리면 손수레로 변신을 한다. 오늘날 유모차, 휠체어, 여행용 가방 또는 산업 현장에서 짐을 들어 옮겨 쌓고 내리거나 나르는 '지게-차(포크리프트)'도 지게의 진화물이다.

지게는 우리 민족이 이상적으로 고안한 창의적이고 과학적인 발명품이다. 오늘날 운반 기구들이 자동화 기계화되었음에도 작업 환경과 지리적 여건에 따라 여전히 편리하고 요긴하게 쓰이는 생활 도구다.

12
부채의 쓰임새와 예술성

손으로 부쳐서 바람을 일으켜 더위 또는 열을 식히거나 불을 일으키는 데 쓰는 물건을 부채라고 한다. 동사 '부치다/ 붗다'의 어근에 명사화 접사 '-애'가 결합한 말이다. 어원적 의미는 '부치는 것'이다.

부채는 여러 개의 가느다란 대오리 살을 가지런히 펼쳐 그 위에 종이(한지)나 헝겊을 발라 만든다. 모양은 크게 둥근 부채(방구부채)와 접는 부채(합죽선)로 나뉜다. 재료와 모양에 따라 종류는 자그마치 100가지가 넘는다.

인류가 부채를 사용하기 시작한 것은 원시 시대부터였을 것이다. 최근 경북 경산시 하양읍 도리리에서 발견된 기원전 1세기~기원 전후께의 삼한 시대 목관무덤에서 부채 3점이 발견되었다. 또한 고구려 벽화나 가야고분에서 출토된 부채손잡이를 볼 수 있다. 문헌 기록으로는 〈삼국사기〉 견훤조에 "왕건에게 공작선(孔雀扇)을 바쳤다"는 내용이 있다.

최초의 접이부채(합죽선)는 고려 때 만들어졌다. 송나라 사신 서긍의 〈고려도경(1123)〉에 백접선(白摺扇; 접는 부채)이 나오는 것으로 알 수 있다. 그 이전에 송나라 곽약허의 〈도화견문지〉에 고려 사신이 1076년에 접는 부채를 사용하였다는 기록도 있다. 쥘부채라고도 불리는 접이부채는 죽간*에서 영향을 받은 듯하다.

부채는 바람을 일으키는 실용성 이외에 의례용이나 장식용으로도 쓰였다. 판소리 창을 하는 소리꾼들이 무대에서 부채를 사용한다. 부채를 펼치고 접음으로써 소리의 극적 효과를 높이기 위함이다. 또한 낯을 가릴 때나 호신용 무기, 지휘봉, 부채춤, 시를 써서 외우고 연애 편지도 겸한 메모장 구실을 한다. 외줄타기 곡예 공연마당에서 광대가 몸의 균형을 잡는데 요긴하게 쓰인다. 부채춤은 한국 신무용 계열의 춤이다. 1954년 김백봉이 창작 발표한 부채춤이 화려하고 유명하다. 부채를 펼쳤다 접으며 여러 가지 동작을 구사하는 것이 특징이다.

조상들은 부채가 먼지를 날려 불순하고 더러운 것을 깨끗하게 한다는 의미에서 잡귀(雜鬼)를 쫓는다고 믿어왔다. 그런 연유로 생활에서 부채를 가까이 하였다. 무당이 신명을 부르는 굿에서 부채를 쓴다. 고전소설 작품에서는 도술에 의한 초능력의 행사나 남녀 사이의 애정을 상징하는데 부채가 등장한다. 지난날 여름이 다가올 단오 무렵 궁중

* 죽간(竹簡): 고대 중국에서, 글자를 적던 대나무 조각. 또는 대나무 조각을 엮어서 만든 책.

에서 '단오 진선(端午進扇)'이라 하여 왕이 신하들에게 부채를 선물하는 풍속이 있었다.

예나 지금이나 여름철 무더위를 식히기 위하여 부채를 사용한다. 선풍기와 에어컨이 있어도 여건에 따라 자연친화적인 부채가 필요하다. 부채는 다채로운 문양, 유명 화가와 명필가의 그림이나 글 그리고 부채고리에 매어 늘어뜨린 선추 등 정교한 꾸밈새를 한 아름답고 실용적인 예술품이다.

13
조선 시대에 지은 방탄복

인류 역사는 전쟁사라고 해도 지나친 말이 아니다. 전쟁은 과학기술 간의 경쟁이다. 창칼과 화살 그리고 방패로 싸움을 벌이던 지난날에는 갑옷이, 총과 대포가 등장한 근·현대전에서는 방탄복이 필수 장비가 되었다. 우리는 조선 후기에 방탄조끼를 병사들에게 지급하였다.

예전에 사용하던 갑옷은 가죽이나 쇳조각으로 만든 미늘을 거죽에 입힌 방어용 보호 장구다. 이와 다르게 방탄복은 소총이나 권총 사격을 받았을 때, 탄알이 뚫고 들어오지 못하도록 특수 섬유 따위로 제작한 것을 말한다.

방탄복의 제작 경위는 병인양요(1866년)를 치른 뒤, 흥선대원군이 총알로부터 전사들을 보호할 수 있는 갑옷을 만들라고 명하면서 시작되었다. 김기두와 안윤이 무명으로 짠 면직물을 13겹으로 누비옷처럼 꿰매 면제배갑(綿製背甲; 綿甲)을 만든다. 이 옷은 1867년에 발명하여 신미양요(1871년) 때 미국과의 전투에서 사용하였다. 그리고 1893년 시카고 엑스포에 출품하였으며, 현재 미국 워싱턴에 자리한 스미소니언 자연사박물관에 전시되어 있다.

조선 시대에 닥종이를 겹쳐서 화살에 대비한 지갑(紙甲; 종이갑옷)이 면포를 여러 장 포개 총알을 막는 면제배갑 형태로 발전한 것이다. 한지로 만든 갑옷의 위력은 6·25전쟁이나 베트남전에서 어느 병사가 앞가슴 주머니에 성경책 또는 여러 통의 편지 묶음, 메모 수첩을 넣고 전투하다가 총알을 맞고도 기적같이 살았다는 실화가 방증한다.

서양에서는 1880년 미국의 굳펠로우가 실크를 겹쳐 화살 방어용 방탄복을 만들었다. 총알을 막을 정도의 근대적인 방탄조끼를 제글란이 처음으로 고안하였다. 1972년 듀퐁사의 새로운 강화 섬유 재질인 '케블라'의 개발로 1978년 PASGT 방탄복이 나온 것은 일대 혁명이었다. 이후에 섬유, 금속판, 판형 세라믹, 플라스틱판, 우블렉, 나노물질, 금속해면체(금속으로 만든 스펀지) 등 재료가 개발되면서 새로운 모습으로 거듭 재탄생하고 있다.

근래 우리나라에서 탄소나노튜브 실을 만드는 기술을 한국표준과학연구원(KRISS)에서 개발하였다. 이 실은 높은 탄성과 철의 100배에 달하는 강도를 가지고 있어서 고성능 방탄복 재료로 유용하게 쓰일 전망이다.

섬유를 겹치면 쉽게 찢기지 않는다. 방탄복은 탄성이 강한 섬유가

거미줄처럼 늘어났다 원상태로 돌아오려는 성질을 이용한 것이다. 빠르게 돌면서 박히는 총알의 열기에 천이 조금씩 녹으면서 총탄의 운동 에너지를 떨어뜨린다. 결국 총알은 방탄복을 뚫지 못하고 멈춘다. 몸에 받는 충격 또한 완충 작용에 의해 줄어든다.

요즘 방탄의 종류를 방호 능력에 따라 4등급으로 나누는데, 레벨 Ⅲ~Ⅳ 정도 되어야 철갑탄에 견딜 수 있다. 이밖에 투구에서 발전한 방탄모자는 강화 플라스틱 재질로 만들고, 유리 섬유로 된 방탄유리는 강도가 강철보다 5배 정도 강하여 그 쓰임이 다양하다.

방탄복은 갑옷에서 유래한 방어 무기다. 창과 방패의 관계처럼 총알에 대응할 수 있는 형태로 진화 발전해왔다. 우선 성능이 좋아야 하며, 가볍고 얇아야 입고 활동하기에 편하다. 우리는 면제배갑에 대한 자부심을 갖고 최첨단 방탄기구를 끊임없이 연구 개발하여 군경의 사기 진작과 인명 보호에 힘써야 할 것이다.

14
조선 시대의 비행기 비거

인류는 신화 시대부터 새처럼 날갯짓을 하며 하늘을 훨훨 날아다니는 꿈을 꾸었다. 오랜 세월 비행에 도전하고 실패를 거듭한 뒤, 비행기 제작에 돌입한다. 조선 시대에 '비거/비차(飛車)*'라는 날틀이 있었다. 비거는 바람을 타고 하늘을 날아다니는 수레다.

---

* 한자 '車'는 일반적으로 인력거(人力車), 자전거(自轉車)와 같이 사람의 힘으로 움직이면 [거]로 읽고, 자동차(自動車), 전차(電車) 등 자동 기계장치면 [차]로 읽힌다.

신경준(1712~1781)의 〈여암전서〉 '책차제(策車制)'와 이규경의 〈오주연문장전산고〉에서 전해 내려오는 항간의 이야기를 듣고 기록한 내용을 보면 "임진왜란 당시 진주성 전투에서 30리(12km)를 날았던 비거를 전라도 김제에 사는 정평구가 발명하였다"라고 한다.
　'비거'라는 표현은 벌써 중국의 전설 속에 나온다. 중국 고대 지리서 〈산해경〉에서 처음으로 하늘을 나는 수레 비거에 대해 언급하고 있다. 동아시아의 여러 문헌에도 비거가 등장한다. 서양에서는 레오나르도 다 빈치(1452~1519)가 새의 날개와 공기의 운동을 연구하여 인력을 동력으로 바꾸는 비행기와 헬리콥터를 설계한 바 있다.
　어떤 이는 정평구의 '비거'가 1903년 가솔린엔진과 프로펠러가 달린 동력 비행기 '플라이어호'를 발명한 미국의 라이트 형제보다 300년이나 앞선다고 주장한다. 구체적인 설계도면이 없어 아쉽지만, 비거는 새를 모방하여 풀무*로 날개를 움직이는 장치를 갖춘 비행 물체다. 그런 점에서 비거의 고증이 뒷받침되어야 객관적으로 비교가 가능하다. 그렇지 않으면 한낱 열기구나 행글라이더 또는 낙하산의 전 단계 수준의 기구에 지나지 않아 보이기 때문이다.
　2000년에 한국방송 '역사스페셜'에서 '조선 시대 우리는 하늘을 날았다'라는 제목으로 방영하였다. 같은 해 공군사관학교와 건국대학교에서 설계도가 없는 상황에서 그 당시 기술 수준을 고려하여 비거를 복원하고 비행 실험에 성공한 적이 있다. 어떤 형태로든 비거가 하늘을 날았다는 사실을 확인한 셈이다.
　비거 비행 유전자는 20세기에 들어와 드디어 진가를 발휘하기 시작

*풀무: 불을 피울 때 바람을 일으키는 기구.

한다. 1922년 최초의 비행사 안창남이 버려진 영국군용 비행기 부품을 조립하여 '금강호(金剛號)'를 만들어 서울에서 시험비행을 하였다.

그 뒤, 1953년 국내 최초로 자체 설계한 2인승 경비행기 '부활호'가 정부 지원으로 이원복이 제작하였다. 1982년에 전투기 '제공호 F-5'를, 1998년 기본훈련기 'KT-1 웅비', 2000년 이후 KF-16 생산, 2006년 초음속고등훈련기 'T-50 골든이글', 2012년 한국형 기동헬기 '수리온'을 만들었다. 2015년 차세대 한국형전투기(KF-X) 개발 사업에 착수하여 2026년 미사일을 장착한 전투기 생산을 목표로 하고 있다. 이 사업이 성공리에 끝나면 국토방위에 큰 몫을 맡게 될 것이다.

항공산업은 1955년 정찰기, 수송기, 군용기 등을 정비하는 단계에서 1970년대 중반 소형헬기 생산 단계로 접어든다. 이후 1978년에는 정부의 지원정책으로 항공공업 육성 및 지원을 위한 '항공공업진흥법'이 제정되어 보조금 지급 등 유치단계에 이르는 제도적 기틀을 마련하였다. 이러한 노력으로 1992년 드디어 '우리별 1호'를 우주에 올린다. 이어서 무궁화호, 아리랑호와 2013년에 나로호를 발사하였다.

'항공우주산업개발촉진법(2014년)'은 항공우주산업을 합리적으로 지원·육성하고 항공우주과학기술을 효율적으로 연구개발함으로써 국민 경제의 건전한 발전과 국민 생활의 향상에 이바지하게 함을 목적으로 하고 있다. 항공우주산업이라 함은 항공기, 우주비행체, 관련 부속기기류를 만들고, 가공 및 생산하며 개조 또는 수리하는 모든 사업들을 통합하는 기술집약적인 고부가가치 산업이다.

인류가 새의 형상을 본떠 비행기를 만들었듯이 많은 발명품과 공업

제품은 자연에 대한 유추의 결과물이다. '비거'를 대하면서 조상들의 창의적인 사고에 찬사를 보내고 자긍심을 갖는다. 우리 정부는 과학기술 정책적 지원과 장인 정신을 북돋아 무인 전투기, 무인 항공기(드론) 비행 첨단산업 발전에 심혈을 기울이고 있다.

15
역학적 평형을 이루는 마름쇠

끝이 날카로운 네 갈래의 무쇠로 만든 것을 마름쇠라고 한다. 수생식물인 마름의 뾰족한 열매 모양을 닮아 붙여진 이름이다.

마름쇠는 능철(菱鐵; caltrop)이라고도 일컬으며, 마름과 쇠의 합성어다. 마름은 '말[菱(릉)]+밤[栗(율)]'으로 분석된다.(말밤〉말왐〉말암〉마름) 마름쇠는 안정성이 있어 방향에 관계없이 아무렇게나 던져도 날 하나는 솟고 세 발은 땅에 닿게 되어 있다. 무게 중심이 낮은 위치에 있고, 세 개의 구조가 삼발이처럼 버티고 있어 가장 안정적인 구조물이다.

쓰임새는 도적이나 적의 침투를 막기 위한 목적으로 길목 또는 성벽 아래에 깔아 쓰던 방어용 무기다. 진지 앞에 뿌려 적군과 말을 밟히게 해 치명상을 입히도록 되어 있다. 오늘날 지뢰와 같은 역할을 한 것이다.

백제의 옛 서울 부소산성과 고구려 유물로 '마름쇠'가 출토되어 그 당시 전투에서 사용하였을 것으로 추정된다. 임진왜란 때 왜적과의 싸움에서 사용한 사례가 있다. 지금도 가시철조망이나 군부대 앞에 세워놓은 마름쇠 모양의 방책을 볼 수 있다. 지난날 부잣집 건물 주변에 저녁이 되면 마름쇠를 뿌려놓았다가 새벽에 거둬들여 방범용으로 썼다.

'마름쇠도 삼킬 놈'은 남의 물건이나 돈이라면 무엇이나 잘라먹는 버릇이 극도에 달한 탐욕스러운 사람을 이르는 말이다. '모로 던져 마름쇠'는 아무렇게나 해도 실패가 없다는 뜻으로 쓰이는 속담이다.

방파제에 쌓는 거대한 콘크리트 구조물을 테트라포드(tetra-pod)라고 한다. 테트라포드란 '네 개의 발'이란 뜻으로 마름쇠의 원리를 응용한 것이다. 힘이 작용하여 구조물이 약간 기울어도 무게 중심이 바닥면을 벗어나지 않으므로, 중력에 의한 돌림힘이 복원력으로 작용하여 다시 평형 상태로 되돌아와 안정성을 유지한다. 오뚝이*와 성질이 비슷하다.

마름쇠는 마름의 모양을 본떠 만든 물건이다. 물리적으로 무게 중심이 가장 잘 잡힌 기구다. 테트라포드와 같이 이 원리를 활용하면 실생활에 필요한 물건을 얼마든지 창안할 수 있을 것이다. 새로운 발견과 발명품은 자연모방과 세밀한 관찰을 형상화한 것이 대부분이다.

16
번뇌를 일깨우는 신비의 소리 범종

---

* 오뚝이: 아무렇게나 굴려도 오뚝오뚝 일어나게 만든 장난감. 부도옹(不倒翁)이라고도 한다. 몸체에 쇠구슬을 넣어 만든 물건이다. 요즘 '오뚝이 주걱'이 출시되었다.

종이란 치거나 흔들어서 소리를 내게 만든 물건이다. 흔드는 것이 방울이고, 치는 것은 종이라고 한다. 종에는 악종(樂鐘), 시종(時鐘), 경종(警鐘), 범종(梵鐘)* 등 그 범위가 넓지만, 민족문화의 소산물로 일컬을 때에는 청동으로 주조한 범종을 가리킨다.

범종의 주 재료인 청동(靑銅; bronze)은 구리와 주석(12~18%)의 합금으로 '놋쇠'와 유사한 금속이다. 놋쇠는 꽹과리와 징은 물론 놋그릇, 세숫대야, 각종 제기(祭器) 등의 재료로 기원전부터 사용하기 시작한 우리나라만의 특이한 쇠붙이다. 삼국 시대 공예 예술은 수준이 매우 높았다. 백제는 이미 구리와 아연, 주석을 섞어 만든 청동으로 '금동대향로(국보 287호)'를 주조할 정도로 뛰어난 기술을 보유하고 있었다.

신라 범종은 중국의 악기인 용종(甬鐘)과 탁(鐸) 양식을 받아들이면서 새롭게 변화 발전하여 특수한 구조를 띠고 있는 전형적인 우리 종이다. 범종은 음통(音筒)**으로 구성된 용뉴(龍鈕)와 상·하대, 유곽·유두, 당좌, 비천상, 명문 등을 갖추고 있다. 몸체가 마치 항아리를 엎어 놓은 것과 같은 형상이다. 종 밑에 공명 현상을 일으키도록 땅을 움푹하게 파 울림통[명동(鳴洞)]을 만들었다.

소리가 맑고 여운이 깊으며 뚜렷한 맥놀이(울림)가 범종의 특징이다. 맥놀이란 진동수가 조금 다른 두 개의 소리가 겹쳐졌을 때, 서로 간섭하여 일정한 주기로 '커졌다 작아졌다'를 되풀이하는 현상이다. 보강간섭이 일어나면 합성파의 진폭이 커져 소리가 더 크게 들린다. 그리고 상쇄(소멸)간섭이 일어나면 합성파의 진폭이 줄어들어 소리가 더 작게 들리거나 사라지는 느낌이다. 오늘날 'Korean Bell'이라는 학명을

---

* 범종은 불교, 방울은 무교의 상징물이다. 범종의 신앙적 의미는 종소리를 듣는 순간만이라도 번뇌로부터 벗어날 수 있다고 믿는 데 있다.
** 종의 윗부분에 붙어놓은 음통(音筒)은 음향학적으로 음향필터다. 종을 쳤을 때 내부의 잡음을 줄이고 음향 확산효과에 도움을 준다. 주조할 때, 주형 내부의 가스 배출에 기여한다.

얻게 된 것도 신라종의 독창적이고 아름다운 조형성 덕분이다.

범종의 전형적인 양식과 형태는 오대산 상원사동종(725년)과 성덕대왕신종(에밀레종; 771년)에서 비롯되었다. 종의 본질은 소리[音響(음향)]다. 소리는 종에 사용한 합금의 비율, 쇳물의 냉각 속도, 종의 형상, 두께 분포, 문양 등과 밀접한 관계가 있다. 다시 말해, 신라 범종은 음향학적 원리에 맞게 두께와 당좌의 위치, 문양의 크기와 배치에 이르기까지 세심한 주의를 기울여 만들었다.

상원사동종의 고유진동수는 102Hz이며, 4-0진동모드에서 고진동수 103.02Hz와 저진동수 101Hz가 간섭 현상을 일으켜 맥놀이 주파수 2.02Hz를 형성하여 우수한 종소리로 평가받는다.

성덕대왕신종의 비밀도 맥놀이에 있다. 종소리의 근원은 몸체의 진동이다. 종이 울리면 길이 방향, 둘레 방향, 반지름 방향의 3가지 진동이 동시에 일어나 소리를 만든다. 이들은 중첩되면서 맥놀이 현상을 일으켜 '웅~웅~웅~'하는 소리를 낸다. 맥놀이에 따라 소리의 지속 시간이 결정되는 것이다. 신종에서 맥놀이 현상은 168Hz와 64Hz 모두에서 일어난다. 타종 직후 9초에 한 번씩 '어엉~어엉~' 어린아이 울음소리(168.52Hz, 168.63Hz; 맥놀이 주파수 0.11Hz)를 내고, 3초마다 '허억~허억~' 낮은 숨소리(64.07Hz, 64.42Hz)가 난다.

종 표면에 새긴 문양 조각에 의해 미묘한 비대칭을 이루고, 종의 위아래와 배의 두께를 달리 설계한 것은 맥놀이가 잘 일어날 수 있도록 하기 위해서다. 종소리는 장중하면서도 맑고 유난히 길면서도 신비스럽다. 제작 기간이 자그마치 34년이라니 얼마나 많은 시행착오를 거쳐 창출해낸 소리인가.

현대 기술로도 재현하기 어려운, 은은하게 심금을 울리며 들리는 종소리다. 김석현, 이장무, 이치욱 교수는 2005년 3월 〈Journal of Sound and Vibration〉지에 맥놀이 현상을 연구하여 만든 '맥놀이 지도'를 발표한 바 있다.

상원사동종(국보 제36호)과 성덕대왕신종(에밀레종; 국보 제29호)을 만들었을 당시 신라의 제철기술과 예술 감각이 최고 수준이었음을 알 수 있다. 종을 주조할 쇠를 녹이려면 적어도 1,000°C가 훨씬 넘어야 한다. 그렇다면, 어떤 연료를 써서 도가니를 달구었을까. 석탄이 보급되기 이전에는 숯을 이용하였을 것이다. 에밀레종은 높이가 약 3.4m, 무게가 19t이나 나가는 종이다. 그 당시 한꺼번에 많은 양의 질 좋은 주물을 높은 온도의 도가니에서 생산하여 복잡한 공정을 거쳐 거대한 종을 만들었다는 것은 매우 놀라운 사실이다.

범종의 주조는 8세기 통일신라 시대 금속공예기술의 결정체다. 여기에 음향학적 설계가 더하여 세계에서 가장 아름다운 소리를 내는 종을 만든 것이다. 산사의 종소리가 귓전에 은은히 들려온다. 민족의 긍지를 갖게 하는 범종은 귀중한 문화유산이다. 충북 진천읍에 세운 '진천 종 박물관'은 우리 종의 예술적 가치와 우수성을 알리고자 2005년에 개관하였다.

17
자연에서 영감을 얻다

인간은 지적 능력을 가진 동물이다. 오늘날 인류 문명은 과학기술의 진보로 눈부시게 발전하였다. 그만큼 우리의 생활이 비약적으로 향상된 것이다.

인류가 자연 현상과 동식물의 생태에서 삶의 지혜를 밝혀낸 역사는 오래되었다. 대자연에서 법칙을 구하고 이를 모방 응용하여 쓸모 있는 물건을 수없이 만들어 왔다. 불의 발견으로 농업 생산량이 증가하고 증기기관은 산업혁명의 도화선이 되었다. 망원경, 현미경의 발명과 지동설이 인류의 사고방식에 큰 변화를 가져다주었다.

사과가 떨어지는 것을 보고 만유인력의 법칙을 체계화시킨 뉴턴은 근대과학과 계몽사상의 물꼬를 튼 인물이다. 20세기에 들어와 상대성이론을 발표한 아인슈타인은 물리학의 일대 혁명을 일으킨 위대한 과학자다. 정보화를 가능하게 한 컴퓨터는 인공지능(AI)의 연구와 직결되는 도구다.

사람들은 인체의 손톱에서 호미와 낫을, 손가락에서 젓가락을, 두 손바닥을 비비는 행위에 창안하여 맷돌을 만들었다. 손과 팔을 본뜬 포클레인도 발명하였다. 물고기 모양의 유선형 배와 고슴도치, 복어를 연상하고 거북의 등껍데기를 본떠 거북선을 만들었다. 고래를 보고 잠수함을 건조하였다. 잠자리의 나는 모습에서 수직비행이 가능한 헬리콥터(잠자리비행기)를, 상어 지느러미를 모방한 첨단 수영복, 물갈퀴에서 잠수할 때 발에 끼는 오리발, 벌침에서 주사바늘, 머리를 모방한 컴퓨터, 거미줄로 방탄섬유를 만들었다. 진공집게나 착유기는 흡혈 거머리를 기계적으로 유추한 것이다. 옷에 잘 달라붙는 도깨비바늘의 갈고리 열매에서 영감을 얻어 스위스의 조르주 드 메스트랄이 만든 벨크로(찍찍이)가 신발에서 옷, 가방에 이르기까지 다양한 용도로 요긴하게 쓰이고 있다.

우리는 흙, 곰팡이, 달팽이, 쑥, 양귀비, 버드나무 줄기의 껍질, 바다수세미 등 온갖 동식물과 광물에서 약물을 얻는다. 파스퇴르는 푸른곰팡이를 이용한 페니실린을 발명하여 인간의 평균 수명을 10년이나 연장시켰다. 이와 같이 인류 문명만큼이나 오랜 세월을 거치면서 민간에 전승된 천연약물이 현대 의약품 개발로 이어진 것이다.

연꽃의 잎은 항상 깨끗한 상태를 유지한다. 이것은 표면이 나노미터 규모의 돌기로 되어 있어 비가 오면 먼지가 빗방울과 함께 씻겨 내려가기 때문이다. 연잎 위에 물방울이 굴러 떨어지는 '연잎 효과'를 응용한 나노섬유와 로터산(Lotusan) 상품 이름을 가진 자연 친화적 페인트가 있다.

연잎 효과란 잎이 나노 돌기(돌기 표면에 티끌 같은 작은 솜털)로 덮여 있어서 물에 젖지 않는 초소수성을 띠기 때문에 생기는 현상이다. 초소수성 표면이란 물과 친하지 않은 성질인 소수성(↔친수성)이 매우 강한 표면 상태를 이른다. 잎이 물방울에 젖지 않고 더러워지지 않는 것이다.

솔젤법(sol-gel technique)이라는 나노 코팅기술은 물이 잘 흐르게 함으로써 찌꺼기를 남기지 않고 살균과 악취 제거의 효과가 있다. 그리고 때를 안 타는 옷이나 비옷에 응용할 수 있다. 이 기술이 자동차 도장뿐만 아니라 바퀴 휠, 플라스틱 병 코팅에도 쓰인다.

작은 생물체는 질량이 작고 표면적은 크다보니 '반데르발스 힘'이라고 불리는 결합력으로 중력을 극복하고 천장과 벽을 자유자재로 오르내린다. 수리거미가 발바닥의 털을 이용하여 표면적을 증가시켜 벽에 달라붙을 수 있는 비밀은 나노 빨판 덕분이다. 특수 단백질을 이용하여 갯바위에 꽉 붙어있는 홍합이나 게코 도마뱀의 주름진 발바닥, 문어의 빨판 같은 생물의 특성을 이용한 점착(粘着; 끈기 있게 잘 달라붙음) 소재의 개발은 생체를 모방한 기술이다. 도마뱀 로봇, 즉 스티키봇(Stickybot)도 이 원리를 이용한 발명품이다.

문어의 빨판 안에 공 모양의 미세 돌기가 있어 높은 점착력을 만들어 낸다. 빨판 근육이 수축하면서 표면의 수분을 밀어내고, 남은 수분은 공 모양의 돌기와 빨판 내부 표면 사이 공간으로 밀려나면서 진공상태를 만든다. 2017년에 방창현 교수 연구팀이 개발한 '빨판형 접착 소재'는 의료용 패치나 진단 치료용 웨어러블(Wearable; 착용) 장치 등에 활용할 수 있는 원천 기술이다.

생물체가 자연의 여러 환경에 적응하여 각자의 종을 보존하는 모습을 관찰하고 모방하는 연구를 생체 모방(bio-mimetics) 또는 자연 모방(biomimicry)이라고 한다. 즉 생체 모방 공학이란, 살아 있는 생물의 행동과 생김새, 생산 물질 등을 활용하여 첨단 제품을 만들어내는 기술이다.

〈새로운 황금시대〉를 지은 제이 하먼은 '자연으로부터 배운 것을 인간의 문제를 해결하는 데 적용하는 것'이라고 정의한다. 앞으로 생체 모방 기술로 의료·의학뿐만 아니라 화학, 디자인, 환경 분야에 적용하면 새로운 시대를 여는 과학기술혁명이 일어날 것이다.

자연을 모방하는 인류의 노력은 새로운 나노기술로 이어지고 있다. 1nm는 1/10억m(10^{-9})로 어른 머리카락 굵기의 십만 분의 일 크기를 말한다. 물질을 쪼갠 최소 단위인 원자 3~4개의 크기가 대략 이 정도다. 나노(Nano)는 난쟁이를 뜻하는 그리스어 나노스(nanos)에서 유래한 말이다. 나노기술은 원자나 분자를 개별적으로 다루어 새로운 물질을 만들어 내거나 조작하는 초정밀 과학이다. 우리나라는 이미 나노기술을 강력히 추진하기 위하여 2002년에 '나노기술개발촉진법'을 제정한 바 있다.

생체 모방은 자연친화적 기술 발전의 보고라고 할 수 있다. 현대 첨단과학 기술의 특성 가운데 하나가 소형화(小型化)다. 나노기술과 정보기술, 생명공학기술이 이에 해당한다. 인간은 확대 현상을 발견하면서 큰 것에서 점점 '더 작은 것'으로의 관심 영역을 넓혀 나노 세계에까지 이르렀다.

원사현미경의 출현이 나노기술의 눈과 손이 된 것이다. 나노기술이란 풀러렌, 탄소나노튜브, 그래핀과 같이 작아진 물체를 이용하여 실생활에 유용한 물건이나 재료를 만드는 솜씨다. 이 기술은 정보기술(전도성 섬유, 스마트 폰, 전자종이), 생명공학기술(DNA 재조합, 핵이식, 줄기세포)

---

* 현미경으로 양파 표피세포를 들여다보면 배율과 염색 정도에 따라 다양한 문양을 관찰할 수 있다. 잠자리나 나비의 날개, 꽃가루, 광물 등 자연물에서 미적 감각을 불러일으키는 도안(圖案; 무늬)을 찾아 디자인 자료로 활용할 수가 있다.

그리고 마이크로 의료 로봇,* 3D 기술의 발전과 함께 우리 생활에서 커다란 영향력을 발휘할 것이다.

  SF 영화 '환상 여행'은 의사가 분자 크기의 잠수정을 타고 환자의 몸으로 들어가 핏줄을 따라 치료하여 목숨을 살려낸다는 상상을 실감나게 그린 영화다. 공학자들은 수백만 개의 나노 로봇으로 구성된 생체공학적 면역계를 개발 중이다. 나노 로봇이 몸속에서 세균과 맞서 싸우고 암세포를 죽이며 노화 현상을 늦추거나 멈추게 할 수 있는 기술이다.

  인류는 자연현상을 응용하여 과학과 기술을 발전시켜왔다. 자연의 본뜸은 기술개발과 발명**의 원동력이다. '필요는 발명의 어머니'라고 하던가. 생체 모방 기술로 혁신 제품을 개발한다는 발상은 자연에서 해법을 찾으라는 조상의 값진 가르침이다. 창조는 하늘에서 하루아침에 그냥 뚝 떨어지는 것이 아니라 자연에 직관과 상상력 그리고 융합 사고가 더해진 결과다.

  자연은 나노과학과 나노기술의 보물창고다. 호기심 많은 인간은 효율성을 따지면서 끊임없이 편리함을 추구하여 현대 문명사회를 이룩하였다. 반사적으로 나타나는 부수적인 자원고갈과 지구온난화라는 환경 변화의 후유증은 결자해지(結者解之) 곧 인간이 풀어야 할 과제다.

  앞으로 나노기술은 에너지와 자원 부족을 해결하고 오염물질을 없애 지구 환경을 깨끗하게 유지할 수 있도록 도와줄 것이다. 그리고 바이오 기술(BT)과 융합하여 인류가 좀 더 오랫동안 건강하고 행복하게

---

* 2017년 5월 17일 전남대 로봇연구소에서는 "마이크로 의료 로봇을 이용해 손상된 관절 연골을 치료하는 기술을 개발했다"고 밝혔다.

** 발명이라 함은 자연법칙을 이용한 기술적 사상의 창작으로서 고도(高度)한 것을 말한다.〈특허법 제2조(정의)〉

살 수 있도록 환경 친화와 풍요로운 사회 건설에 이바지할 것이다. 결론적으로 나노기술은 차세대 성장 동력으로써 국가 경쟁력을 좌우할 위대한 힘이다.

　과학기술의 모태는 자연이다. 자연은 인간의 가장 위대한 스승이다. 21세기는 서로 다른 분야를 연결하여 지식을 통합할 줄 아는 사람이 필요한 시대다. 인류 사회를 이끌어갈 인재들은 모든 지식과 감각, 상상력을 아우르는 융합 정신으로 창조적 사고를 해야 한다.

6장

한글과
예절·인성교육

위대한 문화유산 한글
우리말 정확하게 발음하기
땅이름 고유어로 지어 부르자
코리아는 고려의 영문 표기다
설렁줄과 인터폰
뒷간의 매듭으로 보는 효성
어르신을 모시는 아름다운 풍속
돌아가신 어버이를 모시는 효심
제사는 돌아가신 이를 기리는 잔치
뱃속에서 자라는 아기 돌보기
젖먹이의 성장발달과 전통 놀이
놀이로 무럭무럭 자라는 아이들
부모의 자녀 인성 교육
자녀에게 들려주는 경제 이야기
참스승 밑에 훌륭한 제자

01
위대한 문화유산 한글

인간은 언어를 사용하는 동물이다. 언어는 인간이 발명한 것 가운데 가장 뛰어난 도구다. 인류는 의사소통을 위하여 말을 하고 삶을 기록하기 위하여 문자를 만들어 사용하여 왔다. 약속된 기호의 체계인 문자는 문명을 이룩하고 발전시킨 원동력 가운데 하나다. 지구상에는 한글을 포함하여 로마 문자, 그리스 문자, 한자 등 다양한 문자들이 존재한다.

말과 글은 민족정신과 깊은 관계가 있다. 글이 없던 우리 민족은 오랜 세월 한자를 빌려 적고 이두[*] 및 향찰[**]과 구결[***]로 문자생활을 하였다. 15세기에 와서야 비로소 독자적인 우리글을 갖게 되었다. 훈민정음(백성을 가르치는 바른 소리)은 1443년 세종대왕과 정인지, 신숙주, 성삼문 등 집현전 학자들, 혜각존자 신미(信眉) 대사의 노력으로 무지렁이 백성들에 이르기까지 누구나 쉽게 읽고 쓸 수 있도록 만든 독창적이고 혁명적인 글자다.

'한글'이란 훈민정음을 달리 이르는 말로, 한힌샘 주시경 선생이 처음 쓰신 용어다. '한+글'의 합성어다. '한-'은 '하나, 큰, 한(韓)'을 의미한다. 한글은 '훌륭한 우리말을 적는 글자'라는 뜻이다.

훈민정음은 '백성이 곧 나라의 근본'이라는 민본 사상과 애민 정신의 산물이다. 세종은 백성의 삶을 편리하게 하기 위하여 훈민정음을 창제·반포하였다. 그런데 잉태와 탄생 과정이 순탄치만은 않았다. 한

---

[*] 이두: 한자 어휘를 우리말 어순에 맞게 배열한 것. 공문서, 증서 등에서 특수명사와 부사 그리고 대부분의 관계사를 적는 데 이용되다가 갑오경장 이후 사라졌다.
[**] 향찰: 신라 때, 한자의 음과 뜻을 이용하여 우리말을 적던 표기법.
[***] 구결: 한문을 읽을 때 구절 끝에 다는 우리말 토(조사나 어미)를 한자로 표기한 것.

자한문을 숭상하는 최만리 파를 중심으로 한 사대부들과의 일대 정치사상 투쟁이 벌어진 것이다. 여기에 언어학적 이론으로 무장한 세종과 정인지 등의 정음파가 이들을 끈질기게 설득하여 한글의 실용화에 온 힘을 쏟았다.

차츰 시간이 지나면서 한자와 정음이 상보적 관계를 이루면서 격돌은 수그러든다. 그러다 연산군 때 정음이 언문(諺文)이라 비하되고 수난을 겪지만, 지배계급의 한문 지식 독점이 흔들리면서 지식과 정보를 공유하는 시대가 열렸다. 다시 말해 한글을 쉽게 깨친 백성들이 각성하기 시작한 것이다.

불경, 유교 경전이나 윤리서, 한시 번역에서부터 의학, 농업, 조리책 등을 한글로 펴냈다. '용비어천가', '월인천강지곡'과 시조, 가사, 소설을 한글로 지었다. 일부 교서와 각종 문서도 누구나 두루 이해할 수 있도록 한글로 작성하였다.

세종 이후 세조와 그 이후에도 언해서들이 간행되었다. 한편 어학 연구도 간간이 진행되었다. 실용주의 언어학자 최세진이 한글로 한자의 소리와 뜻을 달아 놓은 학습서 〈훈몽자회(1527년)〉를 간행하였다. 그 뒤 약 100년간이나 잠잠했던 어학 연구는 17세기 중엽부터 최석정, 박성원, 신경준, 유희 등 언어학자들에 의해 이어졌다.

구한말 개화기 무렵 국어학자 주시경(1876~1914)은 "말이 오르면 나라도 오르고 말이 내리면 나라도 내리니라"고 하였다. 한 나라의 진정한 독립은 언어와 문자의 독립이라고 본 것이다. 주시경은 국어교육과 국어 운동을 통한 구국 운동으로 일생을 불태운 학자다. 그리고 〈국어문법(1910)〉에서 근대 언어학의 방법과 관점에서 확립한 구문도해, 음운론, 형태소 개념 정립 등은 서구 학자들에 앞서 창안한 일반 언어학 이론이다. 주시경 선생은 뛰어난 언어학자로서 국제적인 선각자다.

17세기 이후 한글은 소설로 활짝 피어났다. 백성들은 부패한 관리들을 꼬집고 신분제 모순을 지적한 홍길동전, 춘향전 등 한글 소설을 읽고 사회의식의 변화가 일어났다. 심지어 지배층의 무능과 비리를 폭로 비판하는 투서(投書)와 벽서(壁書)가 나붙는다. 이러한 일련의 사건들은 한글 창제 보급이 점차 평등사회로 나아가는 정치문화혁명의 발판을 마련한 데서 일어난 것이다.

겨레와 운명을 같이 하는 것이 말과 글이다. 한글이 국가의 공용문서에 쓰이기 시작한 것은 갑오경장 이후다. 1894년 11월에 고종은 우리 문자사에 기록될 획기적인 칙령 제1호를 다음과 같이 공포한다. "법률 칙령은 다 국문을 본으로 삼고 한문 번역을 붙이며, 또는 국한문을 혼용함(法律勅令總以國文爲本漢文附譯或混用國漢文)." 드디어 우리 문자의 우월한 가치를 공식적으로 인정한 것이다.

서재필은 독립신문(1896년)을 창간하여 순 한글로 개화사상을 보급하고 독립 정신을 일깨운다. 창간사에서 "우리 신문이 한문은 아니 쓰고 다만 국문으로만 쓰는 것은 상하귀천이 다 보게 함이라. 또 국문을 이렇게 구절을 띄어 쓴 것은 아무라도 이 신문 보기가 쉽고 신문 속에 있는 말을 자세히 알아보게 함이라"고 하였다. 한문이라는 깊은 잠에서 우리를 깨운 것이다.

그런데 나라가 기울고 국력이 약해지면서 한글도 수난을 당할 수밖에 없었다. 일제가 우리의 정신과 생명을 송두리째 짓밟아 놓은 것이다. 그 어려운 상황에서 조선어학회(현 한글학회)를 중심으로 하여 형태음소적 원리에 근거한 '한글맞춤법통일안(1933년)'이 공표되면서 정서법이 확립되었다. 그리고 사전 편찬 작업을 진행하였다. 문세영은 〈조선어사전(1938년)〉을 펴낸다. 1920~30년대에는 시와 소설이 한글로 많이 지어져 우리말을 더욱 풍부하게 하였다.

모국어는 우리의 자존심이었다. 1942년 조선어학회 사건이 일어나 이극로, 이윤재, 최현배, 이희승, 정태진, 한징 등 수많은 학자들이 고초를 겪으면서 우리말과 글을 지켰다. 1945년 조국 광복 이후 우리말과 글은 오늘에 이르기까지 서양의 언어학 이론을 수용하고 언론과 문예창작이 활발해지면서 왕성하게 발전하고 있다.

대한민국 법률 제6호 '한글전용에관한법률[1948. 10. 9]'을 제정했는데 다음과 같다. "대한민국의 공용문서는 한글로 쓴다. 다만, 얼마 동안 필요한 때에는 한자를 병용할 수 있다."라고 하였으나 모든 공문서가 한글로 작성되지는 않았다. 그러다 1988년 한겨레신문이 순한글 가로쓰기로 창간되고 뒤이어 다른 신문들이 한글전용으로 바뀌면서 1990년대 말에 가서야 한글이 나라글자로 자리를 잡은 것이다. 이처럼 변화된 국어환경을 반영하여 2005년에 '국어기본법'이 제정되었다.

한글은 닿소리[자음; 14]와 홀소리[모음; 10]로 되어 있다. 글자를 만든 원리는 상형(象形)과 가획(加劃)이다. 즉 모양을 본뜬 것과 획을 더한 원리다.

닿소리는 발음기관의 소리 내는 모습 곧 입모양과 혀의 위치를 본떴다. ㄱ은 혀뿌리가 목구멍을 막는 모양을, ㄴ은 혀끝이 윗잇몸에 닿는 모양을, ㅁ은 입모양을, ㅅ은 이의 모양을, ㅇ은 목구멍의 모양을 본떠 만들었다. 이렇게 만든 기본 글자 'ㄱ, ㄴ, ㅁ, ㅅ, ㅇ'에 획을 더하였다. 홀소리는 둥근 하늘(·)과 평평한 땅(ㅡ)과 서 있는 사람(ㅣ)의 형상을 띤 세 글자를 바탕으로 조합하여 만들었다.

닿소리와 홀소리가 균형 있게 어울려야 낱글자[음절]로 된다. 음소(音素)는 반드시 합쳐야 음절(音節;소리)을 이룬다. 예를 들면 '달[月(월)]'이라는 음절은 첫소리 ㄷ과 가운뎃소리 ㅏ와 끝소리 ㄹ을 모아서 쓴 것이다. '달'을 다시 음소[ㄷ, ㅏ, ㄹ]로 해체하면 의미를 실현하지 못하게 된다. 이것이 음소문자이면서 음절문자인 한글의 특징이다.

한글의 우수성과 가치를 들면 다음과 같다. 한글은 누가 언제 왜 만들었다는 탄생 기록을 가지고 있는 유일한 글자다[*]. 발음 기관을 본떠 만든 세계 유일의 음성 문자로 많은 소리를 정확하게 적을 수 있다. 이러한 착상은 인류 문자사에서 전무후무한 일이다. 글자를 만든 원리가 독창적이고 과학적이다. 문자의 활용성이 뛰어난 음소[**] 문자다. 글자의 구조가 조직적이고 체계적이다.

더구나 한글은 정보화 사회에 걸맞고 컴퓨터 원리에도 꼭 들어맞는 글자다. 뿐만 아니라 조어 기능이 탁월하다. 세계 언어학자들은 수많은 언어 가운데 한글이 가장 논리적이고 합리적인 문자라고 평가하면

---

[*] 훈민정음(해례본): 세종28(1446)년에 펴낸 책. 훈민정음의 제자원리와 운용법 등을 이론적으로 설명한 해설서로 국보 제70호. 간송미술관 소장. 1940년 경 경북 안동에서 발견. 1997년 10월 유네스코 지정 세계기록유산으로 등재되었다. 〈훈민정음〉을 찾아 소장한 간송 전형필은 일제강점기 절망의 시대에 탁월한 심미안으로 우리 국보와 민족혼을 지켜낸 전설적인 인물이다.

[**] 음소(音素)란 낱말의 뜻을 구별할 수 있게 하는 언어음의 가장 작은 단위를 말한다.

서, 인류가 만든 가장 위대하고 기념비적인 문자라고 칭송을 아끼지 않는다.

우리 글자는 과학적 체계를 가진 문자라서 누구나 배우기 쉽고 쓰기에 편리하다. 모든 소리를 정확히 적을 수 있으므로 글 없는 나라에 음성기호로 쓸 수 있도록 보급이 가능한 글자다. 일찍이 정인지도 "슬기로운 사람은 하루 아침을 마치기도 전에 깨우치고, 어리석은 이라도 열흘이면 배울 수 있다"고 하였다. 이러한 점에서 한글은 여러 나라 공통의 국제 문자가 될 수 있다.

오늘날 우리나라의 수출입 경제 규모 10위에 비례하여 한국어 사용자 수가 세계 13위를 차지한다. 다만, 칠십 년 넘는 남북 분단으로 언어문화가 분열된 지금 상황이 하루빨리 극복되어야 할 과제다. 영국의 언어학자 샘슨(Sampson)은 "한글은 인류가 쌓은 가장 위대한 지적(知的) 성취의 하나"라고 극찬하며, 세계 문자사와 문자론은 한글로 인하여 새롭게 정리되었다고 평가하였다.

국가에서 한글의 소중함을 되새기고 한글에 대한 국민의 자긍심을 높이기 위하여 연구기관과 박물관을 설립하였다. 국립국어원은 국어의 발전과 국민의 언어생활 향상을 위한 사업의 추진과 연구 활동을 관장하는 기관이다. 그리고 국립한글박물관(서울 용산구)은 한글의 문자적·문화적 가치를 널리 알리기 위하여 개관하였다.

최근 한류의 열풍으로 우리말을 배우려는 외국인이 부쩍 늘어났다. 해외 한국어 확산을 위한 정책으로 여러 나라에 '세종학당'을 운영하고 있다. 세종학당은 우리말을 배우고자 하는 외국인을 대상으로 한국어와 한국문화를 알리고 교육하는 기관이다.

한글은 언어와 문화를 통해 세계와 소통하는 주요 매체다. 더구나 어느 글자보다 컴퓨터의 원리에 잘 부합하는 문자다. 한글을 소재로 하는 디자인 산업이 활기를 띠고 있다. 뿐만 아니라 과학성과 편리성은 자동 번역기계나 휴대폰과 결합한 다양한 정보화 프로그램 개발로 무한한 문화 경제적 가치를 일궈낼 소중한 자산이다.

언어는 인간의 문화를 가능하게 만든 위대한 도구다. 우리말과 글은 한겨레의 표상이다. 세종대왕의 정치철학과 함께 새로운 시대의 한글문화를 끊임없이 창조해 나가야 할 것이다. 그리고 한글을 소중히 사용하고 발전시켜 후손에게 물려주어야 할 사명이 있다.

02
우리말 정확하게 발음하기

언어는 의사소통의 수단이다. 소통이 원활해지려면 바르게 말해야 한다. 상대방과 대화를 나눌 때 조용한 어조, 분명한 발음, 맑고 밝은 음성 그리고 적당한 속도로 말하는 것이 언어예절의 기본이다.

"나는 바담풍 해도 너는 바람풍 해라"라는 속담이 있다. 표면적인 의미는 발음을 정확하게 하라는 것이다. 그럼, 다음 문장을 말하듯이 소리 내어 읽어 보자.

'꽃이 피었다. 닭이 운다. 빚/빗이 많다. 무릎이 아프다. 전기가 끊기다. 건강을 해치면 병원에 가야 한다. 말/말이 많다. 사과/사과를 받다. 경기도/경상도 사람. 개가 게를 물고 간다'

일상생활에서 표준 발음법에 어긋나게 말하는 사람이 상당수에 이른다. 더군다나 고등교육을 받은 사람들조차 발음을 틀리게 하면서도 무엇이 잘못인 줄 모르니 한심하다. 오히려 학교 문턱에도 가보지 못한 어르신들이 정규교육을 받은 사람보다 장단음 발음이 더 정확하다. 예상 밖의 일이다.

요즈음 우리말의 발음 실상은 엉망이다. 장단음의 구별이 안 될뿐더러 기초적인 철자의 오발음 정도도 심하다. 실상이 이러한데 학교에서조차 소리말[입말] 지도에 소홀함은 여전하다. 더구나 방송 출연자들의 엉터리 말이 우리말을 더욱 어지럽게 하고 있다. 언중의 무지가 말살이의 혼란으로 이어져 국어의 권위를 떨어뜨리고 국민 정서를 메마르게 하고 있다. 국가 수준의 언어 정책 부재가 원인이다.

표준어와 표준 발음법은 국가의 공용어를 하나로 묶기 위하여 규정해 놓은 것이다. 특히, 한 나라 국민이 다 같이 지켜 쓸 때 화합을 이룰 수 있고 정서 순화에 도움이 되기 때문에 온 국민은 표준말을 써야 함이 당연하다.

사회 지도층에 속하는 공직자나 지식인, 교양인 그리고 나라의 장래를 떠맡아야 할 청소년들이 공적인 언어생활에서 오발음을 부끄럽게 여기지 않는다면 국가적으로 심각한 문제가 아닐 수 없다.

국어학자, 일선 학교 교사와 대중 매체를 다루는 방송인은 반드시 표준 발음을 구사해야 하며, 국어 병리 현상을 치유하는 데 앞장서야 한다. 그리고 국립국어원은 국민이 품위 있는 언어생활을 영위할 수 있도록 힘써야 할 의무와 책임이 있다.

한글 맞춤법은 글을 위한 것이고, 표준 발음법은 말을 위한 규정이다. 우리가 표현하고자 하는 내용을 글로 적을 때에는 맞춤법[꽃잎)을 따라야 하지만 말로 할 때는 발음법[꼰니피]이 필요하다.

언어활동에서 글자는 소리를 옮겨 적는 수단일 뿐 그 자체가 소리는 아니다. 그래서 우리는 말을 할 때 글자에 지나치게 끌려가지 않도록 해야 한다. 말은 기본적으로 소리[음성]로 이루어지고 전달되기 때문이다. 말은 음성이 유일한 수단이므로 발음에 유의해야 한다. 낱말 하나하나의 소리뿐만 아니라 담화 상황에서 발화(發話) 전체의 음조(音調)도 상대에게 주는 느낌이 크게 다르므로 중요하다.

대화 중 우리가 내는 말소리는 순간적이고 일회적이다. 말소리가 부정확하거나 소릿값의 혼란이 생기면 의사 전달에 장애가 일어난다. 말[언어]이란 소리와 뜻의 이중 구조로 되어 있다. 그러므로 소리를 잘못 내면 뜻도 다르게 전달되는 것은 당연한 이치다. 따라서 발음법에 맞게 말을 해야 의사소통이 원활하게 진행된다. 또한 정확하게 듣는 힘은 곧, 바르게 말할 수 있는 능력이다.

한번 굳어진 오발음은 하루아침에 고치기가 쉽지 않다. 그렇다고 잘못된 발음의 교정이 불가능한 일은 아니다. 올바른 발음 구사 능력은 국어(발음)사전을 참고하면서 자기 주도적으로 끊임없이 말하고 듣기를 거듭 훈련하는 가운데 신장될 수 있다. 사람들은 정확하게 듣고 말할 수 있도록 스스로 노력해야 한다.

03
땅이름 고유어로 지어 부르자

이름은 물건, 사람, 장소, 생각, 개념 등의 대상을 다른 것과 구별하기 위하여 일컫는 말이다. 땅이름에 그 고장의 향토문화와 관련된 유래와 상징적인 의미가 담겨 있는 것이 특징이다.

한글이 창제되기 이전에 땅이름을 우리말로 지어 불렀다. 기록할 때에는 우리글이 없어 어쩔 수 없이 중국 글자를 빌어 뜻 적기 방식과 소리 적기 방식으로 하였다. 그런데 우리의 고유 지명을 편의상 한자로 발음기호 삼아 소리로 적은 것을 한자음 그대로 읽다가 아예 한자로 바뀌면서 말뿌리를 잃어버렸다.

예를 들어 곰나루, 한밭, 노들나루, 널다리/너다리, 밤밭골, 먼내, 뒷골, 솔골, 숲안을 각각 '곰주[熊州(웅주)/公州(공주)], 大田(대전), 鷺梁津(노량진), 板橋(판교), 栗田洞(율전동), 遠川(원천), 後洞(후동), 松谷(송곡), 수반(水半) 등과 같이 예전에 우리말로 불리던 이름이 한자로 뒤바뀐 것이다. 굴러온 돌이 박힌 돌을 빼낸 꼴이 되었다. 참으로 부끄러운 일이다.

옛 땅이름을 보면, 〈삼국사기(지리지)〉에 신라 백제 고구려의 신구(新舊) 지명이 많이 들어 있다. 그 당시 토막이 땅이름이 신라 경덕왕

(742~765) 때 한자화 되면서 원형이 많이 훼손되었다. 그리고 일제강점기에 일제가 또 다시 엉뚱한 행정지명으로 망가뜨려 동네의 내력을 알아 볼 수 없게 된 마을과 땅이 적지 않다.

서울은 우리나라의 수많은 지명들과는 다르게 한자로 쓸 수 없는 순 우리말이다. '서울[Seoul]'이라는 행정구역 명칭은 겨레의 자부심이다. 조선 시대에 한양(漢陽), 구한말 한성(漢城), 일제강점기에 경성(京城)으로 불리다가 조국 광복을 맞이하여 1946년 9월 28일 미국 군정청은 '군정법령'으로 '서울특별자유시'라는 한글 지명을 확정하였다. 1200년 만에 다시 되살려낸 우리식 땅이름이다.

어원은 고대어 斯羅(사라), 新羅(신라)와 동일어인 '서라벌'이 '徐羅伐(지금의 경주)〉徐耶伐〉徐伐/所夫理〉셔볼〉셔울〉서울'로 변천 과정을 거쳤다. 한자로 소리를 빌려 적은 徐羅伐(서라벌; 金城)은 몽골어 sara[月], 드라비다어 cervu(도시), 터어키어 sehir(도시)/serir(王座)/šerif(저명한 도시)와 비교 가능하다. 서울에서 '서'는 '東·曙·新·金[쇠]' 또는 '솔(《수리; 으뜸, 꼭대기)'의 변이형태며, '울(《벌/부르)'은 벌판, 들판, 마을을 뜻하는 말이다.

현재 행정구역으로서의 땅이름이 거의 다 한자말로 되어 있다. 우리 것 다 내버리고 송두리째 한자로 바꿔치기 하더니 이제는 한글이 버젓이 있는데도 외국어 특히 영어로 못 써 안달이다. 신도시 길 이름에 지역과 지명이 전혀 상관관계가 없는 '센트럴파크, 에메랄드, 컨벤션, 루비, 사파이어, 캠퍼스'라니 소가 웃을 일이다. 역사와 문화 속에서 우리 것을 찾으려는 지혜가 필요하다.

우리 땅이름은 거의 다 한자말이다. 일본은 한자를 쓰면서도 우리와 달리 순 그들 말이다. 앞에서 밝혔듯이, 우리는 경덕왕 때 순우리말 이름을 뜻 적기 방식으로 한자로 적어버린 것이 잘못이다. 내 나라 내 땅인데 외국어로 지어 부르는 것은 예나 지금이나 줏대 없는 짓이다.

센트럴파크로는 영어권 국가의 길 이름이지 우리 땅에 걸맞은 이름이 아니다. 대한민국 영토로 돌로 이루어진 돌섬이라고 이름 붙인 독도(獨島/石島)가 대나무 없는 죽도(竹島; 다케시마)가 될 수 없는 것처럼 말이다. 역사적, 지리적, 실효적 지배, 섬 이름으로 보나 독도는 명백한 우리 영토다. 앞으로 땅이름을 지을 때 순우리말로 해야 주권 국가로서 마땅하다. 한자 지명을 우리말로 고치고 잃어버린 고유의 마을 이름과 땅이름을 되찾아야 한다.

04
코리아는 고려의 영문 표기다

코리아는 서양에서 우리나라를 일컫는 이름이다. 순우리말 '*구루'를 한자 高麗(고려; 가우리)로 옮겨 적었다. 고려(수리고우리-큰 고을)는 왕건이 한반도를 다시 통일하여 세운 왕조다(918~1392). 이를 서양인들이 영문자로 표기한 것이 지금의 Korea다.

고려는 고구려의 약칭이고, 고구려의 어원은 돌로 쌓은 성(城)을 뜻하는 '구루(溝婁)'에서 온 말이다. 이는 만주어 gurun[국가]과 비교된다. gur-은 '고을(〈ㄱ볼; 忽·邑)'과 일치한다.(고+구루→고구루/고구리)고구려) 고구려를 이룬 주민 집단은 예맥족(濊貊族)이다. '貊(맥)'은 단군신화에 등장하는 곰[熊; 고마]과 통하는 말이다. 고구려가 처음에 '구려'로 불리다가 기원을 전후한 시기부터 '맥(貊)'으로 불렸다. 돌궐족도 고구려를 '매크리[貊高麗]'라 하였다.

'고구려'란 명칭은 기원전 107년 이전에 기록된 땅 이름[高句麗縣; 현도군]과 관련이 있다. 그 당시 중국 세력을 몰아낸 역사적 사실을 보더라도 고구려 건국은 기원전 75년경으로 거슬러 올라간다. 고조선과 부여를 계승한 고구려는 고조선 때 빼앗긴 우리 땅 요동을 되찾았다. '고려'는 고구려의 후예라는 의미에서 붙여진 이름이다.

고려를 프랑스어 Corée(꼬레), 독일말로 Korea(코레아)라 한다. 원래 고려의 영문 표기는 koryo이고 중국음은 [까우리/거우리]다. 13세기 중엽 프랑스인 G. 뤼브뤼키의 〈동방여행기〉에 처음으로 Caule(까울레)로 알려졌고, 이탈리아 사람 마르코 폴로의 〈동방견문록〉에 고려의 중국식 발음인 Cauly(까울리)로 서양에 전해졌다. 영어 문헌에 Corean이 처음 나타난 것은 17세기 초다.

로마자 Corea[코리아]는 16세기부터 표기되다가 19세기 말부터 Korea로 널리 쓰이고 있다. 한반도가 통일이 되면 우리나라 이름을 '고려/ 고구려'라 하고, 영문자 Corea로 적는 것이 매우 합리적으로 보인다.

덧붙임

중국의 영문자 이름은 China[차이나]다. 고대 중국 秦(진/친)나라에서 온 말이다. 支那(치나/지나)가 Cheena로 다시 China가 된 것이다. 일본의 영문자 표기는 Japan이다. 日本[니혼, 닛폰]의 중국발음 [지퐁]이 마르코 폴로가 〈동방견문록(1307년)〉에 Cipangu[지팡구]라 써 서양에 Japan으로 알려졌다.

05
설렁줄과 인터폰

인간은 말과 글을 수단으로 의사소통을 하며 삶을 영위한다. 그런데 주어진 조건과 상황에 따라 전달의 방법을 달리할 때가 있다. 사람끼리 가까이 만나 마주하기 어려울 때에는 기척을 내거나 목소리로 직접 부른다. 이밖에 기물을 두드리는 방법, 몸동작, 불빛, 연기 등을 이용하여 통신을 한다.

'기척'은 있는 줄을 알 만한 소리나 기색을 뜻하는 말이다. 보통 헛기침 등으로 있음을 알린다. 문(門)기척, 발기척, 손기척(노크), 숨기척, 인(人)기척 등이 있다. 일종의 넛지(nudge)다. 넛지는 '팔꿈치로 슬쩍 찌르다, 주의를 환기시키다, 타인의 선택을 유도하는 부드러운 개입'을 뜻한다. 자유주의적 개입주의로서 상대방을 규제하거나 제약하는 것이 아니라, 간단한 변화를 통해 자신이 스스로 선택을 내리게 하는 간접 유도 방식이다.

전화기가 없던 시절, 조상들은 떨어져 있는 상대방에게 여러 가지 신호를 주고받아 메시지를 전달하였다. 그 가운데 하나가 설렁줄이다.

'설렁-줄'은 설렁이 울리도록 잡아당기는 줄을 일컫는 말이다. 설렁의 본딧말은 한자어 懸鈴(현령; 방울을 닮)인데 발음이 변하여 '설렁'으로 굳어졌다. 어원적 의미는 '매달린 방울'이다.

방울은 주로 쇠붙이로 둥글게 만들고 그 속에 단단한 물체를 넣어 흔들면 소리가 나게 되어 있는 물건이다. 설렁은 처마 끝에 매달아 놓고 사람을 부를 때 줄을 흔들어 소리를 내는 신호 전달 도구로서의 방울을 말한다. 다급한 일이나 위험을 알리기 위하여 치는 일종의 경종(警鐘)이다.

예전에 몸이 불편한 노부모나 집 안의 환자가 위급한 일이 생기면, 바깥일을 하는 사람에게 알려 도움을 받을 수 있게 마련한 장치가 설렁줄이다. 또한 논밭의 농작물을 해치는 들짐승을 쫓기 위하여 긴 줄에 방울을 달아 흔들었다. 그리고 도난 방지를 위하여 문짝이나 가축의 목줄에 방울을 달았다.

소와 말의 턱밑에 매단 방울을 워낭이라고 한다. 주인은 외양간으로 통하는 방벽에 구멍을 뚫고 연결한 고삐를 손목에 맨 채로 밤잠을 자 소도둑을 꼼짝 못하게 했다는 이야기가 있다. 농가에서 일소가 재산 목록 첫 번째였으니 그럴 만도 한 일이다.

소리에 의한 의사 전달의 수단으로 사용하였던 설렁은 오늘날 초인종이나 인터폰과 범죄 예방용 CCTV 카메라에 해당한다고 하겠다. 설렁줄은 도난 방지 장치로서의 기능은 물론 노약자를 배려하는 지극한 효심의 산물이다.

06
뒷간의 매듭으로 보는 효성

 얼마 전까지만 해도 시골 뒷간(화장실) 출입문 천장에 굵직한 광목 끈을 일정한 간격으로 매듭지어 드리운 것을 볼 수 있었다. 매듭을 처음 보는 사람은 '저게 무얼까'하고 궁금증을 불러일으킬 만한 물건이다.

 지금의 수세식 좌변기와 달리 재래식 뒷간은 널쪽에 발을 딛고 쭈그리고 앉아 일을 보아야 했다. 한참을 그렇게 앉아 있으면 오금이 저려 옴짝달싹할 수 없는 고통이 뒤따를 수밖에 없다. 변비증세가 있거나 된똥을 누려면 숨을 잠시 멈추면서까지 아랫배에 온힘을 쏟아야 하는 경우가 생긴다. 한동안 안간힘을 쓰다보면 얼굴이 시뻘게진다. 이럴 때 고혈압 환자나 몸이 허약한 사람은 자칫하면 뇌출혈로 쓰러질 위험이 있다. 그래서 힘을 줄 때, 손으로 붙잡아 의지할 수 있는 매듭 장치가 필요했다.

 뜻밖의 사고를 미리 막기 위하여 뒷간에 ㄷ자 형의 나무틀이나 매듭을 지은 무명 끈을 손잡이로 사용하게 만들어 놓았다. 이러한 장치는 하찮아 보여도 환자나 어르신에 대한 각별한 배려와 효심이 깃든 조상들의 반짝이는 아이디어다.

07
어르신을 모시는 아름다운 풍속

사람이 태어나 살다보면 어느새 인생의 황혼기에 접어든다. 자연히 기력이 떨어지고 인지 기능이 감퇴된다. 눈이 침침하다. 듣는 힘도 예전만 못하다. 해가 갈수록 몸에 탈이 생긴다. 조금만 움직여도 숨이 차오른다. 다리에 힘이 풀려 걷기조차 버거울 지경이다. 그래서 누군가의 도움이 필요한 시기다.

자식은 '나'를 낳아 길러준 늙으신 어버이를 지극 정성으로 모신다. 이[치아]가 없는 어르신을 위하여 쌀을 밤새 불려 진밥을 지어 올리거나 암죽, 미음 등을 쑤어 드린다. 조선 시대에 죽의 종류가 170가지에 이를 정도로 발달한 것도 노부모를 공경하는 마음과 무관하지 않다.

드시기 편하도록 깍두기를 담그기 전, 무를 한 번 쪄내어 숙깍두기나 숙섞박지를 만든다. 고기를 칼로 잘게 다지고 두부와 섞어 갖은 양념을 한 다음 반대기를 짓는다. 그리고 지짐판에 창호지를 깔고 섭산적을 구워낸다. 우유를 넣어 타락죽을 끓인다. 하나같이 노인을 배려하는 음식이다. 식은 음식은 따뜻하게 끓이거나 토렴을 하여 데워드렸다. 토렴이란 건진 국수나 식은 밥 따위에 솥에서 펄펄 끓는 뜨거운 국물을 부었다 따랐다 하여 데우는 일이다.

병이 나면 시중을 들어 보살핀다. 편의 시설을 갖추어 드린다. 설렁줄은 거동이 불편한 노인네를 위한 소통 장치다. 처마 끝에 매달아 흔들면 소리를 내는 방울 달린 줄이다. 위급한 상황이 벌어지면 잡아당겨 집안사람들에게 신호를 보내 구원을 요청하는 인터폰이다. 주무실 때에는 방에 요강을 넣어 드리고 자리끼를 준비한다. 자리끼는 잠자리에서 마시기 위해 머리맡에 떠 놓는 물로 자연스레 방안의 습도도 조절하는 효과가 있다.

　아침저녁으로 문안드리고 건강 상태를 확인한다. 잘 말린 명아줏대로 지팡이를 만들어 드렸다. 이를 청려장(靑藜杖)이라고 하는 데, 엄지손가락 굵기로 길이 1m의 무게가 약 100g 정도밖에 안 된다. 단단하고 가벼워 전혀 힘에 부치지 않아 짚고 다니기에 불편한 점이 없다. 지팡이는 늙고 병든 이에게 가장 가까운 벗이다. 청려장을 짚으면 질병에 걸리지 않아 장수한다고 한다. 그래서 청려장을 만들어 드리는 정성을 효자의 본보기로 삼았다.*

　늙으면 소외감을 느끼고 작은 일에도 어린아이처럼 서러워한다. 나이 들어 외롭고 쓸쓸해지는 것은 인지상정이다. 점점 무기력해지면서 자존감도 떨어진다. 우울증이 생긴다. 자식은 이러한 증상을 거부감 없이 받아들여야 한다. '내리사랑은 있어도 치사랑은 없다'는 속담이 있다. 윗사람이 아랫사람을 사랑하는 일은 자연스러운 일이지만, 아랫사람이 윗사람을 사랑하기는 어렵다는 말이다. 그렇지만 아무리 바쁘고 생활 형편이 어려울지라도 늘 관심과 사랑으로 모셔야 한다. 말씀을 경청하고 공감해야 한다.

　농경·산업사회와 다르게 빠른 속도로 변하는 지식정보화사회에서 젊은이들에게 부모 세대의 낡은 지식은 그다지 쓸모가 없는 것처럼 보일지 모른다. 그러나 노인은 긴 세월 갖은 어려움을 굳건히 이겨낸 세

---

* 2017년 '노인의 날' 보건복지부에서는 100살을 맞은 1,423명(남:228, 여:1195)에 건강·장수를 상징하는 대통령 하사품 청려장을 선물하였다.

대다. 할아버지와 할머니의 삶속에 우리가 필요로 하는 기술과 의식주 생활의 비법들이 들어 있다. 세상을 깊이 볼 줄 아는 지혜와 직관, 분별력 그리고 높은 안목이 숨어 있는 것이다.

노년기는 한평생에 걸친 축적된 경험을 바탕으로 인생 전반을 균형 잡힌 시각으로 볼 수 있을 때다. 기지와 재치, 쌓인 지식, 노련한 판단, 포괄적 이해 등 여러 함축된 의미에서 이것을 지혜라고 부른다. 생활 경험에 기초한 노하우가 오롯이 후손들에게 지적 자산이 된다. 일제강점기와 해방 정국, 6·25전쟁을 거치면서 받은 온갖 핍박과 굶주림 속에서 정치·이념적 혼란을 온몸으로 겪어낸 어버이들이다. 암담한 시대에 사람대접 한번 제대로 못 받고 공부할 기회조차 없이 이데올로기에 희생된 세대다. 어찌 보면 노후 대책 없이 뼛골 빠지도록 일하여 오로지 자식 뒷바라지에 매달려온 불운한 세대다. 해가 갈수록 노령 인구가 급증한다. 노인층의 빈곤 문제가 심각한 수준이다. 경제력을 잃은 노인들의 설 자리가 줄어들고 있다. 이러한 오늘의 현실이 안타까울 따름이다.

자식 세대 또한 넉넉한 형편이 아니다. 신자유주의 시스템이 만들어낸 우리 경제는 빈익빈 부익부 현상을 낳았다. 사람보다 돈이 앞서는 몰인정하고 각박한 사회가 되었다. 거기에다 부모와 자식 사이에 금수저니 흙수저니 해가며 이해관계를 따지게 되면 가족 간의 관계가 소원해질 수밖에 없다.

젊은이들은 한 치 앞을 내다 볼 수 없는 어둠의 긴 터널을 지나고 있다. 학업, 취업, 결혼, 출산 및 육아, 교육, 주택, 직장, 실업 문제, 부모 모시기 등으로 갈등을 겪고 깊은 고민에 빠진다. 노후 대책 없는 늙으신 부모 봉양도 걱정이지만 '내 코가 석자'다.

자식이 행복하면 부모가 행복하고, 자식이 경제적으로 고통을 당하고 있으면 부모도 고통스러운 것이다. 부모가 자식을 공들여 키웠듯이 부모가 늙으면 자식이 돌보는 것이 마땅하다. 강한 쪽이 약한 쪽을 돕는 것이다. 그러나 경제적으로 모실 형편이 못되면 서로가 불행이다. 그렇다면, 이 문제를 어떻게 풀어나가야 할 것인가. 우선 부모가 자식에게 짐이 되지 않도록 노력하는 것이 최선의 답이리라. 이와 반대로 캥거루족도 문제다.

동양에서 양로를 어진 정치의 근본으로 삼았다. 우리도 정치 윤리적으로 노인들이 건강하고 품위 있는 삶을 누릴 수 있도록 노력해 왔다. 그런데 시대가 바뀌었다. 노인 인구가 점점 빠르게 늘고 있다. 정부에서 부모와 자식 간의 관계만이 아닌 세대 간의 문제로 접근하여 풀어나가야 한다. 국가 사회적 차원의 노인복지정책이 필요하다. 헌법 조문대로 노인이 인간다운 생활을 유지할 수 있도록 필요한 자원과 서비스를 제공하는 복지국가의 원리를 실천해야 한다.

인간의 가장 기본적인 자세는 어버이를 공경하고 형제간 우애를 지키는 일이다. 가족은 운명공동체다. 가정에서 가장 중요한 덕목이 효다. 효는 자녀가 어버이를 잘 섬기는 행위다. 부모 봉양이 인륜의 으뜸이며, 부양 의무를 다하는 것이 자식 된 도리다.

경로효친의 전통적 규범 양식이 오늘날 그대로 준용될 수는 없다.

그렇다고 노인 공경이 한낱 낡아빠진 유교 사상의 찌꺼기도 아니다. 효는 사랑을 통한 경건함과 친밀성을 갖는다. 그러므로 가족애가 노년 사회 문제의 근본적인 해결책이다. 대대로 어버이를 섬겨온 효 윤리문화 전통은 우리의 미풍양속이다.

08
돌아가신 어버이를 모시는 효심

인간이 세상에 태어나 살다가 늙고 병들어 죽음을 맞이하는 것은 자연의 이치다. 나를 낳아 길러준 어버이가 돌아가시면 예법에 따라 정중하고 엄숙하게 모셔야 한다.

한 개인이 일생 동안 탄생·성장·죽음의 중요한 고비에 겪어야 하는 관습적인 의식을 통과의례라고 하며, 이를 관혼상제로 표현한다. 이 가운데 전통 상례는 조상에 대한 공손한 섬김과 효심이 깃들어 있으므로 그 절차가 매우 복잡하고 까다로운 편이다. 상례(喪禮)는 상을 당하고부터 장례를 치를 때까지 지키는 모든 예절을 말한다.

'상(喪)'이란 부모와 승중(承重)의 조부모, 증조부모와 고조부모 및 맏아들의 상사에 대한 의례를 뜻한다. 한자 '喪(상)'은 '哭(곡; 울다)'과 '亡(망; 죽다, 잃다)'이 합쳐진 글자로 '사람이 죽어 슬피 울다'를 의미한다. 그리고 장례(葬禮)라 함은 예를 갖추어 시신을 묻거나 화장하는 일을 말하는데, '葬(장)' 자에서 보듯이 죽은 사람[死(사)]을 풀[艹] 속에 고이 모신다는 의식이다.

　사람이 위독하면 아늑한 곳에 편안히 모시고 자손과 가까운 친척들이 조용히 곁을 지킨다. 운명(殞命)이 확인되면 눈을 가볍게 쓸어내려 잠자듯이 감긴다. 흰 천으로 덮은 주검 앞을 병풍이나 장막으로 가리고 향을 피우고 촛불을 켠다. 그리고 부고(訃告; 발인 일시, 장소, 장지)를 일가친지에게 보내고 수의를 입힌다. 둘째 날, 상을 차려 올리고 가족이 상의해 장례절차를 정한다. 예전에는 셋째 날 새벽 동틀 무렵 입관을 하였다. 그 이유는 혹시라도 다시 살아날지 모르기 때문에 기다리는 시간을 둔 것이다. 그러나 요즘에는 사람이 죽은 다음날 염하여 시신을 관에 넣는다. 한편으로 의아스럽지만 의학적 판단으로 보인다.

　장례 기일이 일반적으로 3일이다. 특별한 사정이 있을 때에는 이를 초과할 수 있다. 예전의 장례 기간은 평민 3일(4, 5, 7일), 사대부 1~3개월, 왕 5개월, 황제는 7개월이다.

　주검을 땅에 묻거나 화장하여 납골 또는 치장(治葬)한 후 제사를 올린다. 지난날에는 3년 상을 치렀다. 유아기 동안 품안에서 길러준 부모의 은혜에 대한 보답이다. 〈예기〉에 이르기를 "자식이 태어난 지 3년이 된 뒤에라야 비로소 부모의 품을 벗어나게 마련이다. 대저 삼년상이란 천하의 달상(達喪)이다."라고 하였다. 지금은 삼우제, 49제, 100일 탈상, 1년 상으로 마친다. 바로 탈상하는 경우도 있다.

　사람이 죽으면 슬픈 일이다. 상례는 사람의 죽음을 맞이하여 가족과 일가친척이 슬픔을 다해 죽은 이를 모시는 절차다. 그만큼 의식도 엄숙하고 경건하게 치러져야 한다. 만일 철딱서니 없이 흰소리 치며 히죽거리는 상주가 있다면, 불효막심한 자식일 뿐만 아니라 조문객을 모독한 죄로 두고두고 손가락질 당할 일이다. 상제가 상장(喪杖)*을 짚는 것도 슬픔이 극에 다다라 먹지 못하고 몸을 가눌 수 없을 정도로 지쳐 있기 때문이다. 한 마디로 부모 잃은 고아는 그 정도 슬퍼해야 한다는 경고 메시지다.

　상례의 근본은 사람의 죽음을 슬퍼하고 사랑하는 이를 여읜 애석한 마음을 갖는 것이다. 삼가고 근신하는 마음가짐은 아무리 세상이 바뀔지라도 변할 수 없는 인륜의 도리다. 돌아가신 이에 대한 은혜에 보답하는 자세로 기려야, 후손들이 음덕을 받을 수 있고 마음이 한결 가벼워지는 것이다. 효는 백행의 근본이다.

09
제사는 돌아가신 이를 기리는 잔치

　우리는 아주 먼 옛날부터 하늘에 제사를 올리어 안녕과 복을 빌고 풍년을 기원하여 왔다. 하늘을 숭배하고 조상을 예의 바르게 받들어 섬긴다. 제례는 돌아가신 조상의 혼(魂; 얼이나 넋)에게 살아 있는 자손이 문안을 드리는 의례다.

　사람이 태어나 한평생 살다가 늙고 병들어 숨을 거두는 것은 정해진 자연의 이치다. 부모가 돌아가시면 엄숙하게 장례를 치르고 해마

* 아버지의 죽음에는 하늘을 상징하는 대나무를, 어머니는 땅을 상징하는 오동나무 또는 버드나무를 지팡이를 짚는다.

다 기제사(忌祭祀)를 지낸다. 그 범위는 고려, 조선조의 3, 4대에서 2대 봉사로 간소화하였다. 집안에 따라 2대(조부모) 혹은 1대(부모)만 모신다. 아버지를 여읜 맏손자는 부모님 대신 돌아가신 조부모의 제사를 지낸다. 이를 승중(承重)이라고 한다.

 제사는 조상이 돌아가신 날 전날 밤에 준비하여 돌아가신 날의 시작인 자시(子時; 밤 11시~오전 1시)가 되기를 기다려 지낸다. '신주 모시듯'이란 말이 있다. 매우 소중히 정성스럽게 다룬다는 의미다. 후손들은 그만큼 신주(神主; 죽은 이의 위패)를 정성껏 모셔왔다. 제사를 지내려면 먼저 병풍을 치고 조상이 앉는 자리에 신주를 모시거나 지방(紙榜)이라고 일컫는 신위(神位)*를 모신다. 이곳을 상징적인 북쪽으로 정하여 제사상을 차린다. 신위(북쪽)를 정면으로 바라본 위치에서 오른쪽이 동쪽, 왼쪽은 서쪽이 된다.

 제사에 드는 여러 가지 음식을 제수(祭需)라 하고, 제사상에 음식을 법식에 따라 배열하는 것을 진설(陳設)이라고 한다. 진설은 다음과 같이 한다.

 신위 앞 1열에 메(밥)와 갱(국)을 올린다. 반서갱동(飯西羹東)이라 하여 밥과 국이 산 사람과 반대로 상에 놓인다. 우리는 밥을 먹을 때 왼쪽에 밥그릇, 오른쪽에 국그릇을 놓는다. 죽은 이는 이와 반대다.

 2열에는 술안주다. 두동미서(頭東尾西)는 생선의 대가리를 동쪽, 꼬리는 서쪽으로 향하게 하라는 말이다. 어동육서(魚東肉西)는 생선은 동쪽에 육고기는 서쪽에, 그리고 구이나 부침개는 가운데. 3열에는 탕이다. 어동육서(魚東肉西)는 물고기 탕은 동쪽에 육류 탕은 서쪽에 놓

---

* 신위(지방): 종이로 만든 신주(神主). 顯考學生府君神位(현고학생부군신위)에서, 현고는 존경하는 아버지, 학생은 벼슬을 못하고 배우는 사람, 부군은 고을에서 높은 사람 곧 죽은 아버지나 남자 조상에 대한 존칭을 뜻한다. 부인은 유인(孺人)이라 적는다.

는다. 그 사이에 채소나 두부로 만든 소탕(素湯)을 놓는다.

4열에는 나물, 젓갈, 식혜, 김치, 포를 놓는다. 건좌습우(乾左濕右)는 마른 것은 서쪽에 물기 있는 것은 동쪽에 두라는 뜻이다. 좌포우혜(左脯右醯)라 하여 포는 서쪽에 식혜는 동쪽에 놓는다. 5열에는 과일이다. 홍동백서(紅東白西) 곧 붉은 과일은 동쪽에 흰 과일은 서쪽에 홀수로 놓는다. 조율이시(棗栗梨柿)는 서쪽에서부터 대추, 밤, 배, 감의 순서로 놓는 것이다. 대추는 집안에 '후손이 끊어지지 않음'을, 밤은 '근본이 살아있음'을 상징한다.

술은 신에게 바치는 경건한 음식이자 제사의 으뜸이기 때문에 반드시 올린다. 신령이나 죽은 이와 산 사람을 만나게 해주는 매개물이다. 제사에 청주를 쓴다. 청주가 발효주 중에서 막걸리보다 고급술이다. 막걸리는 잡귀를 달래는 데 쓰고, 소주는 가공하여 신성성이 떨어지므로 제삿술로 부적합하다. 술잔을 올리기 전에 향불을 피우는 것은 조상신을 불러 모시는 절차다. 향은 정화 기능과 신성을 상징한다. 축문(祝文)은 신에게 드리는 글이다.

제사상을 차리고 지방과 축문이 완성되면 제사를 지낸다. 절차와 방법 또한 격식을 차리자면 까다롭다. 그러나 '남의 제사에 감 놔라 배 놔라 한다'는 속담은 쓸데없이 남의 일에 참견하지 말라는 뜻이다. 그러한 면에서 가가례(家家禮)*가 융통성을 어느 정도 인정하는 셈이다. 제의 절차를 반드시 따라야 하는가. 제물 놓일 자리가 바뀌면 큰 일이 나는 것일까. 지방을 굳이 한자로 써야 하나. 아니라고 본다. 영

---

* 가례 중에서 특히 가가례(家家禮)라 하여 집안마다 풍습대로 그 형식을 달리 하는 것이 제례(祭禮)다.

정 사진을 모시거나 '아버님 많이 드십시오'라고 한글로 써놓아도 잘못될 것이 하나 없다. 살아계실 때 즐기시던 음식을 올리면 된다. 형편에 맞게 차려 돌아가신 이를 그리워하며 밥 한 끼 나누는 것이 제사의 진정한 의미가 아니겠는가. 문제는 제사를 지내고 안 지내고일 것이다.

조선 후기 실학자 이덕무의 〈사소절〉에 "무릇 제삿날 제사 음식을 장만할 때에는 시끄럽게 웃거나 말을 많이 하지 말며, 아이를 때리거나 여종을 나무라지 말라."고 하여 제사 지낼 때에 몸가짐을 바로 하라고 일렀다. 그리고 "무릇 제사란 재계*를 힘쓰고 슬픈 정성을 다하는 것이다. 군자의 제사는 집안 형편에 따라 있으면 있는 대로 없으면 없는 대로 차리지 그 가난하고 부유함을 계산하지 않는다."고 하였다.

조선 시대의 제례는 국가나 가문을 통치하기 위한 수단이었다. 그 폐해 또한 컸다. 이제 시대가 바뀌고 생활 방식이 많이 변했다. 제례를 가부장제에 뿌리를 둔 유교라는 정치·종교적으로 볼 것이 아니라, 삶의 한 양식으로 받아들여야 한다. 엄격한 격식이 아닌 간소한 차림일지라도 선조들은 기뻐할 것이다.

조상숭배사상은 우리 문화의 기층을 이루는 요소다. 그 가운데 제사는 돌아가신 이를 위하여 음식을 나누는 소통의 기회이자 만남의 공간이다. 산 사람이 죽은 이에게 올리는 밥상이다. 낳아 길러주신 어버이에 대한 경배는 자식 된 도리다. 세상이 아무리 변하고 가치관이 흔들릴지라도 돌아가신 이를 기리는 마음이야 예나 지금이나 한 치도 다를 것이 없다. 제례는 조상을 숭배하는 미풍양속으로 우리의 훌륭한 전통문화 유산이다.

---

* 재계(齋戒): 제사를 지낼 사람이 몸과 마음을 깨끗이 하고 음식과 언행을 삼가며 부정을 멀리하는 일.

10
뱃속에서 자라는 아기 돌보기

인간은 태어나기 전부터 학습이 시작된다. 삼태도(三胎道)니 칠태도(七胎道)가 그것이다. 태교는 태어날 아기를 위해 임신부가 지켜야 할 절제된 행동이다. 다시 말해 출산 전의 아이를 가르치고 보살피는 일이다.

엄마의 뱃속에서 자라는 아기는 하나의 생명체다. '인간의 생명은 신성하며 수태되는 순간부터 시작한다'라는 윤리 과학적 진술을 전제로 학습이 이루어진다. 태교(胎敎)란 태아에게 좋은 영향을 주기 위하여 아이를 밴 여자가 말과 행동을 삼가고 감정을 순화시키는 일이다.

임신부의 마음가짐과 낱낱의 움직임이 아기에게 영향을 절대로 준다는 과학적 믿음이다. 예로부터 임신부는 가려서 먹고 부정한 곳에 가지 말 것이며, 가려듣고 가려보라고 일렀다. 이것은 식중독을 예방하고 마음의 안정과 부정을 막기 위한 금기다. 늘 밝고 낙천적이며 긍정적인 사고를 해야 한다. 그리고 풍부한 영양 섭취와 가벼운 운동으로 건강한 몸을 유지해야 한다.

태교 음식과 운동이 태아의 발육에 직접적으로 영향을 주어 임신 5개월 정도 되면 뱃속의 아이는 뇌가 발달하고 오감을 느낄 수 있어 외부의 소리에도 반응하고 엄마의 목소리를 들을 수 있다.

〈태교신기(胎敎新記)〉는 사주당 이 씨(1739~1821)가 1800년에 아기를 가진 여자들을 위하여 한문으로 글을 짓고, 아들인 유희가 풀이를 달아 1801년에 이루어진 책이다. "뱃속 열 달이 출생 후 10년의 가르침보다 더 중요하다"라고 하며 태교의 중요성을 강조하였다.

이 책에서 임신부가 지켜야 할 몸가짐을 다음과 같이 정리하고 있다. "옷을 덥게 입지 말라, 약을 남용하지 말라, 험한 곳에 다니지 말라, 힘겹게 일하거나 지나치게 애태우지 말라, 많이 자거나 누워 있지 말고 자주 걸어라, 웃거나 크게 놀라거나 겁먹는 일을 삼가라, 나쁜 생각을 하지 말라, 술을 마시지 말라" 등의 태교 내용이 나온다. 임신부가 지켜야 할 바른 마음가짐과 행동거지는 태아의 건강과 세상에 나와 훌륭하게 잘 자라기를 간절히 바라는 가르침이다.

임신부가 겪는 구역질나고 몸이 쇠약해지는 증세를 입덧이라고 한다. 임신한 지 1~2개월째 일어나며, 이 때부터 음식은 물론 행동이 조심스러워진다. 입덧은 임신부에게 음식물 섭취를 제한하도록 해서 태아에게 해를 끼칠 수 있는 요인을 막기 위해 나타나는 자연스러운 증상이다. 허준의 〈동의보감〉에 "임신이 되면 먹고 싶은 음식이 생기는데 어떤 내장기능이 허해져 혈기가 약해지면 간에 영양분을 줄 수 없게 되며, 따라서 간이 허하게 됨으로 신맛 나는 음식을 좋아하게 되는 것이다"라고 하였다.

태교는 행동을 삼가게 하여 태아를 보호하고 아기를 밴 부인의 심리적 안정을 가져오게 하는 매우 합리적인 가르침이다. 다만, 임신부가 '오징어를 먹으면 뼈 없는 아이를 낳는다, 닭을 먹으면 아기의 살갗이 닭살이 된다' 등과 같이 먹거리와 관련된 금기는 전혀 근거 없는 속설이다.

금기어나 금기 풍속은 한민족이 단군신화부터 지녀왔던 세계관이요 종교관, 인생관이 잘 나타나는 슬기라고 할 수 있다. 버려야 할 것도 있겠지만, 과학적이고 합리성이 증명되는 금기어는 보존이 필요하다.

새 생명의 탄생은 신비스럽고 성스러운 일이다. 송강 정철의 훈민가 "아버님 나를 낳으시고, 어머님 나를 기르시니"라는 말과 같이 조상들은 뱃속에 아이가 서면서부터 자라는 열 달 동안 외경심을 가지고 생명으로 인정하고 보호하였다. 생명의 근원인 정자와 난자가 만난 직후부터 벌써 다음 세대의 생명이 시작된다. 서양과 달리 태어나자마자 한 살이요, 돌이 지나면 두 살로 치는 나이 셈법도 태아를 존엄한 생명으로 인식한 것이다.

임신부는 충분한 영양 섭취와 위생 관리, 적당한 운동, 정서적 안정이 절대 필요하다. 물론 태교는 가족이나 주변 사람들의 보살핌과 배려가 함께 해야 한다.

덧붙임

1. 제1도는 임신 중에 해서는 안 되는 다섯 가지 금기 사항으로, 아기를 낳을 달에는 머리를 감지 않기, 높은 마루나 바위 또는 제기(祭器) 위에 올라서지 않기, 술을 마시지 말 것, 무거운 짐을 들거나 위험한 시냇물을 건너지 않기, 밥을 먹을 때 색다른 맛을 금하기 등이고, 제2도는 지나치게 말을 많이 하거나, 웃거나 놀라거나 겁먹거나 곡하거나 울어서 안 된다. 제3도는 태살(胎殺), 즉 태아를 해치는 살기가 있는 곳 피하기; 임신 첫 달은 마루, 둘째 달은 창과 문, 셋째 달은 문턱, 넷째 달은 부뚜막, 다섯째 달은 평상, 여섯 째 달은 곳간, 일곱 째 달은 돌절구, 여덟째 달은 화장실, 아홉 째 달은 문방(서재)에 태살이 있으니 조심해야 한다. 제4도는 임부는 조용히 앉아 아름다운 말을 들으며, 성

현의 명구를 외고, 시를 읽거나 붓글씨를 쓰며, 품위 있는 음악을 들어라. 또한, 임신 중에 하면 안 되는 세 가지 행실로, 나쁜 말을 듣지 말고, 나쁜 일을 보지 말고, 나쁜 생각을 품지 말아야 한다. 제5도는 임부는 가로눕지 말고, 기대지 말고, 한발로 기우뚱하게 서 있지 말라. 제6도는 임신 3개월부터 태아의 기품이 형성되므로 기품이 있는 서상(犀象 : 무소뿔과 상아), 난봉(鸞鳳), 주옥(珠玉), 종고(鐘鼓), 명향(名香 : 좋기로 이름난 향) 등을 가까이 두거나 몸에 지녀라. 또한 소나무에 드는 바람소리를 듣고자 노력하고, 매화나 난초의 은은한 향을 맡아라. 제7도는 임신 중에 금욕한다고 하였는데, 특히 해산하는 달에 성교를 하면 아기가 병들거나 일찍 죽는다고 하였다.

2. 〈형법〉은 낙태를 범죄로 규정하고 있으나 원하지 않는 임신, 경제적 이유 등에 따른 임신중절수술이 암암리에 이루어지고 있어 여성의 자기 결정권과 태아의 생명권을 둘러싼 논쟁이 계속되고 있다. 〈모자보건법〉 제14조는 '인공임신중절수술의 허용한계'에 대한 조항이다. 미국에서 1973년 연방대법원의 판결로 임신 3개월 이내의 여성이 낙태를 결정하는 것은 사생활의 자유에 속함이 인정되었고, 프랑스에서는 임신 12주까지 낙태의 권리를 인정한다.

11
젖먹이의 성장발달과 전통 놀이

놀이가 육체 발달은 물론 인성과 지성 발달에 결정적으로 영향을 준다. 특히 성장 속도가 매우 빠른 유아기에는 더욱 그렇다.

갓 태어난 아기는 젖을 먹고 누워서 놀다가 잠자는 것이 일과다. 하루가 다르게 자라면서 고개를 가누고 손발을 움직여 몸을 뒤척이다가 배밀이와 기어 다니기를 시작한다. 그 다음에 앉기, 붙잡고 일어서기와 걸음마 단계를 거친다. 일련의 활동은 목과 팔다리, 허리에 힘이 있어야 비로소 가능하다. 이 시기에 신체적 기능의 발달을 촉진하기 위한 동작 훈련이 필요하다.

전통 육아법에 아기의 성장발달을 돕는 다양한 놀이가 있다. 이를테면 까꿍, 도리도리, 짝짜꿍, 곤지곤지, 잼잼, 고네고네/ 꼬누꼬누/ 용타용타, 따로따로, 불무불무, 무동 타기 등이다.

까꿍은 아기를 활짝 웃게 함으로써 얼굴의 근육 발달과 눈 맞춤을 돕는 놀이다. 도리도리는 머리를 좌우로 흔드는 목운동으로 균형 감각도 키우는 놀이다. 짝짜꿍은 손뼉을 치면서 재롱을 부리는 놀이로 혈액순환을 돕고 박자감각을 익혀주는 운동이다. 곤지곤지는 오른손의 집게손가락을 뻗쳐서 왼손바닥에 갖다 대는 동작이다. 잼잼은 주먹을 폈다 쥐었다를 되풀이하는 동작으로 곤지곤지와 함께 쥐기와 숟가락질, 글씨쓰기 등을 위한 예비 놀이다. 이는 미분화된 몸의 감각기관을 자극하여 두뇌발달을 촉진하는 운동이라고 할 수 있다.

불무불무는 앉을 수 있는 아기의 겨드랑이나 두 손을 붙잡고 '불무*야 불무야'하면서 앞뒤와 좌우로 흔드는 율동 놀이다. 고네고네는 어른의 손바닥에 아기를 꼿꼿이 세워 움직여 걷기에 앞서 다리의 힘을 길러주고 균형감각을 익히게 하는 훈련이다. 첫돌 무렵 목말이나 무동 타기를 통하여 모험심을 길러주어 위험스런 사태에 안전하게 대처하는 동작 기능을 훈련시킨다. 이 밖에 자장가를 불러 주어 언어 발달을 돕고 리듬감각을 가질 수 있게 한다.

성장기에 알맞은 놀이와 오락 활동을 하게 하는 것이 중요하다. 놀이의 결핍은 창의력의 부족을 가져오기 쉽다. 그러므로 충분한 휴식과 놀이로 문제를 스스로 해결할 수 있는 능력을 갖춘 아이로 길러야 한다. 조상들은 오래 전부터 젖먹이의 신체발달수준에 맞는 과학적인

---

* 불무: 불을 피울 때 발로 발판을 밟아 바람을 일으키는 기구인 '품무'의 옛말.

놀이 프로그램을 자연스럽게 운영함으로써 정서 교육과 아울러 몸과 마음이 튼실한 아이를 길러 왔다.

12
놀이로 무럭무럭 자라는 아이들

아이들은 놀이를 통하여 성장하고 세상을 배운다. 잘 노는 어린이가 밝고 튼튼하다. 놀이는 아이들 삶의 전부다. 한창 자랄 고비에 또래의 동무들과 소리 지르며 마음껏 뛰고 어울려야 한다. 그래야 몸과 마음이 건강해지고 사회성과 창의성이 발달한다.

즐겁게 지내는 일을 '놀이'라고 한다. 놀이는 동사 '놀다'의 어간에 명사형 어미 '-이'가 붙어서 된 말이다. 호모 루덴스(Homo Ludens)는 유희(遊戲)하는 인간이라는 뜻으로 호이징가가 정의한 개념이다. 놀이를 즐기는 것이 인간의 특징이라고 이해하는 관점이다.

놀이에는 분명한 목적이나 동기가 없다. 무목적적인 행위로서 즐거움을 동반하는 가장 자유롭고 해방된 인간의 활동이다. 우선 재미있고 스스로 참여하는 행동이라야 한다. 어른 아이 가릴 것 없이 신바람이 나야 진정한 즐거움을 맛볼 수 있다. 신명이 나면 온갖 얽매임으로부터 벗어나 자유와 해방감을 만끽할 수 있다.

놀이는 우리 몸에 남아도는 에너지를 발산하거나 스트레스를 해소하는 과정이다. 결국 논다는 것은 본능적으로 생존을 위한 하나의 수단이다. 그런 가운데 놀이가 자연스럽게 과학적 경험과 예술창작으로 이어진다.

전통 놀이에 그네뛰기, 널뛰기, 제기차기, 줄다리기, 씨름, 윷놀이, 공기놀이, 사방치기, 자치기, 줄넘기, 고무줄놀이, 실뜨기 등이 있다. 연날리기와 썰매타기, 팽이치기는 겨울철 밖에 나가 추위를 무릅쓰고 하는 놀이다.

연과 썰매를 직접 만들고 팽이를 깎는 체험에서 창의력이 길러진다. 연을 날리고 얼음을 지치고 팽이를 치는 활동은 꿈과 모험심을 기르고 강인한 체력을 유지하는 데 도움을 준다. 연날리기로 비행 원리를 알고, 돌아가는 팽이에서 회전체의 성질과 관성의 법칙을 배울 수 있다. 줄다리기 체험으로 마찰력 그리고 작용과 반작용의 법칙을, 그네를 뛰면서 추의 원리를 이해한다.

그네뛰기와 널뛰기는 공포심을 없애고 몸의 균형 감각을 잡아주는 운동이다. 널뛰기에서 지렛대의 원리와 무게중심을 체험으로 익힌다. 공기놀이와 실뜨기*는 젓가락질과 마찬가지로 손의 감각을 섬세하게 하는 손재주 훈련이다. 그리고 제기차기와 줄넘기, 고무줄놀이는 전신 운동이다. 이들은 팔다리 근육을 강화하고 심폐 기능을 향상시키며 복부 비만을 줄이는 데 매우 적합한 놀이다.

아이들이 놀이에 한번 빠져 들기 시작하면 시간 가는 줄 모른 채 놀기에 바쁘다. 누가 불러도 알아차리지 못하고 거기에만 열중한다. 그만큼 재미에 푹 빠지는 것이 놀이다. 놀이는 건강 증진과 사고력·창의력 신장에 도움을 준다. 승패를 겨루는 놀이에 서로 지켜야 할 질서와

---

* 실뜨기: 실의 양쪽 끝을 마주 매어 두 손에 건 다음, 양쪽 손가락으로 얼기설기 얽어 가지고 두 사람이 주고받으며 여러 가지 모양을 만드는 놀이.

규칙이 있다. 그러므로 아이들은 놀이를 통하여 사회성을 배우고 성취감도 맛보는 것이다.

요즘 아이들은 부모 세대에 비하여 체격은 커도 체력이 약한 편이다. 영양 과다 섭취와 활동 부족으로 몸이 뚱뚱한 아이가 늘어나고 있다. 심폐지구력과 근력이 약하다. 유연성과 순발력이 떨어진다. 끈기와 참을성이 부족하다. 시대가 변하고 주거환경이 달라지다보니 놀이 문화도 동적인 것에서 정적인 쪽으로 바뀌었기 때문이리라. 주로 들판이나 마당 놀이터에서 펼쳐지던 활동 무대가 휴대폰과 닫힌 공간에서 이루어지는 컴퓨터 오락 게임으로 옮겨진 것이 그 원인이다.

창조적인 통찰은 놀이에서 나온다. 놀이는 실생활의 문제를 푸는데 응용하거나 어떤 불가사의한 현상에서 유추를 끌어낼 수 있다. 그러므로 성장기 아이들의 체력 향상을 위한 다양한 운동법과 놀이 프로그램을 개발하여 재미로 즐기면서 스스로 실천하도록 적극 권장해야 한다. 건강한 청소년은 나라의 기둥이다.

13
부모의 자녀 인성 교육

교육은 의도적이고 계획적인 활동이다. 예나 지금이나 우리나라 사람들은 자녀 교육에 대한 열의가 남다르다. 인간다운 사람, 된 사람, 건강하고 정의로운 사람으로 자랄 수 있도록 돕기 위해서는 어릴 때부터 가정교육이 중요하다.

　인간은 세상에 태어나기 전부터 학습이 이루어진다. 태교(胎敎)가 가르침의 시작이다. 임신을 하면 부정한 곳에 가지 않아야 한다. 그릇된 말을 듣지 말고, 나쁜 것을 보지도 말아야 한다. 이와 같이 임신부는 마음가짐과 행동거지를 바르게 하고 가려야 할 것이 많다.

　부모는 성장발달 단계에 맞게 아이를 보살펴 기른다. 아이의 나이에 따라 여러 가지 기본 동작을 적절하게 조절하며 가르친다. 이를테면 까꿍, 도리도리, 곤지곤지, 짝짜꿍 등을 첫돌 이전에 할 수 있게 돕는다. 그 다음 젖을 떼고 똥오줌 가리기와 걸음마를 익히게 한다. 아이가 똥오줌을 가린다는 것은 분별력이 생겼다는 뜻이다. 걸음마는 활동 공간의 확장이다.

　좀 더 자라면 기본 생활을 훈련시킨다. 숟가락과 젓가락을 사용하는 방법과 식사예절을 가르친다. 수저는 반드시 오른손(바른손; 양의 방향)으로 잡게 하였다. 왼손으로 잡으며 복이 달아난다고 하여 오른손을 권장한 것이다. 그리고 말하기를 배운다. 세수하기, 옷 입기, 신 신기 등을 스스로 할 수 있게 한다. 아이에게 더불어 살아가는 방법과 형제간의 우애, 인사법을 가르쳐 습관화시킨다.

　전통사회에서 자녀 교육은 매우 엄하고 철저했다. '세 살 버릇 여든 살까지 간다'는 속담이 있다. 어른이 되어도 어려서 잘못 익힌 나쁜 버릇을 떨쳐버리지 못하니 자라는 아이에게 좋은 습관이 몸에 밸 수 있도록 제때 깨우쳐 주어야 한다는 교훈이다. 모든 사람은 날 때부터 각기 다른 환경의 영향에 노출된다. 좋은 교육 환경이 반듯한 아이로 키우는 지름길이다.

실제로 인간이 태어나서 만 세 살까지 뇌의 기본 골격, 회로가 생성되는 단계다. 세 살에서 여섯 살 무렵에는 사고력·창의력·판단력과 감정 등을 종합적으로 주관하는 전두엽이 발달한다. 여섯 살 이후 측두엽(언어·청각)과 두정엽(공간·운동·숫자), 초등학교 입학 이후 후두엽(시각) 순으로 발달한다.

조기교육이 중요하다. 그러나 여섯 살 미만의 어린이에게 문자 교육을 삼가야 하는 이유가 학습 효과도 낮고 스트레스로 받아들일 가능성이 있기 때문이다. 영유아의 뇌 발달에 필요한 것은 부모의 스킨십, 충분한 수면, 뇌 발달 수준에 맞는 교육, 스트레스 없는 환경 조성이다.

'그 아비에 그 아들'이라는 말이 있다. 아이는 부모의 말씀과 몸가짐을 그대로 듣고 보면서 자란다. 그래서 어른은 아이의 본보기가 되어야 한다. '윗물이 맑아야 아랫물이 맑다', '아이 보는 앞에서 냉수도 못 마신다'는 속담은 어른이 언행을 바르게 해야 함을 일깨우는 말이다. 또한 '귀한 자식 매로 키운다'는 귀여운 아이일수록 엄하게 훈육해야 한다는 격언이다.

영아 및 유아교육이 중요하다. '밥상머리 교육'이란 가족이 둘러앉아 밥을 먹으면서 정겨운 대화로 자연스럽게 인성을 키워나가는 것을 말한다. 조상들은 밥상머리에서 착한 마음 씀씀이와 몸가짐 등 바른 생활과 삶의 지혜, 예절, 질서 교육을 하였다.

어른은 아이들이 건강하고 올바르게 자랄 수 있도록 정성껏 도와주어야 한다. 고른 영양 공급과 건전한 놀이 활동으로 튼튼하게 키워야 한다. 아울러 정서적으로 안정된 환경에서 몸과 마음이 균형 있게 발달할 수 있게 양육해야 한다. 자녀가 품 안에 있을 때 제대로 가르치지 않으면 장차 아이가 자라 겪을 불행을 예방하지 못하게 된다. 무한한 사랑으로 성장 활동을 돕되 거짓된 일을 저지르면 따끔하게 타일러야 한다. 부모는 아들딸의 롤 모델이다.

14
자녀에게 들려주는 경제 이야기

 인간은 경제활동을 하는 존재다. 경제활동이란 무엇인가. 인간이 필요한 재화와 서비스를 만들고 생산하는 모든 활동을 말한다. 경제주체는 개인이나 집단이며 이들의 활동에 따라 가계(家計), 기업, 정부로 분류한다.
 경제는 돈의 흐름이다. 돈은 곧 생명이다. 자본주의 사회에서 돈이 없으면 사람다운 삶을 영위할 수가 없다. 빈곤과 청빈은 차원이 다른 개념이다. 물질적으로 가난하다고 해서 부끄러워 할 일은 아니나 일상생활에서 불편함을 감수해야 한다.
 '무항산(無恒産)이면 무항심(無恒心)'이라는 말이 있다. 일정한 수입이나 재산이 없으면 생활이 불안정하여 사람다운 생활과 올곧은 뜻을 펼쳐나가기 어려울 수도 있다는 의미다. 또한 '광에서 인심 난다'는 속담은 먹고살 만큼 넉넉해야 남을 동정하게 된다는 뜻이다.

사람은 어릴 때부터 가정에서, 생활 속에서 경제윤리교육을 받아야 한다. 경제교육은 경제 지식뿐만 아니라 올바른 생활습관을 기르는 일이다. 우리 아이들이 행복하게 살기를 바란다면 반듯한 생활 태도와 정신교육이 필요하다. 돈만 아는 졸부가 아니라 도덕성을 갖춘 정당한 부자가 될 수 있도록 도와주어야 한다.

어른이 되어도 돈을 관리하는데 어려움을 겪는 사람이 적지 않다. 소비 욕구를 다스리지 못해 빈털터리가 되고, 무리한 빚으로 신용불량자로 전락한다. '거지근성'이 몸에 배어 공짜를 좋아하고 나랏돈을 축내고 뇌물에 넘어가고, 범죄를 저지르고 일확천금의 꿈을 버리지 못한다. 절제력이 부족하고 분별없이 행동하는 이들이 그렇다.

개성상인들은 신뢰 경영, 빌린 돈이 없는 무차입 경영으로 유명하다. 일찍이 사개송도치부법(四介松都置簿法; 복식부기법)을 사용하였다. 전국 곳곳에 오늘날의 대기업 지점과 같은 '송방(松房)' 설치 운영 등 부지런함과 남보다 앞선 상술(경영 철학)과 상도덕은 우리가 본받아야 할 점이다.

어느 개성상인이 아들딸에게 들려주는 이야기를 한번 살펴보자.

정직과 신용은 최고의 가치다. 남을 속이지 말 것이며 남에게 속임도 당하지 않아야 하느니라. 절대 빚보증을 서지 마라. 그리고 빌려준 돈은 이미 나의 소유가 아니라고 생각해야 가슴앓이를 하지 않는다. 내 손에 쥐어있을 때 진정한 내 돈이니라. 그러나 쌀 살 돈이나 자녀 학비 낼 돈이 없어 빌리러 온다면 무조건 꿔줘라.

돈 거래는 못 받아도 아깝지 않을 사람하고만 하여라. 웬만하면 부모형제간에 돈 거래를 하지 마라. 만일 빌려주었다면 즉시 잊어버려라. 돌려받을 생각을 아예 안 하는 것이 좋다. 도타운 형제 사이라도 의가 상할 수 있다. 친인척들의 돈을 빌리거나 빚보증을 서게 하지 마라. 빚지는 것도 중독이다.

수입보다 지출이 많으면 곤란하다. '손에서 입으로'는 그날 벌어 그날 먹는다는 말로 어려운 생활을 뜻한다. 오늘 벌어들인 것보다 지출이 많으면 살림이 궁핍해질 수밖에 없다. 더하기와 빼기를 못하면 평생 고생을 하느니라.

빚 얻어 사업할 생각 아예 하지 마라. 부모의 재산도 마찬가지다. 한번 망하면 살림이 거덜 나고 건강 잃고 빚만 고스란히 남는다. 가진 돈으로 시작하라. 빚낸 돈을 공돈으로 생각하는 어리석은 사람이 있다. 사채와 은행 길미(이자)를 무서워해라. 길미가 눈덩이처럼 불어나 원금의 몇 배가 될 수 있다. 빚을 갚지 못해 담보물까지 넘기고 주변에 손 벌리는 바보들이 한둘이 아니다.

되도록 동업(同業)을 하지 마라. 남이 잘 되는 업종을 무작정 따라하지도 마라. 남의 말을 너무 믿어서는 안 된다. 사업을 하려면 준비를 철저히 하고 시작하라. 잘 되는 쪽으로만 생각 말고 망하는 경우도 예측해 보라. 돌다리도 두드려보고 건너야 한다. 손익계산을 잘해야 한다. 사업을 하더라도 겉치레보다 속이 알차야 하느니라. 시설과 간판을 호화판으로 꾸며놓고 실속 못 차리는 장사는 문 닫게 마련이다. 직원을 믿고 일을 맡겨도 내가 알고 시켜야 한다.

사업이 잘 될 때에 불황(실패)도 염두에 두어라. 늘 문제적 상황에 대비하라. 지나친 욕심은 금물이다. 노하우를 쌓고 꾸준히 신제품을 연구개발해야 한다. 신제품이 실타래처럼 풀려야 경쟁에서 살아남는다. 장사꾼은 상품의 질과 신용으로 승부를 걸어야 한다. 한 번 찾아온 손님 절대 놓치면 안 된다. 다시 오게 만들어야 한다. 소비자의 입소문이 최고의 광고임을 명심하라. 경영이 어려운데도 허세 부리는 사람이 있다. 허영에 들뜨지 말고 허리띠를 졸라매라.

미련한 놈이 약은 놈이라는 말이 있다. 남의 눈치 안 보고 우직하게 내 할 일 다하면 행복한 부자가 될 수 있다. 설령 실패하더라도 모든 일이 내 탓이다. 남의 탓으로 돌린다면 비겁한 짓이다. 좌절은 금물이다. 부지런해야 한다. 오뚝이 정신이 필요하다. 되도록 시행착오를 하지 마라. 인생은 실험이 아니다.

기성세대가 어렸을 때는 모두가 가난해도 희망이 있었다. 열심히 일하면 꿈을 이룰 수 있는 시대였다. 지금은 그 때와 상황이 다르다. 가난이 대물림이 되는 사회는 불평등하다. 요즘 빈부 격차가 심하다. 가계소득은 줄고 빚이 불어나는 가정이 늘고 있다. 살림살이가 어려운 서민들은 쓸 돈이 없다. 그래서 '기본소득'이라는 말이 나오는 것이다. 소득이 줄면 소비가 주춤하고 내수부진으로 투자가 줄어들면 결국 고용의 악순환이 벌어진다.

청소년들이 무기력한 사회는 발전이 없다. 청년들에게 꿈과 희망이 있어야 건강한 나라. 젊은이들이 취업하고 결혼하여 큰 부담 없이 아이 낳아 기르는 보금자리를 꾸려야 안정된 나라다.

정부는 경제질서를 세워 균형 있는 국민경제 성장 및 안정과 적정한 분배 정의를 실현해야 한다. 경기 회복의 마중물 역할로 저소득층의 일자리 지원을 위한 재정정책을 꾸준히 펼쳐 나가야 한다. 자본주의가 안고 있는 부의 쏠림 현상을 막고, 국민들에게 최저한도의 문화생활을 보장해 주어야 한다. 가정 경제가 탄탄해야 나라 경제도 안정되는 법이다. 10%로의 사람이 전체 부의 80%를 차지하고 있는 지금, 경제적 평등과 정의를 위한 진정한 경제 민주화 실현이 국가에서 해야 할 일이다.

'세 살 버릇 여든 살까지 간다'는 속담이 있다. 잘못 들인 습관은 커서 고치기가 쉽지 않다. 그러므로 어렸을 때 욕망을 조절하고 좋은 소비 습관을 익히게 해야 한다. 귀여운 자식일수록 더 엄하게 키워야 한다는 말이 있다. 부족하다 싶을 정도로만 도와주는 지혜가 필요하다. 부모 돈으로 신선놀음을 하려는 자식들이 있다. 먼저 사람됨을 알고 돈과 노동의 진정한 가치를 익혀야 윤택한 생활로 인간다운 삶을 누릴 수 있는 것이다.

15
참스승 밑에 훌륭한 제자

인간은 세상에 태어나 한평생 배우고 가르치며 살아가는 존재다.

시공간을 넘어 인류의 모든 지적 유산이 교육 내용이요, 가정과 사회 전체가 배움의 터전이다. 학교 교육은 의도적이고 계획적으로 미래를 창조하는 활동이다.

오늘날 세계 각국은 교육을 통한 경쟁력 제고를 목표로 삼고 있다. 우리나라도 교육의 질을 체계적으로 관리하고, 학교 교육의 책무성 강화에 온 힘을 기울인다.

'교육의 질은 교사의 질을 능가할 수 없다'는 말은 불변의 진리다. 연구 시설과 환경이 아무리 열악할지라도, 유능하고 열정 있는 선생님만 있으면 성과를 거둘 수 있다. 다산 정약용은 〈목민심서〉에서 "단아하고 방정(方正)한 자를 가려서 스승을 삼아 표솔(表率; 師表)이 되게 하라. 훌륭한 스승들이 교육을 담당한다면, 그 교육은 알찬 교육이 될 것이며 많은 인물이 배출되어 나라에 크게 기여할 것"이라고 하였다.

훌륭한 교사는 철저한 연구와 짜임새 있는 교수법으로 수업의 효율성을 극대화한다. 어려운 개념을 쉽고 명료하게 정리하여 흥미를 유발하고 독서와 토론 및 논술을 장려할뿐더러, 학생 수준을 고려하여 스스로 공부할 능력을 갖출 수 있도록 학습 여건을 조성한다. 그리고 교과 내용의 단순한 이해 정도를 넘어 높은 수준의 발문과 응답으로 비판적 사고력과 창의력 신장에 주력한다.

발문(發問)이란 학습자로 하여금 관련된 것을 끄집어내고 관계를 알도록 도와주고 추리과정을 용이하게 할 뿐 아니라 기존의 지식을 검사하고 새로운 사고에 도전하게 하는 교수 학습 전략이다.

헬렌 켈러는 "내 생애에서 가장 중요한 날은 앤 맨스필드 설리번 선생님께서 오신 바로 그 날이다"라고 술회하였다. 선생님을 잘 만나면 팔자를 고친다고 한다. 어려운 환경에서 인생의 안내자를 만나 나쁜 길로 들지 않고 성공하였다는 사례가 많다. 이는 교사의 역할과 영향력을 강조한 말이다.

선생님은 학생의 모델이며 잠재적 교육과정이다. 학교는 공부하는 곳이다. 악화가 양화를 구축하는 분위기라면 실패한 학교요 문 닫을 교실이다. 교육은 자율과 규율의 조화다. 특히 중등학교 때는 삶의 보편적 가치인 사회 규범과 법규를 배워 익히고 잘못된 습관을 고쳐가며 바르게 성장하는 시기다. 그래서 강제성을 띤 엄한 교육이 불가피하다. 교사는 학생을 일관성 있게 지도해야 한다. 학생을 장악해야 한다. 방임이나 무관심은 교권을 스스로 포기하고 학습권을 침해하는 행위이자 직무 유기다.

'어떻게 하면 더 잘 가르칠 수 있을까'를 일상적으로 고민하면서 연구와 교수법 개발을 게을리 하지 않아야 한다. 늘 교육력을 끌어올리는데 심혈을 기울여야 한다. 오로지 강직하면서도 겸손한 마음으로 제도적·학문적·도덕적 권위를 유감없이 발휘하라. 항상 '나는 대한민국, 나아가 세계에서 일류 가는 교사다'라는 자부심과 긍지를 잃지 말라. 그러면 일부 학생이나 학부모의 이기주의에서 비롯된 오해나 불신은 존경과 신뢰로 바뀌어 갈 것이다.

학생의 올바른 성장과 경쟁력 강화가 국가교육목표다. 이에 터한 교육의 방향은 인의예지(仁義禮智) 곧 개인의 자아실현과 민주시민 육성,

사회 정의, 인류 평화를 위하여 개개인이 갖춰야 할 품성 도야와 지식, 기술, 질서 의식, 윤리적 판단력, 정의감, 책임감 등을 길러주는 것이다. 교과 공부와 직업 세계와의 연관성을 알게 함으로써 배움의 목적을 갖게 해야 한다. 이것이 인성 및 진로 적성 교육이다.

자기 주도적 학습 능력 배양이 교육의 성패를 좌우하는 열쇠다. 학교 교육은 학생 스스로 문제를 창의적으로 해결해 가는 능력을 기르는 데 주안점을 두어야 한다. 학생 스스로 지적 자생력을 키우는 것이다. 자율성과 창의성을 신장시키고 융합적 사고가 필요하다. 그렇게 하려면 학습자에게 패러다임에의 입문을 도와 그 안에 통제되어 있으면서도 자유로운 물음에 답할 수 있는 확산적 사고 능력을 갖게 하고, 그것을 넘어설 수 있는 기틀까지 마련해 주어야 한다.

우리나라 사람들은 교육열이 아주 높다. 바르게 잘 가르쳐야 한다. 건강하고 도덕적이며 정직하고 정의롭고 책임감 있는 인간으로 길러야 한다. 수업은 교사의 생명이다. 학생들이 학교에서 열심히 공부해야 할 동기를 부여해야 한다. 참된 가르침이야말로 학습자 개개인의 삶의 질을 높이고 행복을 증진시키는 길이다. 청출어람(靑出於藍) 곧 훌륭한 스승 밑에서 훌륭한 제자가 나오는 법이다.

7장

한국인의 근성과 문화 유전자

겨레와 함께 한 소나무
수자원 보호와 물 아껴 쓰기
보릿고개를 넘긴 선조들의 슬기
뚝배기에서 나오는 은근과 끈기
신바람은 한민족의 저력이다
한민족의 역동성 빨리빨리 문화
선비 정신과 정치 지도력
시집을 가도 바뀌지 않는 성씨
실명제와 책임과 명분
사발통문에 담긴 연대 책임
국가의 생존 전략 사대주의와 붕당
장터는 민심을 길어 올리는 우물
나라 바로 세우기와 사람 쓰기
억울함이 없는 공정한 판결 장치
국민이 나라의 주인이다

01
거레와 함께 한 소나무

소나무는 우리나라 사람들이 가장 좋아하는 나무다. 한반도에서 자라기 시작한 것은 약 6,000년 전으로 추정한다. 조상들은 곧게 뻗은 소나무를 지조를 상징하는 선비 나무로 숭상하고 소나무 보호 정책을 꾸준히 펼쳐 왔다.

소나무[←솔+나무]에서 '솔'은 산의 꼭대기를 뜻하는 '수리'가 변한 말로 어원적 의미는 '우뚝 솟아 높이 자라는 나무'다. 한자 '松(송; 소나무)'은 나무[木(목)]와 임금, 제후[公(공)]가 합쳐진 글자로 '나무 가운데 우두머리'라는 뜻이다.

소나무 아래에서 태어나 소나무와 더불어 살다가 소나무 그늘에서 죽는다고 할 정도로 소나무는 우리의 생활과 밀접한 관련이 있다. 소나무로 지은 집에서 태어나자마자 금줄에 솔가지를 끼워 나쁜 기운을 막았다. 어린 시절 뒷동산에 올라 솔바람을 맞으며 호연지기를 키우고 마음껏 뛰어놀았다. 해마다 추석이 되면 솔향기 물씬 나는 송편을 빚어 맛있게 먹었다. 이렇게 소나무의 정기를 받고 튼튼히 자라 아들 딸 낳아 기르며 부모님을 정성껏 모셨다. 그리고 이웃과 더불어 올곧게 살다 죽어서는 송판으로 짠 관에 몸을 실어 편안히 자연의 품으로 돌아가는 것이 사람의 한평생이다.

소나무 목재는 다른 나무에 비해 탄력이 좋아 뒤틀리지 않고 벌레가 먹지 않으며 송진이 있어 습기에도 잘 견딘다. 그래서 목수들이 선호한다. 솔잎은 맛이 쓰지만 성질이 따뜻하고 독이 없다. 솔에서 풍기는 향은 사람들의 머리를 맑게 하는 작용이 있어 누구나 좋아한다.

한옥과 궁궐들이 대부분 소나무 목재로 지어졌다. 곧게 자란 굵고 가는 소나무를 베어 기둥과 서까래로 사용하였다. '굽은 나무가 선산을 지킨다'는 말은 굽은 대로 제구실을 톡톡히 해낸다는 뜻이다. 전통 건축에 자연미를 살리려고 휘어진 나무가 그대로 기둥이나 대들보로 쓰인 예들이 있어 곧은 나무만 대접을 받은 것이 아니다.

줄기와 마디가 곧고 금강석처럼 단단하여 이름 붙여진 금강(金剛)소나무를 일명 춘양목(春陽木)이라고 부른다. 이 나무는 백두대간 영동 지역(경북 봉화 춘양면) 바닷바람을 거칠게 맞으며 음지에서 더디게 자란 탓에 나이테 폭이 좁아 강도가 높다. 황장목(黃腸木)은 나무의 속고갱이 부근이 붉은빛을 내는 질이 좋은 소나무로 궁궐의 목재용이나 배를 만들고 관을 짜는 데 쓰인다.

조상들은 소나무 벌채를 금하는 송금령(松禁令)으로 소나무를 보호하였다. 고려 제10대 왕 정종 원년에 송악산에서 연료 채취를 금하고 조림(造林) 사업으로 산림을 보호하였다는 기록은 특기할 만하다. 조선 시대에 성저십리(城底十里; 성으로부터 4km) 소나무 벌채를 금지시켰다. 오늘날 환경보전을 위한 그린벨트에 해당한다. 개발제한구역(greenbelt, 녹지대)은 도시의 수평적 면적 팽창을 억제하기 위해 산업경제가 급속도로 발전하던 1971년에 도입된 제도다. 그 후 지역주민의 생활 편익을 위하여 어느 정도 규제가 완화되었으나, 녹지대 감소가 심히 우려 된다.

조선왕조 통치의 기틀이 된 기본 법전인 〈경국대전(1484)〉 '과수·산림보호에 관한 규정'에 이르기를 "지방에 있는 금산(禁山)에는 나무를 베는 것과 불 놓아 경작하는 것을 금지하여 해마다 봄에 소나무 묘목을 심고 그 숫자를 임금에게 보고한다. 이를 위반했을 때에는 산지기와 담당관이 곤장을 맞는다"고 하였다.

조선 시대 선비들은 약한 땅기운을 보강하기 위하여 소나무를 심었다. 안동 하회마을에 유운룡(1539~1601)이 조성한 숲이 대표적이다.

판옥선* 같은 배를 만들 때도 주로 소나무를 썼다. 2005년 경남 창녕군 부곡면 비봉리에서 발굴한 신석기 시대의 유물 통나무배에서 소나무의 위력을 확인할 수 있다. 박상진 교수는 거북선 몸체가 대부분 육중한 소나무라고 추정한다. 조선 시대 박치기 전술[撞破(당파; 부딪쳐 깨뜨린다)]을 위하여 싸움배의 앞부분은 단단한 참나무를 썼다.

임진왜란 당시 일본 배는 소나무나 참나무보다 무르고 가벼운 삼나무로 건조하였기 때문에 항속은 빨라도 해전에서 충돌하면 쉽게 부서질 수밖에 없었다. 배 밑바닥도 우리(U형)와 달리 V형으로 속도는 빠르나 방향 바꾸기가 힘들어 기동성이 떨어졌다. 선박의 우수성이 임진왜란을 승리로 이끈 요인 중의 하나다.

김제의 '벽골제'는 삼국 시대에 쌓은 저수지다. 둑의 뼈대를 소나무로 하고 자갈과 진흙을 다져 굳혔다. 소나무가 현대 건축에서 철근(鐵筋) 역할을 한 것이다. 오랜 세월 썩지 않고 버티는 이유는 나무가 물을 먹으면 철근콘크리트처럼 목질의 인장 강도가 높아 더 단단해지는

---

* 판옥선(板屋船): 갑판 위에 한 층을 더 올려 널빤지로 지붕을 덮은 조선 시대의 싸움배. 임진왜란 때 활약이 컸음. 거북선은 거북 등 모양의 둥근 판을 씌웠다

원리 때문이다.

　소나무를 태워 먹을 만들었다. 소나무를 태운 그을음에 민어의 부레에서 나오는 아교와 반죽하여 굳힌 송연먹(松烟)을 벼루에 갈아 글씨를 쓰고 수묵화를 그리거나 목판인쇄에 사용하였다. 우리나라 먹 가운데 가장 오래된 유물은 일본의 쇼쇼인(正倉院)에 소장되어 있는 신라의 먹 2점이다. 〈고려도경〉에 고려의 송연먹이 뛰어나다는 기록이 있다.

　옛날 봄철에 먹을 것이 부족하면 들나물을 뜯어 먹고 살았다. 물이 오른 소나무 속껍질을 빻아 송기떡을 만들어 먹었다. 솔잎과 송홧가루, 송이버섯은 건강식품이다. 조상들은 비상시에 솔잎가루를 느릅나무에서 나오는 즙에 타 먹어 생명을 유지하였다. 솔잎과 솔씨를 도가나 불가에서 선약(仙藥)으로 여겼다.

　솔은 관절염이나 신경통, 중풍 치료에 좋다. 복령(茯笭; 솔풍령)은 베어낸 지 3년 정도 된 소나무 뿌리에서 기생하는 버섯이다. 위장의 기능을 개선하고 불면증, 당뇨, 장염 치료에 좋은 한약재다. 솔잎죽은 오장을 편하게 한다. 송화(松花)는 4~5월에 채취하며 송홧가루에는 지방간을 해독하는 콜린(choline)과 항산화 효과가 있는 비타민 C, E가 풍부하게 들어 있다. 또한 소나무가 뿜어내는 피톤치드는 항균성 외에도 신경을 안정시켜 주므로 숲속의 보약으로 불린다. 예전에 구황식이 오늘날 건강식으로 뒤바뀐 것이다.

　소나무는 십장생 가운데 하나로서 장수(長壽)의 징표요, 지조와 절개, 불사(不死)를 상징한다. 이를 잘 표현한 작품이 완당 김정희의 〈세한도(歲寒圖; 1844년)〉다. 눈 내린 토담집 마당에 소나무를 그렸다. 발문(跋文) "歲寒然後知 松柏之後凋也(추운 시절이 된 뒤에야 소나무와 잣나무가 그대로 푸름을 간직하고 있음을 알게 된다)"에서 추상같은 선비를 만날 수 있다. 강직한 소나무를 묘사한 세한도는 운명이 기구한 그림이다. 이 사람 저 사람 손에서 이국을 떠돌다가 숱한 우여곡절을 겪고 천신만고 끝에 서예가 손재형 선생이 찾아낸 보물이다. 국보 제180호로 지정되어 현재 국립중앙박물관에서 소장하고 있다.

나라를 대표하는 소나무가 우리를 지키는 위대한 힘이다. 애국가 '남산 위에 저 소나무'는 늘 푸른 민족의 혼이다. 대중가요 '상록수'의 '저 들에 푸르른 솔잎을 보라'는 모두 함께 불의에 맞서 정의를 고대하는 민중의 차분하고 강직한 외침이다. 그런데 소나무들이 솔잎혹파리와 재선충에 몸살을 앓고 있어 큰일이다. 소나무재선충은 소나무나 잣나무에 기생해 나무를 갉아먹는 치명적인 벌레다. 산림청에서 재선충 방제에 적극 나서 피해 면적이 줄고 있다니 다행스런 일이다.

소나무는 우리 생활에 물질적·정신적으로 많은 혜택을 주는 나무다. 먹거리와 건축재료, 약재는 물론 항상 변하지 않는 고고함과 정중함이 자연스럽게 겨레의 심성을 곱고 강인하게 길러준 것이다. 청정한 소나무는 품격 높은 우리의 자화상이자 철학이다.

02
수자원 보호와 물 아껴 쓰기

모든 생명체의 근원은 물이다. 생명체에서 용매로 이용되는 물은 인간이 살아가는 데 꼭 필요한 자원이다. 흔히 '물 쓰듯 한다'라는 말이 있다. 지구에서 물이 가장 흔한 물질이라는 뜻이다.

지구상의 물 가운데 직접 활용할 수 있는 물은 호수와 지하수 중의 일부로 전체 물의 약 0.01% 수준이다. 그런데도 사람들은 물이 풍부하다고 인식해 왔다. 인구와 경제활동의 급속한 증가로 수질이 떨어지고 쓰는 양도 해마다 늘어나고 있다. 토양이 오염되고 지하수가 점점 고갈되어 가고 있다. 더구나 지구 온난화로 가뭄이 자주 들어 물이 크게 모자라는 형편이다. 나라마다 물 부족에 대한 걱정이 끊이질 않는다. 우리나라도 예외가 아니다. 유엔은 우리를 물 부족 국가로 분류하였다.*

그러면, 조상들은 물을 어떻게 관리하여 왔을까.

상수도 설치 이전에는 샘물이나 우물물을 먹는 물로 사용하였다. 냇가의 흐르는 물에 목욕이나 빨래를 하고 채소도 씻었다. 그만큼 물이 맑고 깨끗하였다. 윗마을에서 쓴 허드렛물이 흘러 아랫마을을 더럽히지 않게 하기 위해 싸릿개비를 촘촘히 엮어 쳐 생활 쓰레기가 걸리도록 한 그물장치[물챙이]로 수질 오염을 한껏 줄였다. 물챙이에 걸린 쓰레기는 건져 말리고 태워 논밭의 거름으로 이용하였다. 또한 집집마다 수챗구멍 앞 물도랑에 미나리를 심어 정화 역할을 하게 하였다.

* 유엔(UN Water)은 인구 1인당 연간 수자원이 1천m^3 이하인 상태를 물 부족 국가로 정의한다.

쌀 씻은 물로 담백하게 국을 끓이고 구수한 숭늉을 만들어 먹었다. 비타민 B1, B2, 지질, 전분질이 녹아 있는 쌀뜨물을 소나 돼지에게 먹였다. 또한 그릇의 기름기를 없애는 설거지물로 재활용하여 세제도 절약하고 환경도 보호할 수 있었다. 한번 사용한 물을 그냥 버리는 것이 아니라 텃밭에 뿌려 물 한 방울이라도 아껴 썼다.

물 절약은 여기에서 그치지 않았다. 초가지붕의 처마 밑에 물통을 두고 빗물을 받아 빨래를 하였다. 빨래할 때는 잿물, 콩이나 팥 녹두를 갈아 쓰거나 양잿물(NaOH; 가성소다)과 폐식용유로 만든 세탁비누를 이용하여 물의 오염을 줄였다. 잿물은 지난날 빨래에 쓰려고 뽕나무, 콩깍지, 짚, 풋나무 따위를 태운 재에 물을 부어 받아 우려낸 물이다. 알칼리성이어서 옷의 때나 기름이 잘 빠진다. 수세식이 아닌 재래식 뒷간도 물 오염 예방에 큰 몫을 하였다.

우리나라 논 전체의 저수량은 약 25억 톤으로 홍수를 조절하고, 산소 공급으로 대기를 맑게 하는 기능이 있다. 논에 가두어 놓은 빗물은 땅속으로 스며들어 지하수를 형성하고, 아름다운 자연경관과 녹지 공간을 만든다. 그런데 물을 가두는 산림이 훼손되고 논밭의 면적이 크게 줄어들었다. 급격한 도시화로 대부분의 도로가 포장되어 빗물이 땅속으로 스며들지 못하고 곧바로 하천으로 흘러들어간다. 그만큼 댐을 더 건설해야 하는 실정이다.

앞으로 그 동안 버려졌던 빗물을 수조(큰 물통)에 모았다가 화장실 및 조경 용수나 허드렛물로 써야 한다. 그렇게 하면 모자라는 물을 보충

할 뿐더러 홍수의 피해도 막을 수 있어 일석이조의 효과를 거둘 수 있다.

수세식 변기는 물 먹는 하마다. 한무영 교수는 한 번 물을 내릴 때 약 12L를 쓰는 S자형 변기(사이펀 원리 이용)보다 약 4.5L 드는 일자형 변기로 바꾸면 물을 절약할 수 있고, 악취 문제나 수압 때문에 변기가 잘 작동되지 않는 사례도 없다고 주장한다.

설거지나 세수, 양치질을 할 때에 수도꼭지를 계속 틀어 놓을 것이 아니라, 용기에 물을 받아서 사용해야 한다. 나 한 사람의 작은 실천이 아깝게 버려지는 물을 효율적으로 아낄 수 있는 길이다.

해마다 여러 곳에서 물 부족 현상이 벌어지고 있다. 그런데 문제는 강수량이 풍부하여도 쓸 만큼의 넉넉한 양의 물이 있어야 할 때와 장소에 없다는 사실이다. 물 관리를 잘못한 탓이다. 바닷물과 빗물은 요긴한 수자원이다.

가뭄이 심해지면서 먹는 물이 절대 부족하다. 우리도 이제 바닷물에서 소금을 제거해 식수로 사용해야 할 판이다. 그러려면 담수처리 공장을 건설해야 한다. 공장을 가동하더라도 해로운 화학물질이 다량 배출되고 에너지가 많이 소모된다. 담수화 과정에서 부수적으로 발생하는 문제점을 보완하는 신기술이 뒤따라야 한다. 녹색화학 원칙이 제2차 환경 피해를 근본적으로 해결할 수 있는 길이다.

물 자원을 효율적으로 이용하기 위하여 행정적으로 모든 건물에 빗물 이용 시설을 의무적으로 설치토록 확대하여야 한다. 빗물의 이용 관리를 위한 '물의 재이용 촉진 및 지원에 관한 법률'이 있다. 그리고 땅속으로 새나가는 수돗물을 막아야 한다. 환경부 2016년 상수도 통계 자료에 따르면 한 해 전국 누수량이 팔당 저수 용량의 2.8배인 6억 8250m³이다. 수도관이 빠르게 노후화되기 때문이다.

물은 끊임없이 순환한다. 그런데 수질 오염이 심각하다. 하천은 자정 능력을 잃은 시 오래다. 각종 부패성 물질과 유독 물질이 하천, 지하수 및 바다로 과다 유입되어 적조 현상을 일으킨다. 수서생물에게 악영향을 주고 있다. 이것이 먹이사슬에 따라 결국에는 사람에게까지 피해를 입힌다. 오염된 물은 막대한 비용을 들여 다시 정화하여 먹는 물로 바꿔야 하는 일이 반복된다. 물의 악순환이다. 물질도 인체의 신진대사와 같이 순조롭게 이루어져야 생태계의 평형이 유지되는 것이다.

수질 오염을 막기 위해서 어떻게 해야 할까? 가정에서 물 사용량을 줄이고, 가능한 합성세제 사용을 억제해야 한다. 산업 현장에서는 폐수 처리 시설을 기준에 따라 설치 가동하고 법규를 잘 지켜야 한다. 정부는 상수원 보호를 위한 관리를 강화하고, 하수 처리 시설을 개선·확충하여 수질 오염원을 차단해야 한다. 환경보호운동은 이용하더라도 아껴 쓰고, 사용하더라도 적게 쓰고, 버리더라도 정해진 곳에 분류해서 버리고, 조금 불편하고 귀찮더라도 자연환경을 한 번 더 생각하고 행동하자는 것이다.

물은 인간의 생명을 유지하는 데 필수적이다. 일반 가정에서 한 사람이 하루에 사용하는 물의 양은 평균 176L다. 이 가운데 40L는 절대 필요로 하는 최소한의 양이다. 나머지는 낭비적인 생활 형태로 그냥 소모된다. 요즘 물 산업이 크게 성장하고 있다. 실은 머지않아 먹는 물 수급에 위기가 닥칠 것이라는 경고로 해석해야 할 것이다. 우리는 물의 소중함을 알고, 조상들의 물 절약 정신을 본받아야 한다. 물 부족과 수질 관리에 대한 관심도 더욱더 높여 나가야 할 것이다.

유엔은 물의 소중함을 알리기 위하여 해마다 3월 22일을 '세계 물의 날'로 제정하고, 1993년부터 이와 관련된 각종 행사를 진행하고 있다.

03
보릿고개를 넘긴 선조들의 슬기

먹거리가 턱없이 부족하던 시절, 조상들은 어떻게 가난을 이겨냈을까.

지난날 전근대적인 농법과 뒤떨어진 기술로 곡물 생산량은 매우 낮고 인구는 늘어 자급자족이 어려웠다. 게다가 무지렁이 백성은 죽도록 일만 하고 지배층의 가혹한 조세 부과와 착취 구조로 궁핍한 생활에서 헤어날 길이 없었다. 근현대로 접어들어 일제의 잔혹한 식민 수탈이 계속되었고 자연 재해와 흉년, 전염병, 전란 등으로 먹을 양식이 모자라 병들고 굶어 죽을 지경에 놓인 사람들이 많았다.

지금은 어느 정도 먹고 살 만해졌지만, 춘궁기(春窮期)에 꽁보리밥도 배불리 먹기 힘들었다. 절대 식량부족으로 항상 굶주림에 시달리지 않을 수 없었다. 지난해 거두어들인 양식은 바닥이 나고 햇보리가 미처 여물지 않은 5~6월을 '보릿고개'라고 부른 것이 그 때의 상황을 잘 말해 준다. 1960년대까지만 해도 식량난은 계속되었다.

흉년으로 먹을 양식이 모자라면 풀뿌리와 나무껍질로 겨우 목숨을 이어갔다. 들과 산에서 나물을 뜯어다 죽을 끓이고, 칡뿌리를 캐어 먹었다. 솔잎과 송기(松肌; 소나무의 속껍질)로 죽을 쑤어 먹었다. '똥구멍이 찢어지게 가난하다'는 속담은 살림살이가 몹시 궁색하였다는 뜻이다. 거친 음식을 하도 먹다보니 똥을 누기가 어려운데서 나온 말이다. 도토리를 주워 묵을 쑤고 벌레 먹은 복숭아를 어두컴컴한 밤에 아이에게 먹여 단백질을 보충시켰다. 배곯음이 극에 달하여 쥐나 뱀, 개구리도 잡았다. 심지어 선조 17년 흙도 먹었다는 기록이 〈증보문헌비고〉에 전한다. 해롭지 않은 것은 닥치는 대로 먹어치운 셈이다. 헐벗고 굶주린 아이들의 뱃속에 기생충이 들끓었던 시절이다.

1920년대 우리 민족의 궁핍한 현실을 폭로적으로 묘사한 최서해의 〈탈출기〉와 〈홍염〉이 있다. 가난과 질병, 억압에 짓눌리다 못해 파국으로 몰리게 되는 하층민의 고단한 삶의 단면을 그린 소설 작품이다.

가난 구제는 나라도 못한다는 말이 있다. 가난에서 벗어나기란 국가도 힘겨운 일인데 하물며 개인이 감당하기에 더욱 어렵다는 뜻이다. 우리나라는 농작물이 이 삼모작 되는 기후조건도 아니고, 천연자원이 풍부하지 않다. 낙후된 농업기술과 계속되는 흉작, 전란으로 식량은 태부족이었다.

구황(救荒)은 천재지변으로 먹거리가 딸릴 때 백성들을 굶주림에서 벗어나도록 돕는 일이다. 조선 시대에 세종은 흉년이 들어 가난한 사람을 구제하기 위하여 구황청을 두었다. 〈구황벽곡방〉, 〈구황촬요〉 등 구황에 관한 책도 간행하였다. 현대에 들어와 6·25전쟁이 끝나면서 굶주림은 극에 달했다. 미국의 잉여농산물 원조(PL 480)*로 들어온 밀가루와 우유가루, 옥수수가루가 기성세대의 곯은 배를 채워준 것이다.

불과 60여 년 전만 해도 한반도는 지구상에서 가장 못사는 나라였다. 배고픔을 해결하는 것이 온 국민의 열망이었다. 그래서 지역사회 개발 사업인 새마을운동이 일어났다.** '잘 살아보세'라는 전체주의적 국가주의 전략이 민주주의 등 다른 가치들을 뒤로 밀어둔 채 우리 사회에 거대한 흐름으로 자리 잡았다. 정부 주도의 발전이데올로기가 기업의 탈법을 눈감아주고 각종 특혜를 주었다. 현대사의 어두운 그늘이요 일그러진 자화상이다.

이러한 엇박자에도 불구하고 경제성장의 직접적인 동기는 절대 빈곤을 벗어나야겠다는 국민 대다수의 강철 같은 의지다. 오로지 모든 국민이 곯은 배를 움켜쥐고 열심히 일한 덕분이다. 농민과 파독 광부 간호사, 중동지역 건설노동자, 파월 군인, 공단 노동자들의 헌신과 희생이 경제 발전의 토대를 굳건하게 마련하여 '오늘'을 이룬 것이다.

먹거리를 웬만큼 걱정하지 않게 된 시점은 1970년대 다수확 신품종 통일벼(IR 667) 육성에 성공한 녹색혁명과 1980년대 이후 외국과의 무역을 통해서다. 저임금, 저곡가 정책과 기아수출로 공산품을 팔아 농산품을 들여와야 하는 경제구조였다. 빠른 도시화로 우리의 식량 자

---

* 천만다행으로 배고픔은 달랠 수 있었지만, 한편으로는 우리의 농업 기반을 무너뜨렸다는 비판을 받는다. 1980년대 말부터 '우리밀살리기운동'을 펼쳐 그 동안 사라진 우리 밀밭을 되살리기 시작한 것이 그 예가 될 것이다.
** 새마을운동중앙회 정성헌 회장은 취임사에서 "1970~80년대 새마을운동은 국민의 염원과 정부 정책이 조화를 이루며 절대 빈곤 극복에 기여했다. 이제는 근면, 자조, 협동 정신으로 지구환경을 살리는 생명살리기운동에 나서자"고 말했다.

급률은 급격히 떨어졌다. 식량안보에 빨간불이 켜진 것이다. 수출량이 줄어들고 가뭄 등으로 식량 위기를 맞는다면 악몽 같은 보릿고개가 언제 재현될지 모른다. 국내 농업 기반을 튼튼히 하여 만일에 대비해야 할 것이다.

우리나라 사람들은 끈질기고 부지런하다. 손재주가 뛰어나고 창의력이 풍부하다. 공동체 의식이 뚜렷하다. 허리띠를 졸라매고 소나 논밭을 팔아서라고 자식들을 공부시켜 못 배운 한을 풀었다. 그만큼 교육열이 대단한 민족이다. 고급 인력이 늘어났다. '빨리빨리'라는 역동성과 흥이 있고 신바람이 넘쳐났다. 이러한 문화 유전자가 성장 동력이 된 것이다.

한국 경제는 그 동안 눈부신 발전을 하였다. 오일쇼크, 국제통화기금(IMF) 구제금융, 군부 독재, 부정부패, 남북/ 남남갈등, 노동문제, 인권문제 등 여러 차례의 정치사회 위기도 슬기롭게 넘겼다. 오늘날 우리는 세계인의 주목을 받고 있다. 짧은 기간에 민주적 헌정 질서 속에서 꽃을 피운 경제성장과 정치민주화를 한꺼번에 이룬 나라라는 점이다. 도움을 받던 나라에서 오히려 가난한 나라를 돕는 원조국 대열로 발돋움한 것은 한민족의 대단한 자부심이다.

먹고사는 문제는 생산량을 늘리는 것과 함께 정치 사회적으로 공평한 분배가 해법이다. '선성장 후분배'에 갇혀 있던 불균형을 이제는 바로잡아야 할 때다. 우리에게 식량자원의 안정적인 확보, 지속적인 경제성장과 분배 정의 실현, 경제 민주화를 통한 양극화 해소, 출산율 증가, 복지 증진 및 평화 통일이라는 과제가 남아 있다.

04
뚝배기에서 나오는 은근과 끈기

우리 민족에게는 야단스럽지 않으면서 꾸준하게 그리고 묵묵히 일에만 열중하는 기질이 있다. 이를 '은근과 끈기'라고 한다. 뚝배기에 비유되는 성질이다.

뚝배기는 찌개나 지짐이를 끓이고 설렁탕 따위를 담을 때 쓰는 오지그릇이다. 진흙으로 빚어서 볕에 말리거나 낮은 온도로 굽고 잿물을 입혀 다시 구운 숨 쉬는 그릇이다. 흙을 되는대로 빚어 만들었기 때문에 청자, 백자와 같이 고급스럽거나 화려하지 않고 막사발처럼 투박하고 자연스럽다. '뚝배기보다 장맛이 좋다'는 속담은 겉모양보다 내용이 훨씬 낫다는 뜻이다. 그만큼 뚝배기가 볼품없이 생겼고 흔하다는 말이다.

뚝배기는 불에 강하여 음식물을 끓일 때 서서히 뜨거워지기 시작한다. 일단 한번 달궈지면 쉽게 식지 않으므로 가볍고 얄팍한 양은 또는 알루미늄으로 만든 냄비와 그 성질이 전혀 다르다. 차가운 음식은 더욱 차갑게 하고, 뜨거운 국을 담으면 더디게 식는 장점이 있다.

조상들은 음식과 그릇을 궁합에 맞게 사용하였다. 된장찌개, 국밥, 순댓국과 설렁탕 그릇으로는 뭐니 뭐니 해도 보온성이 뛰어나고 위생적인 뚝배기가 제격이다. 그래야 맛과 멋이 잘 어울린다. 내용과 형식의 완벽한 조화라고 할 수 있다.

쉽게 끓고 금방 식어버리는 냄비 근성은 세속적인 명예와 이익에

만 급급한 이기적인 사람 곧 속물을 가리키는 말이다. 가볍게 촐랑대는 사람보다 말없이 뚜벅뚜벅 제 할 일 최선을 다하고 책임질 줄 아는 이가 질박한 모양의 뚝배기처럼 '된 사람'이다. 사람 냄새 물씬 풍기고 정감 넘치는 구수한 사람이다.

참을성과 기다림의 미학이 깃든 발효식품과 음식을 다 먹을 때까지 열기를 유지하는 뚝배기가 은근과 끈기의 인간상을 만들어낸 것이다. 오늘날 경제적으로 형편이 나아지고 높은 수준의 문화를 이룬 것도 은근과 끈기의 힘이다. 훈훈한 뚝배기 근성이야말로 믿음직하고 자랑스러운 우리 민족의 참모습이다.

05
신바람은 한민족의 저력이다

일반적으로 사람들은 좋은 일이 있거나 어떤 일에 흥미가 생기면 콧노래를 부르고 어깨를 들썩인다. 이러한 기분을 '신'이라고 한다. 신이 나서 우쭐우쭐하여지는 기운이 신바람 또는 신명이다.

신바람의 어원적 의미는 '바람이 들어(어떤 대상에 마음이 들어) 들떠 있는 상태'다. 여기에서 신은 초자연적인 신(神)이나 남성의 정력을 뜻하는 신(腎) 또는 신발로 보기도 한다. 신바람은 '흥'과도 통한다. 기분이 좋으면 콧노래를 흥얼거리고 더덩실 춤을 춘다. 이것이 춤바람이다. 몸짓은 흥겨운 상태를 표현하는 수단이다. '신바람난다'고 하면 흥취가

절로 난다는 뜻이다.

　신명은 우리의 고유한 리듬이다. 덩실대고 감아 싸는 장단의 구조가 우리 가락이 가지고 있는 힘이다. 신바람이나 흥은 사물이나 인간과의 관계 속에서 드러난다. 영향력이 강하여 여럿일 때 빛을 더 발한다. 집단적 공감의 정서가 이루어지는 것이다. 연희 무대와 능동적이고 적극적인 관객이 한데 어우러지면 흥분의 도가니가 된다.

　생산 활동과 관련된 민요 즉 노동요가 발달한 것도 신바람이다. '아리랑', '쾌지나 칭칭나네', 임진왜란 때 이순신의 '강강술래' 전법, 투쟁가인 '아침 이슬', '임을 위한 행진곡' 등이 대중을 하나로 뭉치게 하고 공감대를 형성하는 힘이다. 신명이 나면 두려울 것이 없는 민족이다.

　신명지게 펼쳐지는 마을의 굿판, 판소리 한마당, 전통마당놀이, 풍물놀이, 사물놀이와 난타, 2002년 월드컵 축구경기에서의 '대~한민국' 응원문화, 케이팝 공연장, 촛불집회 및 시위 현장에서 보듯이 질서정연하면서 열광적인 분위기가 그렇다. 신바람은 산업 현장에서 능력 이상의 성과를 내어 노동 생산성을 높이는 힘의 원천이다. 지난날 농경사회에서 울력꾼과 두레패가 전하는 문화 유전자다.

　신바람은 일종의 마력(魔力)과도 같다. 샤머니즘 요소가 그 바탕에 깔려 있기 때문이다. 우리에게 신바람 문화는 힘겨운 삶에 따르는 민중의 애환과 고통을 달래고 추스르는 긍정의 힘이다. 협동성이요 자신감과 용기다. 우울증과 스트레스를 풀어주는 청량제다. 또한 편협하고 왜곡된 역사의 뒤안길에서 아직도 아물지 못한 사건·사고의 정신적 상처를 치유하는 수단이다. 세속적 고뇌와 슬픔을 해학과 풍자로 승화시키는 철학이요, 맺힌 원한을 시원하게 풀어주는 명약이라고 할 수 있다.

신바람은 삶에 의욕을 불어넣는 활력소다. 이것은 자발적이고 집단적으로 신나게 움직임으로써 형성된다. 신명나는 활동은 사회 구성원으로서 〈자기〉의 존재 가치를 드러내어 개인의 행복과 공정한 사회를 건설하기 위한 생산적인 활갯짓이다. 나아가 대담성과 도전정신이라는 한민족의 정체성이다.

06
한민족의 역동성 빨리빨리 문화

우리나라는 불과 40년 남짓 된 짧은 기간에 경제성장과 정치민주화를 한꺼번에 일구었다. 한국의 눈부신 발전에 세계인이 놀라고 후발국이 개발모델로 삼는다. 그러면 압축 성장의 밑바탕 힘은 무엇인가. 한마디로 '빨리빨리'라는 적극적인 추진력과 부지런함이라고 할 것이다.

'빨리빨리'를 수단과 방법을 안 가리는 조급증으로 보는 이들이 있다. 한국인은 참을성이 없고 매우 급한 성격 곧 냄비 근성을 가졌다고 비아냥거리는 소리로 들린다. 우리는 본디 조급(早急/躁急)한 민족인가. 무슨 일이든 어설프게 서두르기 좋아하는 유전자를 타고났다는 것인가. 이는 사실과 다르고 전혀 근거 없는 말이다. 시대 상황과 주어진 여건에 맞추어 느리고 빠름을 달리했을 뿐이다. '빨리빨리'는 병적 콤

플렉스가 아니라 긍정적인 성장 동력이다.

민첩함과 역동성은 고대 기마민족에서 찾을 수 있다. 중국(수·당) 침략에 대한 고구려의 승리는 활기찬 민족성과 결코 무관하지 않다. 〈고려도경〉에 "길을 갈 때는 달리기를 좋아하고 서 있을 때는 허리 뒤로 양손을 끼는 자가 많다"라는 기록은 고려 시대 사람들이 얼마나 의욕적으로 바쁘게 한편으로는 느긋하게 살았는가를 보여주는 단면이리라.

그러나 '고요한 아침의 나라' 조선 시대에는 일이 느리게 진행되었다. 새벽녘에 닭이 울면 일어나고 들에 나가 일을 시작하였다. 그리고 해가 지면 집에 돌아와 편히 쉬었다. 절기에 맞춰 밭을 갈아 씨앗을 뿌려 가꾸고 거두어들였다. 자연의 순환에 따르는 전형적인 농경사회의 생활 모습이다. 시간에 쫓기지 않고 매우 느긋한 삶을 누리며 살았다. 농번기에는 '두레'와 같은 협업 공동체 문화가 활발했던 반면 조급성은 찾아보기 어렵던 시대의 생활 모습이다.

구한말 우리나라를 다녀간 외국인들의 여행기에 조선인들은 매우 느리고 게을러 보인다고 하였다. 러일전쟁 때 종군기자로 온 미국 작가 잭 런던은 "조선인들은 몹시 게으르다. 조선어에는 속도를 내야 할 필요를 강조하는 단어가 적어도 스무 개는 되는데, '바삐, 얼른, 속히, 얼핏, 급히, 냉큼, 빨리, 잠깐' 등과 같은 것이 그 사례다. 서양인이 조선에서 가장 먼저 배우는 말이다. 이런 단어가 많다는 것은 그들이 그만큼 게으르다는 것을 보여준다"고 적은 바 있다.

반면에, 영국인 이사벨라 버드 비숍은 〈조선과 그 이웃 나라들〉에서 "조선인들의 일상적 표정은 당혹스러움을 느끼게 할 정도로 활기차다"고 하였다. 러시아인 카르네프는 〈내가 본 조선 조선인〉에서 "그들은 지혜롭고 활발하며, 민감하고 지식욕이 풍부하였다"고 본 것이다.

우리는 조선말 격변기에 쇄국으로 일관하는 등 소극적인 외교통상 정책으로 서구 문물을 이웃나라보다 늦게 받아들인 탓에 국권을 빼앗기는 아픔을 겪어야 했다. 그러한 연유로 구한말 주변 강대국 틈에서 온전히 살아남으려면 하루빨리 저들을 따라잡아야 한다는 강박관념이 빨리빨리로 나타난 것이다.

잔혹한 일제강점기 식민 공업화 강행으로 죄 없는 백성들이 헐벗고 굶주린 상태로 강제 동원되었다. 긴 암흑 터널을 지나 조국광복을 맞이하고도 어수선한 해방공간에 끼어든 외세의 간섭과 좌우익 대립, 정치적 혼란, 6·25전쟁의 후유증과 분단 상황에서의 긴장과 공포 불안 심리가 우리 저변에 깔린 것이다.

쫓고 쫓기는 국면에서 어찌 할 바를 몰라 허둥거릴 수밖에 없었던 굴절된 과거사 속에서 수난과 좌절로 얼룩진 고통의 상처는 고스란히 역사적 트라우마로 남아 있다. 그나마 잿더미 속에서 되살아난 한민족의 '빨리빨리' 정신이 남한의 '새마을운동'과 북한의 '천리마운동'으로 작동한 것이다. 어떠한 정치적 이념이나 체제와 별도로 곯은 배를 채우기 위해 보릿고개를 넘긴 〈밥〉 경제 이데올로기다. 급속한 산업화가 우리의 삶을 엄청나게 바꾸어 놓은 것이다.

인류의 산업혁명은 18세기 증기기관의 기계화에서, 19~20세기 초 전기에너지 기반의 대량생산과 20세기 후반 컴퓨터 기반의 지식정보 시대를 거쳐 왔다. 우리나라는 전근대와 근대 산업화, 현대 정보사회 의 다양한 요소들이 거의 경계가 없다시피 짧은 기간 동안 한꺼번에 뒤섞여 진행되었다. 눈코 뜰 새 없이 바쁘게 살아온 것이다.

'비동시성의 동시성'에 처한 우리는 매우 빠른 변화를 겪었다. 거기 에 민주화, 노사 갈등, 노동시간 과다, 저임금, 빈부 격차, 치열한 경 쟁, 능률 지상주의 등이 사람들을 '빨리빨리'라는 긴박한 상황으로 몰 아갔다. 주어진 시간에 남보다 먼저 재빠르고 부지런히 일하여 질 좋 은 성과를 많이 내어야 치열한 생존경쟁에서 살아남을 수 있음을 경 험한 것이다.

빨리빨리는 달리기, 수영, 경마, 빙상, 자동차 경주 등 속도경기에서 최고의 자랑스러운 가치다. 아울러 빈틈없는 계획과 철저하게 준비된 상태에서 신속하고 정확함과 안전성이 건설 현장에서의 공기 단축이 나 생산 공장에서 작업 능률로 이어져 저비용 고효율로 생산성을 높 이는 효과가 있다. 결국 부지런함이 함축된 빨리빨리는 인간의 강력 한 이기심으로 작동하는 자본주의와 전체주의라는 경제 정치 체제의 산물이다.

'빨리빨리'는 도시산업화에 적응하면서 탄력 있게 되살아난 우리의 도전적인 정신문화 브랜드다. 졸속 행정이나 날림 공사, 상대방을 우 격으로 다그치는 것이 아니라 '쉬지 않고 스스로 열심히 일하는 부지 런함, 지칠 줄 모르는 줄기찬 투지력, 변화에 적절하게 대처할 줄 아는 능력, 위급한 상황에서의 빠르고 정확한 일처리'에 무게를 둔 행동 양식으로 풀이된다. 여기에 일의 효율성과 능률이라는 새로운 개념이 덧붙는다.

요컨대, 우리 민족의 '빨리빨리'라는 강한 성취 욕구는 국가 경쟁력을 키워 압축 경제성장을 이룬 힘이다. 역동성은 IT 산업 발전에도 뚜렷하게 영향을 끼친 이기적 유전자다. 이제 우리는 사람과 사물, 공간 연결 기반의 인공지능이 활발한 4차 혁명의 시대를 맞이하였다. 발 빠르고 차분하게 인문학적 상상력을 동원하여 제품의 부가가치를 높여나가야 할 때다. 이 길이 경제 재도약을 위한 새로운 성장 발판이다.

07
선비 정신과 정치 지도력

학식과 덕망을 갖춘 이를 선비라고 부른다. 예의염치(禮義廉恥)를 가슴에 새겨 품격을 갖추고 자기를 먼저 닦은 다음, 남을 다스리는 이가 선비다(修己治人). 스스로에게 엄하면서 정의로우며 대의명분을 다하는 강직한 사람을 이르는 말이다.

선비는 세상을 보는 안목이 넓다. 역사를 바라보는 시각이 날카롭고 냉철하다. 세속적인 삶에 연연하지 않는 대범함과 원칙에 충실하다. 불의에 대해서는 준엄하게 비판의 칼날을 들이댄다. 곯아죽어도 협박이나 회유에 꺾이지 않는 청렴하고 대쪽 같은 인물이다. 나아가 온갖 고난과 국난을 이겨내고 나라와 민중을 끌어안는 기질이 있다.

조선 시대 선비들은 왕에 대해 협조적이면서 동시에 비판적이었다. 신하로서 왕을 존중하는 태도를 철저히 취하는 한편, 언제 어느 곳에서나 직언(直言)을 서슴지 않았다. 공론에 따라 문제를 해결하고, 주장이 안 통한다거나 왕에게서 더 이상 도를 찾지 못하면 과감히 돌아설 줄 알았다. 정치 세력과 사회적 지위에도 굽히지 않았다. 비록 초야에 묻혀 있어도 군주를 바르게 이끌 책임이 있다고 자부하였다. 이것이 지조 높은 선비의 참모습이다.

선비가 관리로 등용되면 백성을 위하여 나랏일에 헌신해야 한다. 다산 정약용은 〈목민심서〉에서 세 가지 덕목을 강조하였다. 율기(律己), 봉공(奉公), 애민(愛民)이다. 마음을 단속하여 인격 수양에 힘쓰고, 나라와 사회를 위하여 힘써 봉사하고, 힘없고 곤경에 처한 백성을 사랑하는 것이다. 벼슬아치들의 몸가짐과 복지사회를 지향하는 정치지도 철학이다.

다산은 〈여유당전서(原牧)〉에서 통치자인 임금이라는 것은 하늘로부터 내려와서 된 것이 아니라 백성 중에서 나왔으므로 임금은 마땅히 백성의 추대에 의하여 자리에 올라야 한다. 못된 임금을 인민이 지지하지 않을 때 바꾸는 것은 지극히 정당한 일이며 이것을 반역이라고 할 수 없다. 그러므로 통치자가 백성을 위하여 존재하여야 하며 백성이 통치자를 위하여 있을 수 없으며, 법도 백성의 의사에 따라 제정되어야 한다고 주장하였다.

지난날 시대를 이끌고 자기 삶에 충실했던 정몽주, 정도전, 조광조, 이황, 이이, 유성룡, 정약용, 최익현, 황현, 김구 선생 등이 떠오른다. 선비 정신을 구현한 역사상의 인물이다. 이분들의 정치 철학과 현실 참여 전통이 면면히 줄기차게 연결되어 온 것이 정의로운 겨레의 본모습이다. 한말 개화운동, 동학농민운동, 의병활동과 일제강점기 독립운동으로 조국광복 뒤에는 민주화 운동으로 이어진다. 선비는 시대 양심이요 인격의 기준으로 인식되었고 지도자로서 사회적 책임을 떠맡아 온 것이다.

구한말 매천 황현은 1910년 일제에 나라를 빼앗기자, 다음과 같이 절명시(絕命詩)를 써놓고 음력 8월 6일 생을 마감하였다. 황현은 선비로서의 양심을 지키기 위하여 숭고한 죽음을 택한 것이다.

鳥獸哀鳴海岳嚬(조수애명해악빈) 새와 들짐승도 슬피 울고 강산도 찡그리니,

槿花世界已沉淪(근화세계이침윤) 무궁화 이 세상은 가고 말았네.

秋燈掩卷懷千古(추등엄권회천고) 책을 덮고 지난 역사 생각하니,

難作人間識字人(난작인간식자인) 세상에 글 아는 사람 구실하기 어렵구나.

요즘 우리 사회는 법과 정의가 흔들리고 원칙이 무너져가고 있다. 사리사욕에 눈먼 패거리 정치꾼이 분열과 갈등을 부추긴다. 무책임하고 부끄러워할 줄 모르는 모리배는 대중을 선동하고 서민을 한낱 개·돼지로 대하며 우롱한다. 관료사회의 적폐와 권력집중 현상이 빚은

부정부패, 그리고 지도층의 도덕 불감증이 문제다. 한마디로 리더십의 부재다. 그 어느 때보다 선비 정신이라는 건강한 가치 기준이 필요한 시대다.

대통령은 국민이 뽑은 국정의 최고 책임자다. 권한을 제멋대로 휘둘러서는 안 된다. 취임에 즈음하여 다음의 선언을 한다. "나는 헌법을 준수하고 국가를 보위하며 조국의 평화적 통일과 국민의 자유와 복리의 증진 및 민족문화의 창달에 노력하여 대통령으로서의 직책을 성실히 수행할 것을 국민 앞에 엄숙히 선서합니다."

역대 지도자들은 하나같이 제왕적이었다. 그런데도 이들의 잘못된 판단과 독선에 불이익을 감수하고 충언하는 강직한 관료들이 있어 나라의 명맥이 그런대로 이어졌다. 자리에 연연하지 않고 쓴 소리를 하는 참모야말로 선비의 피가 흐르는 진정한 애국자요 나라의 심부름꾼이다. 모름지기 백성이 똑똑해야 나라가 바로 선다. 한 나라의 주권은 국민에게 있고, 모든 권력은 국민으로부터 나오기 때문이다.

조선 시대를 통해서 선비 정신과 생활태도 가운데 가장 높이 평가해야 할 것은 불의에 타협하지 않고, 금전이나 세력에 아부하지 않는 것이다. 지금도 국민이 신뢰할 만한 리더가 바로 선비다. 지도자는 높은 도덕성 위에 폭넓은 식견, 전문성 및 통치능력을 고루 갖춰야 한다. 올곧은 삶과 학문적 성취를 강조하는 선비 정신은 민족의 자존심을 지켜 온 소중한 정신문화 유산이다. 올곧은 선비상은 시대가 바뀌어도 우리 사회를 반듯하게 이끌어갈 지성인의 표상이다.

08
시집을 가도 바뀌지 않는 성씨

성(姓)이란 한 핏줄을 잇는 겨레붙이의 갈래를 일컫는 말이다. 조상 대대로 이어져 내려오는 그 집안의 혈통으로 김, 이, 박 등 300여 개에 이른다.

성을 처음 쓰기 시작한 사람은 김해 김 씨(金氏)인 신라 진흥왕이다. 그 무렵 특권층은 성씨를 가질 수 있었다. 신라 말 고려 초인 10세기에 이르자 양민도 성을 사용하게 되었다. 조선 초기에는 평민, 후기에는 천민층으로 확대되었다.

조상들은 오래 전부터 한 집안의 갈래와 핏줄을 족보(族譜)라는 형식으로 기록하기 시작하였다. 족보는 성씨의 시조(始祖; 맨 처음의 조상)부터 자손에 이르기까지 계보를 기록한 책이다. 〈안동권씨성화보(安東權氏成化譜; 1476)〉가 최초의 족보다.

서양에서는 여성이 결혼을 하면 남편의 성을 따른다. 우리는 이와 다르게 여자가 시집을 가도 남편의 성을 따르지 않는다. 이 씨 성을 가진 여자가 박 씨 집안으로 출가해도, 성은 변함없는 이 씨지 박 씨가 되지 않는다.

우리나라는 아버지 쪽의 핏줄을 위주로 이룬 가족이므로 부계 중심의 혈연을 본위로 한다. 시집을 가도 성을 그대로 유지시킨 것은 어느 집안의 사람인가를 중요하게 여기기 때문이다. 또한 사돈 사이 가문의 유대 관계를 튼튼히 하기 위한 의미도 있다. 성은 그 집안의 뼈대요 자존심이다. 그러기에 일제강점기 성과 이름을 일본식으로 고칠 것을 강요한 창씨개명(創氏改名)은 역사상 치욕적인 사건이었다.

'성을 갈겠다'고 하는 말은 다시는 하지 않겠다고 누군가와 다짐을 하거나 딱 잘라서 말할 때 사용하는 관용어다. 이름은 갈 수 있어도 성은 바꿀 수 없다는 원칙이다. 성은 〈나〉라는 존재의 정체성이다. 다만, 승려는 속세의 인연을 끊고 출가하였으므로 성 곧 속세의 이름이 아닌 법명(法名)을 쓴다.

요즘에 어머니의 성도 자식에게 물려주어야 한다고 생각하는 이들이 있어 부모의 성을 합쳐 쓰기도 있다. 예를 들면 '박이OO' 식이다. 그런데 몇 대를 내려가면 성씨를 붙이기가 아주 복잡해지는 것이 문제다.

일반적으로 성을 칭하게 된 때에는 이미 부계중심 사회이므로 성은 각 개인의 부계혈통을 표시하는 표지다. 민법상 자녀의 성은 부의 성을 따르는 것이 원칙이며, 부의 인지를 받지 못한 혼인 외의 출생자는 모의 성을 따르고, 부모를 알 수 없는 자는 법원의 허가를 얻어 성을 창설하고, 후에 부 또는 모를 알게 된 때에는 부 또는 모의 성을 따를 수 있다. 그러나 성은 가족형태의 다양화에 따른 불편 내지 불이익을 제거하고 자의 복리를 위하여 법원의 허가를 받아 변경이 가능하다(민법 제781조). 그리고 '가족관계의 등록 등에 관한 법률' 제100조를 참고하면 도움을 받을 수 있다.

어쨌든 서양과 달리 우리나라 여성들은 혼인하여 부부가 되더라도 자기 성을 평생 그대로 간직한다. 이러한 사실은 친정 가문의 뿌리 유지와 여성의 지위 그리고 인권 존중이라는 면에서 매우 합리적인 제도라고 할 수 있다.

09
실명제와 책임과 명분

누구나 자기가 한 말이나 행위에 대하여 책임을 지는 것이 사람의 도리다. 책임이란 맡아서 해야 할 임무나 의무를, 책임 능력이란 법률상의 책임을 질 수 있는 능력을 말한다.

실명은 실제명의(實際名義)의 준말로 어떤 일을 행한 사람이 끝까지 그 일에 책임을 져야 함을 뜻하는 말이다. 실명제는 행정문서나 건축물, 그림·서화 제품 등 여러 분야에서 권한 있는 사람이나 기관의 책임과 투명성을 보장하는 제도다.

오대산 상원사동종(국보 제36호)은 신라 성덕왕 24년(725)에 만든 범종이다. 이 종에 照南宅匠仕ㅁ大舍(조남택장사ㅁ대사)라고 제작자의 명문이 남아 있다. 일본 황실의 보물 창고인 정창원에 신라에서 건너간 양탄자[모전(毛氈)]가 보관되어 있는데, 꼬리표의 '자초랑(紫草娘)'은 제작한 사람의 이름이다. 이밖에 유물의 명문(銘文)에서 조성 연대 등 당시 사회·경제 정보를 얻을 수 있다.

조선 시대에 역사의 기록은 사실 그대로 써야 한다는 원칙 곧 사법

(史法)이 엄격하였다. 왕조실록* 편찬에서 사관(史官)이 쓴 사초(史草)를 실명제로 하였다. 사초는 사관이 사실을 기록해 둔 초고다. 사관에게는 직필(直筆)이 생명이다. 목이 달아나는 한이 있어도 사실대로 빠짐없이 기록하는 것이 사관의 사명이다.

관료나 국왕이 잘못하면 훗날 역사의 심판을 받게 하였다. 그만큼 사관의 신분이 보장되었다. 왕은 물론 누구라도 사초 열람이 불가능하다. 누설하는 자는 엄벌에 처했다. 그 이유는 사화(士禍)가 일어날 우려가 높기 때문이요, 힘 있는 자에 의하여 역사가 왜곡되는 것을 막기 위한 조치다. 실록 편찬의 대원칙을 철저한 비밀주의에 둔 것이다.

실록이 완성되면 사고(史庫)에 보관하고, 사료로 쓰인 사초는 뒷날의 옳고 그름 등의 구설을 막고 종이를 다시 쓰기 위하여 자하문 밖 차일암 시냇물에 세초(洗草; 사초를 씻음)하였다. 그 당시 왕 옆에는 늘 사관이 함께 참석하여 밀실 정치란 있을 수 없었다. 왕은 역사를 두려워하고 역사의 심판을 받은 것이다. 실록의 가치는 역사의 교훈을 중시하는 기록 정신의 발로다. 오늘날 행정안전부에 '국가기록원'을 두고 있는 것도 같은 맥락이다.

세종은 약재(藥材)를 체계적으로 정리한 〈향약채취월령(1431년)〉을 편찬하였다. 약초 이름을 채취하는 사람들이 알기 쉽도록 우리말로 붙이게 하였다. 그리고 모든 약재는 반드시 때맞춰 구하고 상납할 때는 어느 고을의 누가 어느 때 어디에서 채취한 무슨 약임을 기입하게 하라고 지시하였다. 약재 채취 실명제를 도입한 것이다.

수원 화성의 창룡문 옹성 안 왼쪽 벽에 공사 책임자의 직책과 이름

---

* 조선왕조실록은 국보 제151호다. 1997년 유네스코 세계문화유산으로 등재하였다. 실록은 한 왕이 죽으면 그 왕대에 있었던 일들을 연월일 순으로 기록한 역사책이다. 국왕의 전제와 관료의 독주를 막아 건강한 국가를 운영하게 하려는 책임 정치의 기록이다.

그리고 '석수 김명한 등 19명'이라고 새겨져 있다. 화성을 설계하여 완공할 때까지의 모든 과정을 그림을 곁들여 기록한 〈화성성역의궤〉에 1,800여명의 장인들의 명단이 석수, 목수, 니장, 와옹장 등 직종별로 나온다. 그리고 일꾼들에게 작업량에 따라 일일이 품삯을 지급한 사실을 세밀하게 적어놓았다.

  서울 성곽도 축성과정에서 책임 소재를 분명하게 하기 위하여 성벽 군데군데에 감독자의 이름과 완공 날짜가 기록되어 있다. 진주성 공북문 왼쪽 성벽에는 성 쌓기에 동원된 병사들의 이름이 적혀 있다. 날림공사를 막기 위한 장치다. 오래전부터 내려온 축성 실명제가 지금의 건축실명제로 이어진 것이다.

  조선 시대에는 증명이나 확인을 위하여 문서에 직접 국왕이 수결(手決)을 하였다. 나무에 새겨서 찍는 방법도 있었다. 고종의 어압(御押: 수결을 새긴 도장)이 마패 등에 주조되었고 조칙(詔勅), 조약문서에서 볼 수 있다. 어압에는 생년월일 임자년 7월 25일을 '壬子'·'七'·'卄五'로 나타내도록 만들었다.

  작품에 찍는 낙관(落款)은 글씨나 그림을 완성하고 작가의 이름이나 호를 쓰고 도장을 치는 일이다. 자신의 것임을 보증하기 위해서다. 이들은 오늘날 행정문서, 계약서 등에 자기만의 독특한 방식으로 책임과 권한을 확인하는 사인(sign)에 해당한다.

  그 시대 사회 제도를 신랄하게 비판한 〈홍길동전〉을 지은 허균이나 〈양반전〉, 〈호질〉 등을 쓴 박지원이 버젓이 이름을 밝혀 놓았다. 양반의 표리부동한 양면성을 적나라하게 드러낸 김홍도와 신윤복도 그림에 관지(款識)와 도장을 찍어 자신의 그림임을 당당하게 나타냈다. 작품에 담긴 풍자와 해학성을 양반층에서 크게 문제 삼지 않은 사회적 분위기가 어느 정도 작용하였겠지만, 작가들의 사회개혁 의지와 자신감, 용기가 없다면 결코 쉬운 일이 아니었을 것이다.

1993년부터 실시하고 있는 금융실명제는 모든 돈거래를 거래 당사자 본인의 실제 이름으로 이루어지도록 한 제도다. 또한 부동산실명거래제는 부동산거래를 반드시 팔고 사는 당사자의 실제 이름으로 하도록 의무화한 것이다. 이들은 경제 정의를 실현할 목적으로 무기명이나 가명으로 거래하는 폐단을 막기 위한 투명한 정책이다. 오늘날 건축물을 지을 때 건축주, 설계, 감리, 시공사 등이 기재된 머릿돌을 설치하는 것도 일종의 건축실명제라고 할 수 있다.

오래전부터 우리나라에서는 신분이나 이름에 걸맞게 지켜야 할 도리를 다하고 일을 공정하게 처리하여야 한다는 의도로 각종 실명제를 실시하였다. 어느 시대이건 책임과 명분을 중히 여기고 사회 정의를 실현하려는 국가 사회의 의지라고 할 수 있다.

10
사발통문에 담긴 연대 책임

호소문이나 격문 따위에 주동자가 누구인지 알 수 없도록 사발을 엎어놓고 그린 동그라미를 중심으로 참가자의 이름을 빙 둘러 적은 문서를 '사발통문(沙鉢通文)'이라고 한다. 통문은 여러 사람이 돌려보면서 널리 알리는 글이다.

조선 후기 국내외적으로 정치가 불안하여 조정이 위태로울 때 나라를 걱정하는 참된 마음에서 세상 사람들을 일깨우려고 쓴 글이 성행하였다. 지도자의 잘못된 정책과 폭압에 대한 밑으로부터의 직접적인 불만 토로이자 설득의 소통 수단이다. 그 대표적인 예가 동학군의 통문 제1호(1893년)다.

격문이 시대와 관점에 따라 불온 문서 취급을 받을 수도 있겠지만, 정의로운 국가사회 건설을 위한 민중의 올곧은 개혁 의사 표현으로 보아야 할 것이다. 격문도 일종의 언로(言路)이기 때문이다. 프랑스에서도 절대왕정 시절, 우리의 사발통문과 비슷한 라운드 리본 형식으로 주동자를 쉽게 알아채지 못하게 문서에 연명하였다고 한다.

사발통문은 힘이 약한 자들의 두려움이나 비겁한 행동이 아니라, 연대 투쟁 의식에서 비롯한 서명 방식이다. 사건이 드러나더라도 굳건한 동지애로 뭉쳐 따져 묻고 끝까지 책임을 지겠다는 '갑(甲)'에 대한 '을(乙)'들의 결연한 민주적 실천다짐이다.

11
국가의 생존전략 사대주의와 붕당

우리나라는 강대국에 둘러싸인 약소국이 아니다. 개성 있는 문화 역량을 오랫동안 쌓아 면면히 존속하여 온 강소국(强小國)이다. 작아도 오뚝이처럼 일어나는 강한 나라다. 지금은 남과 북으로 나뉘어 있지만 조국의 평화통일은 시간문제라고 생각한다.

조상들은 고대부터 주변국과의 '힘의 논리'를 지혜롭게 극복하여 중화사상에 말려들지 않고 자주 독립 국가를 경영하여 왔다. 그런데 19세기에 이르러 망국적 정치풍토가 나라를 사양길로 접어들게 한 것이다. 조선은 세계가 제국주의로 재편되는 과정에 적절히 대응하지 못하고 악독한 일제에 강점당함으로써 나라 잃는 슬픈 운명에 처한다. 매국노 위정자들은 국권 상실에 대한 문책을 받아 마땅하다. 우리는 부끄러운 역사를 뼈저리게 뉘우치고 반성해야 한다.

구한말 일제는 영토와 경제 수탈에 만족하지 않고 한민족의 자주성을 말살하여 민족혼을 고사하기에 주력하였다. 왜놈들이 민족문화를 야비하게 왜곡시키기 시작한 것이다. 조선 말기 우리의 일그러진 모습에 초점을 맞춰 식민사학이라는 그물로 사대주의론, 당쟁론, 정체성론을 펼쳐 집중 공략하였다. 더욱 한심한 일은 일제에 놀아난 친일 식민사학자 무리다.

사대주의론은 우리가 중국의 종속국이라는 억지 주장이다. 사대주의는 어디까지나 주변 강대국을 상대로 벌인 자주적 외교 수단이었지, 주체성 없이 맹목적으로 추종한 굴종관계가 아니라는 사실이다. 역사상 우리는 고조선 강역도에서 보듯이 북방 민족에 대한 적대와 배타적인 태도를 항상 취해왔다. 신라의 사대주의나 조선 광해군의 주변국 간의 실리적 외교는 명분과 국익을 가장 우선시한 정책이다.

사대교린주의(事大交鄰主義)를 편 것은 큰 나라를 섬기고 왜나 여진 등 이웃 종족과는 잘 사귀어 탈 없이 지내자던 평화적 국제질서 지향 방책이다. 일본이 사대주의를 운운한 것은 우리를 자립할 수 없는 민족이라고 역사를 왜곡시켜 저들의 국권 탈취를 합리화·정당화하려는 술책이었다.

당쟁론 또한 그렇다. 조선왕조가 사화와 당쟁으로 일관한 피비린내 나는 정쟁의 역사여서 망했다는 것이다. 논리의 비약이자 허구다. '당쟁, 당파 싸움'은 일제 어용학자들이 우리를 깔아뭉개기 위해 쓴 부정적인 용어다. 〈조선왕조실록〉을 보면, 조정에서 이루어지는 의견 교환과 대립에 대해 당의(黨議)라는 표현을 썼다. 붕당은 정치적 이상과 목적을 함께하는 사람들의 집단으로 정치적 화해와 타협을 통해 공존과 견제를 중요시하는 조선의 정치 운영 형태다.

성종은 훈구세력이 국정을 농락하자 사림세력을 등용하여 권력 독점을 막는다. 그 후 4대 사화(무오·갑자·기묘·을사)가 일어났다. 폐단을 바로 잡아 조정을 안정시키려는 과정에서 겪어야 하는 일대 사건이었다.

사화란 선비가 화를 입는다는 뜻이다. 사화를 겪으면서 수많은 선비들이 희생된 반면, 승자가 모든 권력을 휘두른다. 붕당(朋黨)은 바로 견제와 균형으로 독재세력을 막기 위한 정치적 장치였다. 또한 정치의식을 높이고 정치 인력을 확충한 것이다. 계파 간의 권력투쟁이 없는 정치가 어디에 있을 수 있단 말인가.

안확은 〈조선정치사(1923)〉에서 붕당을 정당으로 보고, "당쟁은 인민의 정치적 성숙을 보여 주며, 근대 정치는 당파로 발달을 이루었고 당파가 진보하지 못하면 정치가 쇠퇴한다"라고 하였다. 조선 시대 붕당 간의 대립을 나름대로 이념 지향성이 있어 근대의 정당 정치에 비견되는 것이라고 긍정적인 평가를 내렸다. 신봉승은 〈조선 정치의 꽃, 정쟁〉에서 "조선의 정치인들이 이룩한 것은 논리 정연한 이론과 지식이 뒷받침된 수준 높은 토론이었다"라고 말한다.

성낙훈 교수는 "조선에는 당쟁 때문에 정치가 잘못된 것이 아니라, 정치가 잘못되었기 때문에 당쟁이 생긴 것이다. 이론을 좋아하고 현(賢)을 숭상하여 군자 소인만을 분별하는 도학의 정치화는 그의 말류(末流)에 필연적으로 당이 생기게 마련이다"라고 하였다.

정옥자 교수는 "17세기 붕당정치란 이념정파로서의 서인과 남인의 정쟁이지 자파의 이득을 위한 무정견한 권력투쟁이 아니었다. 붕당정치 말기에 이익집단화하면서 폐단이 일어나자 탕평론이 대두되기에 이른 것이다"라고 말한다.

정쟁과 권력투쟁은 서유럽 등 어느 나라 정치사에서도 흔하게 찾아볼 수 있는 세력 간의 전형적인 다툼이다. 정작 조선을 망하게 한 원인은 붕당이 아니라 특정 세력의 권력 독식이라 해도 과언이 아니다. 오히려 명분을 앞세운 붕당정치는 조선의 영·정조 문화부흥기를 구가하던 시대가 아니던가. 생산적인 붕당정치가 현대의 정당정치와 유사한 정치 시스템으로 작동하였던 것이다.* 영·정조 대에 탕평정치는 정치 기강의 확립이나 관리의 비리를 탄핵하고 민생 문제 등에 중점을 두었다.

---

* 붕당(朋黨)은 뜻을 같이 한 사람끼리의 모임이고, 정당(政黨)은 정치상의 이념이나 이상을 함께하는 사람들이, 정권을 잡아 그 이념이나 이상을 실현하기 위하여 모인 단체를 말한다. 〈헌법〉에서도 정당의 설립은 자유이며, 복수정당제는 보장된다. 그러나 조선 시대의 붕당이 대중을 기반으로 하는 현대의 정당 개념과 일치한다고 보기는 어렵다.

우리문화가 중국문화의 아류로 독창성이 없다는 이론도 거짓말이다. 서구식 이론에 꿰맞춰 우리의 사회적 발전을 정체되었다고 깔본 것은 저들이 먼저 서양화했음을 뽐내려는 오만이요 유아적 심리이지 결코 학문적 태도가 아니다. 독창적인 문화 발전과 조선 후기의 경제 발전이 정체성론을 비판하는 하나의 사례가 된다.

정체성(停滯性)이란 앞으로 나아가거나 발전하지 못하고 한곳에 머물러 있는 성질을 말한다. 물이 고여 있으면 썩게 마련이다. 문화와 정치 경제도 마찬가지다. 중국에서 우리에게로, 한 단계 발전한 우리 것이 일본으로 또는 역으로 흐르는 것이 문화다. 조선 후기 조선중화론(朝鮮中華論) 역시 중국과 일본에 맞서 새로운 문명중심(중화)으로 상정하는 독립사상이다. 우리나라를 문화적 선진인 중화로 여긴다는 뜻이다.

한반도는 대륙과 섬나라의 틈바구니에서 고난의 역사를 산 것이 아니라, 오히려 지정학적으로 유리한 위치에 있다. 대륙과 해양문화가 다양하게 교류하는 다리다. 우리는 문화적 독창성이 있는 민족이다. 고유문화에 외래문화를 소화·변용하여 고급문화로 재창조한 용광로 같은 민족이다. 원효의 불교철학, 에밀레종, 고려청자와 금속활자의 발명, 세종의 한글 창제, 성리학의 발달, 거북선 등 세계적으로 우수한 문화유산이 이를 방증한다. 오늘날 첨단산업 분야에서의 눈부신 발전이 어느 날 갑자기 이루어진 것이 결코 아니다.

우리나라는 자주 독립국가다. 사대주의는 강대국들 틈바구니에서 살아남기 위해 피할 수 없는 국가의 생존 전략이다. 아주 급하게 돌아가는 국제 정치적 상황에서 국가적 위기를 기회로 슬기롭게 대처하는 외교의례다. 그만큼 외교능력이 군사력 못지않게 중요한 것이다.

논리와 명분을 중시했던 조선의 붕당정치는 오늘날 민주정치에서 없어서는 안 될 정당의 모태로 발전한 민주주의의 싹이라고 할 수 있다. 그리고 우수한 문화 민족으로서의 자부심과 긍지를 드높여 왔다. 전통문화를 계승 발전시키고 정체성(正體性)을 확립하면서 오늘도 세계화 사업에 힘쓰고 있다.

우리는 자존심이 세고 부지런한 민족이다. 찬란한 문화를 바탕으로 정치민주화와 경제성장 신화를 이루었다. 앞으로 한반도의 위상을 높여야 한다. 민족의 주체적 관점에서 남북관계의 진전과 평화체제를 구축하고, 나아가 통일조국으로 세계의 중심에 우뚝 서 인류문화를 앞장서 이끌어야 한다.

미국·중국·러시아·일본의 패권주의를 경계해야 한다. 우리 민족은 하나다. 자주 국가로서 남한과 북한이 이들 나라와 대등한 관계에서 한반도 문제 해법의 운전대를 잡아 인류의 공동 번영과 세계평화 유지를 위한 축으로서의 역할을 해나가야 할 것이다.

12
장터는 민심을 길어 올리는 우물

현대인은 정보의 홍수 시대에 살고 있다. 정보를 얻는 방법도 언론 매체의 보도와 인터넷 등으로 다양해졌다. 그리고 기기의 발달로 정보의 흐름이 빨라지고 파급 효과도 매우 크다. 불과 한 세대 전까지만 해도 거북이걸음보다 느리고 질이 떨어지는 정보였는데 말이다.

정보란 사물의 내용이나 형편에 관한 소식과 자료 또는 어떤 방면의 정황이나 그에 관한 지식이다. 다시 말해 주어진 문제 해결에 도움이 될 수 있도록 정리한 것이다.

예전에는 정보를 어디서 어떻게 수집하여 활용하였을까. 사람들이 많이 모이는 곳에 늘 정보가 흘러넘친다. 일터나 쉼터, 장터가 그렇다. 빨래터와 우물가에서 동네 아낙네들끼리 정겹게 생활정보나 시시콜콜한 이야기를 귀엣말로 소곤소곤 주고받고 엿들었다. 정자나무 그늘에서도 이야기꽃을 피운다. 이웃집 사랑방에서 마을의 크고 작은 소식을 들을 수 있다. 장터에 사람이 늘 북적인다. 장꾼과 보부상*이 주막거리에서 폭넓은 정보를 나누고 여기에서 저기로 새 소식을 퍼 날랐다.

소통의 핵심이 민심이다. 지난날 패관이나 암행어사 제도를 두어 항간의 정보를 수집하여 조정에 보고하고 통치에 반영토록 하였다. 패관(稗官)은 임금이 백성들의 풍속과 정사를 살피기 위하여 사회에 떠도는 소문을 모으고 기록하여 보고하던 벼슬아치다. 고려 시대에 성행한 패관문학은 수집된 이야기를 바탕으로 한 일종의 설화 문학으로서의 정보다.

조선 시대 암행어사는 왕명을 받고 남몰래 다니면서 감찰하던 관리다. 지방 관리의 치적(治積)과 민생을 알아보려고 비밀히 파견한 공무원이다. 박문수(1691~1756)가 마패와 유척(鍮尺; 놋쇠로 만든 자)을 갖고 거

---

* 보부상(褓負商): 지난날 시장을 중심으로 봇짐이나 등짐을 지고 돌아다니며 물건을 파는 상인. 이들이 집단을 형성한 것은 고려 말이다. 19세기 중엽에 정부 주도로 전국적인 조직망 결성. 이 조직은 임진왜란, 병자호란, 병인양요 등 국난 극복에 공헌하였고 상도덕을 잃지 않은 세력이다. 그런데 갑오농민전쟁에서는 관군에 소속한 토벌군으로, 황국협회(皇國協會)에 적극 가담하여 독립협회(獨立協會) 붕괴에 관여하는 등 어용 단체로 날뛰기도 하였다.

지꼴로 다니며 민정을 살피고 탐관오리들을 벌준다는 이야기와 춘향전에서 이도령이 나타나자 '암행어사 출두요'를 외치는 장면으로 그들의 존재감을 알 수 있다.

사려 깊은 임금은 민정을 파악하기 위해 몸소 평복으로 위장하여 거리를 살폈다. 오늘날 국회의원이나 대통령(후보자)이 너나없이 수행원과 함께 재래시장에 잠깐 들러 상인들과 악수하고 억지웃음을 지어가며 어묵을 먹어야 하는 방송 홍보용 연출과 차원이 전혀 다르다.

알차고 빠른 정보는 개인 생활이나 기업 경영 나아가 정부의 대국민 정책 결정과 국외 전략에 유용하게 쓰인다. 현대 국가와 사회는 정보 싸움이다. 대통령은 국가의 우두머리로서 정확한 정보로 국민의 자유와 복리의 증진에 노력하고 나라 발전에 이바지해야 한다.

국가정보원은 '국민을 위한' 정보기관이다. 국가정보활동에 관한 기본정책을 수립하고 집행하는 대통령 직속기관이다. 대통령이 국정 전반에 관해 올바른 의사결정을 하도록 국가 안보와 국익 수호에 필요한 정보만을 지원하여야 한다. 그러려면 민간인 사찰 등 본질을 덮는 국내정치공작에서 손을 떼야 한다. 특정 정권의 섣부른 봉사에서 벗어나 중립을 지켜야 한다는 말이다. 또한 수사 목적이 아닌 개인 정보 수집으로 정보의 자기 결정권이 훼손되는 일이 없어야 한다. 수사 기관 마음대로 불특정 다수를 위험인물로 낙인찍는 이른바 빅 브라더*식 전체주의적 감시체계는 헌법상 정당화 될 수 없다.

가치 있는 정보는 국민과 정부 사이에서 마중물 구실을 한다. 실력

* 조지 오웰의 소설 〈1984년〉에 나오는 용어로 정보의 독점과 감시를 통하여 사람들을 통제하는 권력.

있는 국가정보 조직은 나라밖 정보는 물론 위기 예방, 국익 관리를 위한 국내정보 수집에 집중한다. 이를테면 '서민경제 현장 점검', '국정 농단 세력 차단', '국가 핵심기술 유출 예방', '가짜 뉴스 판별' 등 수준 높은 분석과 평가서를 생산하여 대통령과 기관 요로(要路)에 배포하고, 필요하면 알 권리 있는 국민에게도 공개해야 하는 것이 본연의 임무다.

예나 지금이나 우리네 장터는 열린 공간으로 민생을 생생하게 들을 수 있는 정보원(情報源)이다. 시장은 시민의 광장이다. 장바닥 정보가 국민의 마음이다. 민심이 천심이다. 국민은 무지렁이 인숭무레기가 아니라 깨어있는 촛불이다. 위정자는 국민이 뽑아 나랏일을 맡긴 심부름꾼이다. 국민의 뜻을 잘 읽고 섬겨야 한다. 그래야 나라 구성원 개개인이 억울한 일없이 인간의 존엄함을 잃지 않고 복되고 참된 삶을 누릴 수 있는 것이다.

13
나라 바로 세우기와 사람 쓰기

정부는 법률을 집행하고 국가의 목적과 공익 실현을 위해서 행정의 원리와 이념에 따라 여러 가지 정책을 세우고 실행한다. 일은 사람이 하는 것이다. 나랏일은 책임감 있는 전문 인력에게 맡겨야 잘 풀리게 되어 있다.

공직사회의 순환보직 관행과 전문성 부족이 정부 효율성을 떨어뜨린다는 지적이 있다. 또한 우리나라 노동자의 경쟁력 저하의 주된 이유 가운데 하나가 순환보직 때문이라고 진단하는 이들이 있다. 순환보직(job rotation)이란 조직의 구성원을 주기적으로 일정기간 부서를 돌려가며 배치하거나 직무를 바꾸어 맡게 하는 일 또는 그런 인사관리 방식이다.

공직사회나 기업 안에서 순환보직을 통해 여러 직군에 배치되어 다양한 직무 경험으로 시야를 넓히고 관리 능력을 향상시킬 수 있다고 생각해 왔다. 그러나 순환보직이 오히려 한 분야의 전문성을 낮춘다는 보고가 있다. 보직 이동이 잦을 경우, 업무 수행의 전문성과 능률을 떨어뜨려 행정의 일관성을 해칠 우려가 있기 때문이다. 예를 들면, 총 경력은 같더라도 다른 부서에서 보직 이동으로 '홍보' 업무를 한 지 2년이 안 된 사람과 10년 이상 홍보 관련 업무만 해온 사람과 경쟁력 차이가 크다는 뜻이다.

조선 시대 말기에 판서들의 평균 임기는 고작 2개월이었다. 두어 달 지나면 다른 자리로 옮기거나 물러났다. 조선 전기에 1년 정도의 임기를 감안하면 길어야 5~6개월이다. 거들먹거리며 자리나 잠시 꿰차고 앉았을 뿐 무슨 정책을 일관성 있게 이룰 수 있었겠는가. 짧은 기간 몸이나 사리고 재물을 탐했다. 부정부패가 조선의 근대화를 가로막은 것이다.

장관이면 정부의 한 부처를 도맡아 이끄는 사람이다. 문민정부에서 현 정부 이전까지 경제부처 장관의 재임 기간이 평균 1년 2개월 남짓이다. 업무 파악에 적어도 6개월이 걸린다. 일을 제대로 하려면 많은 시간과 노력이 필요한 데 실속 없이 여기저기 행사 일정만 바쁘다. 그러니 경제 정책의 일관성과 연속성이 떨어질 수밖에 없다. 다른 부처의 장관 임기도 기껏해야 평균 1년 6개월이다. 아무리 유능한 사람이라도 소신 있게 정책을 수립하고 추진하기에 턱없이 부족한 기간이다.

사정이 이렇다 보니 국가 연구개발(R&D)의 비효율성뿐만 아니라 세월호 참사, 가습기 살균제 사건, 살충제 달걀 파동 등 국가 재난의 원인이 공무원의 경직성과 비전문성에 기인하는 것으로 보인다. 전문성을 갖춘 장관도 버거울진대, 하물며 비전문가에다 행정 경험이 없는 사람을 앉히면 일은 더 어렵게 될 것이 뻔하다.

리셋 코리아 4차 산업혁명분과 위원들은 다음과 같이 제안한다.

공무원 직무군(직무열) 제도를 도입해야 한다. 이 제도는 승진과 전보가 부처 간 벽을 넘되 맡은 직무는 크게 변화가 없는 것을 말한다. 개인의 전문성과 유사한 계열에서의 직무다. 그러면 직무 내 전문성과 아울러 폭넓은 정책적 시야도 가질 수 있는 장점이 있다. 이것이 바로 융합이요 협업 정신이다.

공직을 전문 관료와 정책 관료로 이원화시켜야 한다. 전문 관료는 특정 분야에 정통한 사람을, 정책 관료는 직무군에 능통한 사람을 배치하는 것을 말한다. 그리고 부처를 초월해 직무군별로 고위 관료에 대한 인사심사권과 정책조정권을 행사할 수 있는 조정실장 제도를 도입하여 정부 전체를 대상으로 전문성에 맞게 공무원을 앉히는 것이다.

인사가 공정해야 한다. 적재적소 배치가 대원칙이다. 관직은 어느 특정인의 허울 좋은 경력 쌓기 자리가 아니다. 나랏일을 제때 처리하지 못하면 국가 전체에 치명적이다. 학연, 지연, 혈연이라는 씨족사회의 틀을 완전히 벗어나 정의로운 사회 건설을 위한 조직 관리와 업무 능력을 중시하는 합리적인 인사 정책이어야 한다.

직업 관료 사회에서 권위와 전문성은 필요충분조건이지만, 권위주의와 관료주의는 버려야 할 악습이다. 전문성이 떨어지는 정파적 보은(報恩) 정실(情實) 인사, 이른바 낙하산 임명은 조직 내의 사기를 떨어뜨리고 일을 통째로 그르치게 하는 요인이다. 인사권 남용은 국민을 우롱하고 나라를 망치는 지름길이다.

공직자들은 공직 수행 또한 엄정하게 해야 한다. 〈목민심서(1818)〉에서 다산 정약용이 주창한 덕목은 율기(律己), 봉공(奉公), 애민(愛民)이다. 마음을 단속하여 인격 수양에 힘쓰고, 공무에 헌신하여 정성껏 봉사하며, 사회적 약자인 어려운 백성들을 사랑과 복지로 돌보는 것이다. 그리고 행정 관리의 바른 몸가짐과 깨끗한 마음가짐의 징표로 청렴결백을 강조하였다.

융합 기술이 주도하는 4차 산업혁명 시대를 맞이하여 국가 경쟁력을 한층 더 갖추고 정부의 효율성을 높여야 한다. 모든 공무원은 국민에 대한 봉사자로서 정권이 바뀌더라도 국가 목적을 실현하기 위해서 능률적이고 적극적으로 공무 수행에 전념해야 한다. 관료의 전문성과 업무의 연속성을 고려한 인사가 나라를 바로 세우는 관건이다.

14
억울함이 없는 공정한 판결 장치

어느 시대 어느 사회건 사람과 사람 그리고 물건 사이에 문제가 일어나게 마련이다. 사건을 해결함에 억울함이 없어야 정의로운 사회다. 분쟁이 일어나면 법과 원칙에 따라 옳고 그름을 판단하여 결정을 내려야 한다. 법이 곧 정의다.

사람다운 사람만이 존엄하다. 범죄는 인간성에 대한 배반이다. 그래서 법치주의가 필요한 것이다. '법 없이 살다'라는 관용어는 하도 선량하여 법의 규제 없이도 올바르게 살 사람이라는 말이다. '법대로 하라'는 말은 사리를 따지기 전에 완력부터 부린다(법은 멀고 주먹은 가깝다)라는 우리 사회의 어두운 그늘을 담고 있다. '법대로 하자'는 사회적 약자나 피해자에 한해서 의미가 있다. 가해자의 입에서 나오면 그것은 폭력이 된다.

'법 앞에 모든 사람은 평등하다'는 것은 법을 적용할 때 성별, 지위 또는 권력이나 경제력 등으로 차별하여 아무에게는 유리하게 아무하게는 불리하게 판결해서는 안 된다는 뜻이다. '법 밑에 법 모른다'는 속담은 법을 가장 잘 지켜야 할 곳에서 도리어 법을 어기는 수가 많다는 말이다.

다산 정약용도 〈목민심서〉에 이르기를 "이로움에 유혹되지 아니하고 위세에 굽히지 않는 것이 법을 지키는 길이다. 비록 상사가 독촉하더라도 받아들이지 않아야 한다.(不爲利誘 不爲威屈 守之道也 雖上司督之 有所

不受)"라고 하였다.

　아득히 먼 옛날부터 법이라고 하면 가장 먼저 인식된 것이 형법이다. 처음에는 형벌을 앙갚음에 두었다. 그러다가 질서를 어지럽힌 사람을 국가가 벌함으로써 응보와 범죄예방을 위한 교화 등으로 사회 안정을 꾀한 것이다.

　고조선에 사회 질서를 유지하기 위한 법률이 있다. 반고의 〈한서지리지〉에 세 조목이 나온다. "사람을 죽인 자는 즉시 사형에 처한다. 남을 다치게 한 자는 곡물로써 배상한다. 남의 물건을 훔친 자는 데려다 노비로 삼는다. 단, 용서를 받고자 하는 자는 한 사람당 50전을 내야 한다". 생명과 노동을 중시하고, 계급사회 및 사유재산제도 등을 존중한 것을 미루어 알 수 있다.

　고구려는 반역죄를 저지르면 육형(肉刑)과 사형을 하고, 절도죄에는 배상하지 못하면 처자를 노비로 갚아야 한다고 하였다. 백제는 유형(流刑), 도형(徒刑), 사형(死刑)과 배상제(賠償制)가 있었다. 사죄(사형)에 임금이 친히 재결하는 상복제(詳覆制)를 두었다. 상복이란 '상세히 심의한다'는 뜻이다. 신라도 백제의 제도와 별반 차이가 없다.

　고려와 조선 시대에 사형, 유형, 도형, 장형, 태형이 있었다. 조선 시대에 형벌에 앞서 자백을 받아내기 위해 행하던 자자형(刺字刑) 또는 낙형(烙刑; 단근질), 압슬형(壓膝刑)은 영조·숙종이 금지하였다. 사형은 중국의 〈대명률(大明律; 1397)〉와 〈경국대전〉에 따라 삼복제도(三覆制度)에 의하여 신중하게 다루었다. 이는 사람 목숨을 소중히 여겨 혹시 잘못된 판결이 일어날까 염려하는 이유에서다. 그리고 재판에서 진 경우 항소[議送(의송)]하고, 패소하면 중앙 형조에 상소할 수 있었다. 한쪽이 세 번 승소하면 판결이 확정되는 삼도득신법(三度得伸法)은 오늘날 삼심제(三審制)에 해당한다.

고려 시대부터 재판을 공정히 하고 또 정실 개입을 피하기 위하여 상피(相避; 서로 피함) 제도를 두었다. 오늘날 어떤 재판관이 사건의 당사자이거나, 친인척 또는 그밖에 관련이 있는 등 공정한 재판을 바라기 어려울 때에는 심판에서 물러나 빠지는 제척(除斥)·기피(忌避)·회피(回避) 사유와 일치한다.

조선 시대에도 살인을 비롯한 형사사건을 사건조사, 검시, 증언 등으로 철저하게 조사하였다. 억울한 죽음이 없도록 과학 수사 기법을 도입한 것이다. 〈무원록〉은 중국의 왕여가 편찬한 법의학 서적이다. 세종은 여기에 주석을 달아 〈신주 무원록(新註無冤錄; 1438년)〉으로 펴낸다. 조선 시대 사용한 법의학서다. 이 책은 시신의 부검 부위와 위치 등 살인사건을 처리하는 데 관리에게 필요한 지침서다. 영조가 재편집하고 보강하여 〈증수 무원록〉을 편찬하였다. 〈증수무원록언해〉는 정조 때 펴낸 한글판이다.

정조는 다산 정약용에게 형법서를 지으라고 명한다. 형벌을 다스리는 근본인 흠흠(欽欽: 삼가고 삼가다)을 화두로 삼은 〈흠흠신서(1882)〉가 탄생한다. 백성의 죄를 다스릴 지방관을 위해 자신의 의견을 덧붙여 올바른 판결을 내리는 데 도움을 주려고 쓴 책이다.

예전에 재판을 송사(訟事; 소송)라고 하였다. 송사란 백성끼리의 분쟁이 있을 때, 관청에 호소하여 판결을 구하는 일이다. 형벌을 과하거나 개인 상호간의 권리 및 재산에 관한 분쟁을 해결하는 것이 목적이다. 어르신들이 '척짓지 말라. 척사는 일은 하지 말라'고 하신 말씀이 떠오른다. 원래 척(隻)은 소송 사건의 피고를 가리키는데, '서로 원수(怨讐)를 지지 말고 원만하게 지내라'는 뜻이다.

삼복제도와 상피 제도를 둔 것은 재판에 신중을 기하기 위해서다. 〈무원록〉과 〈흠흠신서〉는 현대의 과학수사*를 연상케 하는 정밀한 수사 방법을 다룬 서적이다. 예나 지금이나 법원은 법률로 편견 없이 무엇이 공평한 것인지 밝힘으로써 억울함을 풀어주어야 한다.

모든 사건은 억울한 사람이 없도록 '법대로' 공정하며 정확하고 신속히 처리되어야 한다. 사법권은 정치에서 독립된 법원의 판사들이 가지는 고유의 권한이다. 정의로운 사회를 위하여 법관은 헌법과 법률에 의하여 양심에 따라 독립하여 심판하여야 한다. 법관의 독립은 정치적 억압과 경제 권력의 온갖 꾐에서 벗어나 바르게 판결할 것을 보장하는 약속이다.

15
국민이 나라의 주인이다

인간은 서로 도우며 더불어 살아가는 사회적인 존재다. 사회는 질서

---

* 오늘날 국립과학수사연구원(NFS)은 범죄수사에 관한 법의학·법화학·이공학 분야 등에 대한 과학적 조사·연구·분석·감정 및 교육훈련에 관한 사항을 관장하는 국가 기관이다.

로 지켜간다. 질서가 잡히지 않은 사회는 어지럽고 사람들을 혼란에 빠뜨린다. 그래서 강제력이 따르는 사회규범으로서의 법이 필요한 것이다.

사회 구성원의 하나로 된 뜻에 따라 법이 생겼고 헌법이 있어 국가가 존재한다. 헌법은 국가공동체의 최고 근본법으로 공동체의 원리와 가치를 담고 있다. 대한민국 〈헌법〉은 국민과 국가가 만든 이성(理性)의 역사라고 할 수 있다.

국가질서와 권한은 헌법에 고스란히 담겨 있다. 국민이 행복과 번영을 누릴 수 있는 공정하고 정의로운 사회를 만드는 것이 헌법의 목적이다. 그 내용에는 자유·평등·정의를 바탕으로 한 기본권을 비롯하여 인류의 보편성과 역사성 그리고 문화성과 함께 이념성도 갖추고 있다.

헌법은 나라를 다스리는 법질서이며 기본권을 보장하는 규범으로서 가장 높은 효력을 지닌다. 그 원리는 모든 국민과 국가기관의 활동지침이 된다. 이러한 이유에서 헌법이 본질적으로 정치현상과 떨어질 수 없는 사회통합의 정치규범이라고 하는 것이다. 요컨대, 헌법은 국민이 내린 정치적 결단이요 사회통합을 위한 가치질서로서 정치성과 생활규범성을 갖는다.

그러면 어떻게 해야 행복하게 살아갈 수 있는가. 원칙과 상식 그리고 보편적 가치를 바탕으로 한 법대로 하면 된다. 깨끗하지 못하고 도리에 어긋나는 일들이 끊이지 않는 것은 헌법을 제대로 운영하지 않았기 때문이다. 나랏일을 맡은 사람들이 국민의 뜻을 받들고 헌법을 바르게 다뤄 국정농단 없는 책임 정치를 하였더라면 우리의 삶의 질은 훨씬 더 나아졌으리라 믿는다.

헌법을 모르면 자기의 권리를 지레 포기하거나 불이익을 받게 될 것이다. 우리는 헌법을 통해 저마다 국가에 바랄 수 있는 것이 무엇이며 국가를 위하여 무엇을 해야 하는지, 국가가 국가답기 위해서는 어떠해야 하는지를 잘 알아야 한다. 그러면 우리 손으로 뽑은 대통령과 국회의원, 시·도지사와 공무원들에게 나라 살림을 잘 하라고 다그칠 수 있다. 그리고 자신의 권리를 보장받을 수 있는 것이다. 국민은 독재자와 민의를 무시하는 국회, 불공정한 사법부, 국민을 우롱하는 관료를 응징해야 한다. 부당한 정치적 압박에 대해서 과감히 저항해야 한다. 똑똑한 국민으로서 권리를 내세우고 책임과 의무를 다해야 나라가 바로 설 수 있다.

나라의 주인은 국민이다. 모든 권력은 국민에게서 나온다. 국가권력은 모든 국민의 이익을 위하여 행사되는 정당한 근거로써 국민이 맡긴 것이다. 권력을 행사하는 사람은 국민보다 결코 높은 사람이 아니며 국민을 위한 성실한 심부름꾼이어야 한다. 요컨대 국가는 국민 개개인의 행복과 안전을 보장해야 하는 것이다.

'나'와 '너' 그리고 '그것'과의 관계는 법의 그물로 쳐 있다. 우리의 일상적인 삶 자체가 법으로 얽혀 있다. 헌법은 오늘날 정치적 규범을 넘어 일상생활의 잣대가 되므로 더욱 가까워질 필요가 있다. 법이 밥이 되고 인권이다. 깨어난 국민이라야 나라를 바로 세울 수 있다.

문화예술과
산업기술

한민족 마음의 고향 아리랑
세계인이 감동하는 판소리
무속 신앙과 축제 문화
띠 운세로 위안을 삼다
공동체 생활문화 두레
마을 지킴이 장승
절기에 맞추어 짓는 농사
뒷간과 친환경 유기농법
집짐승 기르기와 길들이기
쥐불놀이와 친환경 농법
조선 초기에 만든 세계 최초의 온실
나무에 얽힌 몇 토막 이야기
전통식 고기잡이 죽방렴
세계에서 보기 드문 제주 해녀

01

한민족 마음의 고향 아리랑

　아리랑은 민족 정서를 대변하는 노래다. 우리가 즐겨 부르는 아리랑은 전통 민요로서 한민족을 상징한다. 향토 민요 '정선아라리'를 탯줄로 한 아리랑은 근현대사의 모진 시련 속에서 민중들에 의해 자연스럽게 창작되고 다양하게 윤색·변용되면서 입에서 입으로 전해온 구성진 노랫가락이다.

　'아리랑'에 대하여 여러 어원설이 있으나, 언어학적으로 '아리다〈알히다[病(병)]〉'의 어간에 접미사 '-앙'이 결합되면서 유음화된 것으로 보인다. 결국 '아리랑 쓰리랑'은 우리 민족의 애환과 정서가 담긴 노랫가락 '아리아리 쓰리쓰리 아라리요, 아리아리랑 쓰리쓰리랑'으로 '아리고 쓰리다'를 뜻하는 말이라 하겠다.

　정선아리랑*과 진도아리랑, 밀양아리랑은 우리의 3대 아리랑이다. 이를 중심으로 전통 민요에서 신민요, 대중가요/ 가곡으로 변모해 갔다. 경기아리랑 "아리랑 아리랑 아라리요, 아리랑 고개로 넘어간다. 나를 버리고 가시는 임은 십 리도 못가서 발병난다"는 신민요아리랑이다.

　구한말 대중적으로 사랑을 받은 '경복궁타령', '신고산타령' 등 아리랑 계열의 노래에는 나라를 망친 지배층을 원망하고 조소하며, 밀려오는 외세에 대한 두려움과 민중의 고된 삶의 애환이 담겨 있다. 고뇌를 예술로 승화시킨 것이다.

　일제강점기로 넘어오면서 조국 산천을 파괴하는 강제 노역에 동원

---

* 〈정선아리랑 가사사전〉, 〈중앙아시아 고려인 아리랑 연구〉, 〈아리랑 로드〉 등을 지은 진용선은 아리랑의 폭넓은 발굴과 해외 확산 전승에 대하여 꾸준히 연구하고 있는 학자다.

된 울분을 아리랑 노동요로 나타내었다. 세태를 풍자하고 일제에 항거하고 조국광복을 고대하는 한민족의 염원을 담은 노래다. '광복군아리랑'이 그렇다. "우리네 부모가 날 찾으시거든, 광복군 갔다고 말 전해 주소. 광풍이 불어요 광풍이 불어요, 삼천만 가슴에 광풍이 불어요. 바다에 두둥실 떠오는 배는, 광복군 싣고서 오시는 배래요. 동실령 고개서 북소리 나더니, 한양성 복판에 태극기 날리네."

아리랑은 시대와 이념을 뛰어넘어 우리를 대표하는 문화코드다. 노랫말이 진솔하고 가락이 구수하여 우리네 삶의 애환을 넉넉하게 담아내었다. 언제 어디에서나 '아~리랑, 아리~~랑~' 소리만 나와도 가슴 속에 끈끈한 민족의 정이 느껴지고 뜨거운 핏줄이 쓰인다.*

그런가하면 1926년에 단성사에서 개봉된 나운규의 무성영화 '아리랑'의 주제가 신아리랑은 조국을 잃은 우리에게 폭발적인 인기를 누리며 애국가 역할을 톡톡히 해냈다. 이처럼 아리랑은 민요에서 영화, 연극으로 다양하게 각색되면서 민족의 애환을 대변해 온 것이다.

1930년대 신민요로서의 아리랑이 유행하였다. 가수 왕복수의 '신아리랑', 선우일선의 '그리운 아리랑'과 1955년 박단마의 '아리랑 목동' 등이 널리 알려져 있다. 1999년 김부자가 부른 '칠천만의 아리랑'은 민족 통일의 염원을 담은 대중가요다.

1964년 도쿄올림픽에 남한과 북한이 단일팀으로 출전하기 위하여 스위스 로잔 국제올림픽위원회 회의(1963년)에서 '국가(國歌)는 아리랑으로 한다'고 합의한 문서가 있다. 그 후, 남북이 국제경기에 함께 출전하여 입장과 시상식장 그리고 응원가로써 '아리랑'을 함께 부르고, '한

* 핏줄(이) 쓰이다: 혈연적인 친밀감을 느끼다.

반도기'를 흔들어 대동과 상생의 정신을 나타내었다.

오랜 시간 사람들의 애틋한 마음을 어루만지며 구전되는 아리랑은 21세기에 이르러 보다 역동적인 이미지를 갖는다. 대중적인 음악 장르로 편곡된 작품이 국제무대에서 한민족 스포츠를 응원하며 온 국민을 결집시켰고 문학, 연극, 뮤지컬, 영화 등 다양한 예술장르로 파생되어 더욱 다채롭게 발전하고 있다.

가요아리랑으로 윤도현밴드의 '아리랑', SG워너비의 '아리랑', 고구려밴드의 '아리랑 세상을 품다', 아나야의 '정선愛', 말로의 '정선아리랑-재즈에 의한 변주'와 바리톤 정경의 '아리랑 판타지아' 등이 있다. 가수 서유석이 부른 한돌 작사·작곡의 '홀로 아리랑(1989)'은 2005년 조용필이 평양에서 구성지게 불러 남북의 애창곡이 되었다. 가사는 "저 멀리 동해바다 외로운 섬/ 오늘도 거센 바람 불어오겠지/ 조그만 얼굴로 바람 맞으니/ 독도야 간밤에 잘 잤느냐/ (후렴) 아리랑 아리랑 홀로 아리랑/ 아리랑 고개를 넘어가보자/ 가다가 힘들면 쉬어가더라도/ 손 잡고 가보자 같이 가보자"다.

평창 동계올림픽(2018) 피겨 페어 아이스댄스 프리에서 민유라와 알렉산더 갬린(귀화인)은 가수 소향이 부른 '홀로 아리랑'을 배경음악으로 환상적인 연기를 펼쳤다. 한국인의 정서가 담긴 아리랑 노래에 맞춰 전통한복 형태를 살린 의상을 입고 멋진 동작으로 세계인을 감동시켰다.

노랫말은 그 시대와 사회상을 반영한다. 아리랑 가사에 궁핍한 시대의 민중의 한과 그리움의 정서가 잘 드러나 있다. 나라 잃은 설움과 연정, 저항, 소망이 담겨 있다. 악덕지주와 일제의 수탈 과정에서 집과 땅을 빼앗기고 어쩔 수 없이 고향을 떠나 만주, 사할린 등 이역만리로 쫓겨 갈 수밖에 없는 처절한 상황을 보여준다.

노래는 불의에 대한 항거와 비판 내용을 깔고 있다. 넋두리나 푸념, 체념의 하소연인가 하면 강한 생존 의지를 나타내기도 한다. 타령 장단이나 엇몰이 장단에 실린 아리랑은 간결하면서도 깊은 여운을 남기는 선율로 자연스럽고 유려하다. 우리는 애절하고 구슬픈 아리랑의 장단과 가락에서 비장미를 느낀다.

한*을 가슴 속에 오랫동안 품으면 병이 된다. 원한이 쌓이고 쌓여 무슨 일이 일어날지 모른다. 그러므로 한이 맺히면 반드시 풀어야 하는 것이다. 아리랑은 분하고 억울한 삶의 현장과 밀착된 원한(怨恨)을 달래는 노래다. 시대가 바뀌어도 구성진 가락이야말로 각박한 현실을 어루만지고, 우리의 정서적 안식을 가져다줄 순수한 서정의 샘물이다. 원통한 서민들의 응어리를 풀어주는 것이 아리랑의 저력이다.

아리랑은 고향의 표상물이다. 삶의 근원인 고향 회귀와 갈등을 해소한다. 지금도 온 누리에 흩어져 사는 디아스포라 해외 동포들이 조국의 노래 아리랑을 읊조리며 한겨레의 정체성을 붙들고 향수를 달랜다. 허기지고 서글플 때 부르면 아리랑은 한 맺힌 소리지만, 배부르고 기쁠 때에는 신바람의 소리가 된다.

'아리랑'은 한민족 구성원의 공동 감성이요 혼의 상징이다. 문화적 독창성과 민족의 동질성을 확인하고 통일의 염원을 나타내는 노래다. 전통 민요로서의 원형을 유지하면서 새롭게 창작되는 사설이 사회와

* 한(恨): 지난 일이 못내 분하고 억울하게 여겨져 마음에 맺힌 것. 또는 맺힌 그 마음.

시대 변화에 적응하는 다양성과 초역사적 가변성을 갖는 것이 특징이다. "사발 그릇이 깨어지면 두세 쪽이 나는데, 삼팔선이 깨어지면 한 덩어리로 뭉친다"는 정선아리랑의 노랫말처럼 남북평화통일이 하루빨리 이루어지기를 바란다. 나아가 아리랑을 부르고 듣는 가운데 흥이 절로 나고, 인류 보편의 정감이 묻어나는 선율은 우리를 넘어 이제 세계적으로 아름다운 곡이 되었다.

우리 민요 아리랑은 2012년, 북한의 아리랑은 2014년에 유네스코 인류무형문화유산으로 등재된 배달겨레의 보물이다. 아리랑은 한민족의 영원한 노래다.

02
세계인이 감동하는 판소리

판소리는 일정한 이야기를 소리로 표현하는 우리 고유의 극가(劇歌)로서 민족 정서를 대표하는 노래다. 소리꾼과 북치는 이가 무대에서 함께 어울려 펼치는 예술이다. 마당만 있으면 언제 어디서나 공연이 가능한 음악 서사극이다.

판소리라는 용어는 판과 소리가 합성된 말이다. 여기에서 '판'은 여러 사람이 모인 마당을 뜻한다. 그리고 '소리'는 노래를 의미하는데 창법이나 가락이 특수하다.

판소리는 굿판에서 부르는 서사무가(敍事巫歌; 무당의 노래)에서 비롯하여 17세기 후반에 발생하였다. 조선 후기 호남 지방을 중심으로 발달한 민중예술이다. 주로 서민층이 주도해 왔지만 점차 권삼득, 신재효 등 지체 높은 사람들의 참여가 활발해졌다. 향유 계층은 공간적·계층적으로 확대되어 남녀노소 천민 양반에 이르기까지 다양하다. 판소리의 아버지로 불리는 신재효(1812~1884)는 판소리의 후원자이며 지도자로서 이론가이자 논평가로서, 또한 수많은 단가와 잡가의 창작자로서 독보적인 업적을 남긴 인물이다.

판소리는 조선 후기 하층민의 삶의 비애를 구수한 토속적 어휘로 서민의 애환과 양반에 대한 비판, 풍자가 날실과 씨실로 잘 엮어진 것이 매력이다. 사설이 민중 사이에서 전승하는 설화에 흥미로운 부분을 덧붙이는 방식으로 변용되었다. 현존하는 작품은 전승설화에 첨가된 더늠이 겹겹이 쌓여 이루어진 것이다.

더늠은 기존 설화에 독특한 형태로 덧붙인 창작 부분으로 창법상 독창성 있는 대목이다. 특별히 좋은 부분, 혹은 어느 소리꾼이 특별히 잘 부르는 대목이나 작품을 가리킨다. 이름이 알려진 소리꾼들은 모두 한두 대목 이상의 더늠을 갖고 있다. '더늠'은 '더 넣음, 더 늘임'이라는 뜻이다. 이렇게 오랜 기간 여러 사람들을 통해 이어지면서 계속 모습이 바뀌어온 결과물로서 적층문학(積層文學)이라고 한다.

판소리는 소리 즉 창(唱), 아니리, 너름새/ 발림, 추임새로 구성된다. 무대에서 부채를 든 한 사람의 소리꾼이 사설을 장단˚에 변화를 주어 가며 서너 시간 동안 소리를 하고 아니리도 하며 너름새(몸짓, 연기 동작)

---

* 장단(長短): 느리거나 빠른 혹은 긴박하거나 여유로운 리듬. 진양조, 중모리, 중중모리, 자진모리, 휘모리, 엇모리, 엇중모리가 있다.

를 한다. 너름새는 판소리의 극적 요소다. 아니리는 사설 곧 말로 하는 대목이다. 작품의 플롯 전개도 시키고 복선을 까는 기능을 한다. 소리꾼으로 하여금 숨을 돌리고 약간의 휴식을 취하게 하는 역할도 한다.

추임새는 창(唱)의 사이사이에 고수(鼓手)와 청중이 흥을 돋우기 위하여 '좋지, 얼씨구, 으이, 아무렴' 따위로 내는 소리다. 추임새를 넣으면 소리꾼은 더욱 신명나게 부를 수 있다. 추임새를 제대로 한다는 것은, 곧 소리를 잘 듣는 사람이므로 '귀명창'이라고 한다. 추임새란 '추어주다. 정도 이상으로 칭찬을 해준다'는 뜻이다.

작품에 등장하는 모든 인물의 역할을 소리꾼 혼자서 하는 것이 특징이다. 고수는 북을 두드리고 추임새를 섞어가며 반주를 한다. 거기에 청중의 참여가 더해짐으로써 공연이 무르익어 완성되는 것이다. 이렇듯 판소리의 구성 요소를 적절하게 구사함으로써 극적 효과를 거둔다. 판소리 공연은 음악과 문학이 하나로 어우러지고 연극 요소까지 갖춘 종합예술이라고 할 수 있다.

무대를 이끌어가는 소리광대는 솜씨가 뛰어난 전문 소리꾼으로서 명창(名唱)이라고 부른다. 소리는 곰삭아야 제 맛이 난다. 탁하면서도 맑은 맛이 있고, 거칠면서도 부드러운 것이 특징이다. 고된 수련 과정을 거쳐야 비로소 성량이 크고 변화가 많은 소리를 낼 수 있다. 목이 쉬고 피를 토하는 노력이 있어야 창조적인 소리꾼으로서 득음의 경지에 이른다. 그래서 판소리는 마이크를 사용하지 않아도 몰입도가 높다.

득음(得音)이란 고된 수련 과정을 거쳐 '음을 얻었다(자기 목소리를 찾았대)'는 뜻이다. 득음이 되면 폭포수 떨어지는 소리를 뚫고 나간다고 한다. 풍악이나 노래 등의 곡조나 음색(音色)·창법 같은 것이 썩 아름다운 예술적 경지에 이른 것을 말한다.

판소리는 섬진강 동쪽의 동편제와 서쪽의 서편제로 구분한다. 남원과 구례 지방의 동편제는 뱃속에서 우러나는 듯한 높고 웅장한 느낌의 우조(羽調)가 주조를 이룬다. 보성과 진도 지방의 서편제는 슬프고 애타는 느낌의 계면조(界面調)가 주조를 이루며, 음색이 곱고 부드러운 것이 특징이다.

18세기 말에서 19세기 초 판소리를 잘하는 명창에 송흥록, 모흥갑, 권삼득, 신만엽, 고수관 등이 있다. 이후에 박유전, 이날치, 김세종, 정춘풍, 진채선 등이 유명하다. 20세기에 들어와 박동진, 공옥진 등이 왕성하게 활동하였다.

판소리 가운데 춘향가, 심청가, 적벽가, 흥보가, 변강쇠가, 수궁가(토별가)가 전한다. 내용적으로는 현실에 대한 풍자와 고발, 우화적·해학적인 표현이 주류를 이룬다. 한편 판소리 사설은 뒷날 소설로 변모·정착되는데 춘향가는 춘향전과 옥중화로, 심청가는 심청전으로 재구성하여 판소리계 소설이라는 장르로 변신을 한다. 또한 판소리는 극적 내용을 가진 구비서사가로서 창극*으로 변모하였으며, 서양의 가극(오페라)에 견줄 수 있는 장르로 보기도 한다.

판소리는 민족의 정서와 멋과 풍류가 어우러진 민중음악이다. 창작 판소리는 1904년 김창환의 '최병두 타령'을 시작으로 한다. 해방 직후

---

* 창극(唱劇): 혼자 연창(演唱)하는 판소리를 여러 사람이 배역을 맡아 창을 중심으로 극적인 대화로 이루어지는 연극. 1903년 강용환의 '춘향전'이 공연되었다.

대표적인 창작 판소리로 일제에 항거한 열사를 기리는 박동실의 '열사가'가 있다. 1970년대 박동진의 '변강쇠가', 80~90년대 들어 소리꾼 광대 임진택의 '오적(五賊)', '소리내력', '똥바다', '오월 광주' 등은 독재 정치 사회를 비판하고 풍자한 김지하의 담시를 저본으로 한 작품이다. 창작 판소리 '백범 김구(2010년)'를 임진택은 분단 70년(2015)에 맞춰 공연하였다. 그 중 한 대목 "삼천만 애국동포요!/ 마음속에 삼팔선이 무너지고야/ 땅 위에 삼팔선도/ 철폐되는 것!/ 나는 통일된 조국을 건설하려다 38선을 베고 쓰러질지언정/ 일신의 구차한 안일을 위해/ 단독정부를 세우는 일에는 협력하지 않겠소/ 나의 애달픈 고충을 살펴/ 한번 더 깊이 생각해 주오."를 조국의 참담한 처지에 피를 토하는 심정으로 김구의 고뇌를 유장한 진양조 장단에 실어 불렀다.

요즘 젊은 예술가들이 만든 창작 판소리나 국악인과 록밴드의 협연은 국악을 한층 더 신명나는 현대판 소리 마당으로 발전시킨 것으로 평가된다. 그 중에서 '사천가'는 소리꾼 이자람이 2007년부터 세계무대에 올린 판소리다. 이는 20세기 독일 문학을 대표하는 작가 브레히트의 서사극 '사천의 선인'에서 영감을 받아 각색한 것으로 세계의 눈길을 끌고 있는 작품이다. 전통적인 판소리 공연을 유지하면서 북 장단 대신 다양한 서양악기로 음악 콘서트 같은 분위기를 주었다는 점이 주목된다. 국악인 이윤아는 판소리에 대중가요를 접목한 국악가요를 불러 사랑을 받고 있다.

판소리 창법을 대중가요에 처음 도입한 가수는 패티 김이다. 배호, 나훈아, 이은하에 이어 조용필이 '창밖의 여자', '한오백년' 등 가요에 판소리를 접목한 창법으로 우리 민족의 정한(情恨)과 신명나는 노랫가락으로 전통을 재창조한 바 있다. 미국 카네기홀에서 부른 〈촛불〉이 인종을 뛰어넘어 세계인에게 큰 감동을 준 소리가 아니었던가. 또한 판소리를 소재로 다룬 임권택 감독의 서편제(1993년)와 천년학(2007년)은 현대인에게 전통 민중 음악의 가치를 재인식시킨 영화라고 할 수 있다.

전통음악은 보존할 가치와 발전시켜야 할 가치를 함께 지니고 있다. 국악은 우리의 얼이 깃든 소리다. 특히 판소리는 서민의 체취와 애환이 빚어낸 질뚝배기를 닮은 진솔한 노래다. 한국적 정서를 많이 가진 매력적인 예술이다. 판소리가 시공간적으로 널리 퍼져나간 것도 사회 구성원의 정서와 기호를 잘 반영한 결과라고 할 수 있다.

오늘날 판소리의 변모와 현대적 수용이 끊임없이 이루어지고 있다. 한국 전통음악 특유의 선율과 장단 위에 재즈의 완성도 높은 연주를 얹어 세계인의 귀를 사로잡으려는 퓨전국악의 시도가 앞으로 계속될 것이다. 예술적 가치를 인정받은 판소리가 2003년에 세계무형문화유산으로 유네스코에 등재되었다.

03
무속 신앙과 축제 문화

인간은 한없이 나약한 존재다. 예로부터 인류는 불안과 재해의 공포에서 벗어나기 위하여 천체와 자연, 정령을 숭배함으로써 마음의 평안을 얻고자 노력하였다.

한민족의 자연 종교인 무속은 하늘[신]과 땅[인간]의 중매 역할을 하는 무당을 중심으로 민간에 전승된 토착 신앙이다. 청동기 시대부터 전래된 것으로 그 뿌리가 깊다.

현대과학문명 시대를 살면서 곤경에 빠지면 운수를 점치고 점쟁이의 처방 효과를 아직도 믿는 이가 있다. 산과 물을 찾아 신선사상을 따르고 절에 가면 부처님께 소원을 빌고, 산신각이나 칠성당에 들러 민속신인 신령님과 칠성님께 큰절을 올린다. 불교가 무속 신앙의 테두리에서 벗어나지 않았다. 교회에 가면 기도하고 찬송가를 부른다. 돼지머리를 놓고 고사도 지낸다. 굿을 하고 점치고 부적을 지니고 다닌다. 이러한 다신교적 전통이 우리 사회의 한 특징이다.

사람들은 자신과 가족을 위하여 복을 비는 일에 익숙하다. 지성이면 감천이라고 치성을 드려야 바라는 것을 이룰 수 있다는 믿음이다. 이런 현상은 전통 샤머니즘에서 비롯되었다. 샤머니즘이란 초자연적인 존재와 직접 소통하는 '샤먼' 중심의 주술이나 종교를 일컫는데 무속·무격신앙 또는 무교라고 한다.

샤먼(shaman)은 무당이나 박수를 가리킨다. 이들이 강신(降神; 신을 내림) 체험을 통해 춤을 추고 노래를 하며 굿판을 벌여 기우제 등 제례의식을 주관하였다. 그리고 질병을 치료하고 길흉화복을 판단하는 점을 친다.

고대인은 무당의 주술적인 힘이나 신의 가피(加被; 부처나 보살이 자비를 베풀어 중생을 이롭게 함)를 통해서 심리적인 치유를 얻었다. 옛날 사람들은 몸에 귀신이 들어와 질병이 발생한 것이기에 귀신을 물리치는 것이 치료방법이라고 믿었다. 그러나 오랜 세월 그 영험함을 부분적으로 인정해온 반면, 신령의 권위를 빌려 위세를 떨치는 선무당의 폐해 또한 컸다. 분별없이 덮어놓고 믿어서는 안 된다는 경고다.

무속은 문화사적으로 외래 종교인 불교, 도교, 유교, 기독교가 유입되면서 서로 영향을 주고받았다. 기복(祈福) 신앙과 제천의식, 팔관회 등 국가적 행사 그리고 신라의 풍류(風流)에서 그 흐름을 찾을 수 있다.

무속에 가장 많이 흡수된 불교는 현세에서의 어려움에서 벗어나고자 하는 미래불신앙으로 수용되어 폭넓게 전승되었다. 무당의 노래인 '창세가', '바리데기'에 미륵이 등장하는 것도 신통력을 바라는 민중의 욕구로 보인다. 기독교 또한 무속에 영향을 받아 목사가 병든 환자를 고치고 기복적인 의례 행위를 하는 것이다. 어쨌든 시대에 따라 '선무당이 사람 잡는다', 무당이 선량한 사람들을 현혹한다는 등, 무속이 미신으로 취급되어 온갖 배척과 핍박을 받아왔음에도 오랫동안 민중의 신앙으로 이어 내려왔다.

무교는 신과 무당, 신도가 굿판에서 어우러져 소통하는 의례적인 종교다. 굿은 무당이 노래하고 춤추며 귀신에게 치성을 드리는 의식이다. 굿판이 벌어지면 음악·무용·신화·미술 장르가 모두 동원된다. 가히 종합예술이라 할 만하다. 창세가, 성주풀이, 제석풀이 등의 무가서사에서 판소리가 나오고 그들의 이야기가 신화와 소설로 전해진다. 산조 등 민속음악과 민속춤인 살풀이춤, 탈춤도 뿌리를 같이 한다. 장구, 징, 꽹과리, 바라, 퉁소의 연주 가락에 맞추어 춤을 추고 부르는 무가는 전통 융합문화의 본령이라고 할 수 있다.

무속이 수천 년간 사람들의 불안과 공포를 없애주고 복을 기원하는 종교적 기능을 수행하여 왔다. 그리고 신앙이기 이전에 한 바탕 흥겹게 벌어지는 연극성을 띤 민속놀이와 통한다. 종교와 놀이는 그 뿌리가 하나로 굿은 제의(祭儀)에서 출발한 축제의 드라마다. 굿에는 신과 인간, 자연과 사회가 한데 어울러 살아야 한다는 공생적 세계관이 깃들어 있다. 마을의 안녕과 풍요를 기원하는 동신제(마을굿), 산신제, 풍어제 등이 그렇다.

신라 이래 1,000년 이상 이어 내려온 강릉 단오굿은 가장 큰 민속 행사다. 대관령 산신을 성황당에 모시고 제사하며, 산길 안전과 농사의 풍작과 풍어, 태평 등을 기원하는 축제다. 강릉단오제는 2005년 유네스코 인류무형문화유산으로 지정되었다. 신명나는 굿판이 사람들의 억눌린 감정을 치유하고 갈등과 반목 분열, 이념의 벽을 넘어 민족을 한데 아우르는 강력한 끈으로 거듭난 전통 민속놀이다.

우리의 몸속에는 알게 모르게 무속 신앙이 흐르고 있다. 굿은 대표적인 민속 신앙이다. 점을 쳐 앞일을 미리 알아서 복을 맞이하고 화를 예방하려는 기대심리도 무속적 사고에 바탕을 두고 있는 것이다. 무속이 한국인의 의식과 신앙에 굳건히 자리를 잡고 있는 것이 묘할 정도다. 우리 사회에서 수많은 종교와 공존하는 무교는 민중 생활의 한 부분이요 전통문화의 보고다.

04
띠 운세로 위안을 삼다

해마다 새해 정월 초하루가 되면 언론 매체에서 올해는 '무슨 년, 무슨 띠'라고 하면서 떠들썩하게 동물의 상징 의미를 떠올리며 새해를 알린다. 예로부터 사람들은 띠에 따라 타고난 운명이나 한 해의 운수를 점쳐왔다. 상대방이 나이를 물으면 몇 살이라고 대답하기보다 '소띠, 토끼띠…'라고 에둘러 말할 때도 있다. 띠가 같은 사람을 '띠 동갑'이라 한다.

'띠'란 사람이 태어난 해의 십이지(十二支; 地支)를 상징하는 동물 이름을 이르는 말이다. 자(子; 쥐), 축(丑; 소), 인(寅; 호랑이), 묘(卯; 토끼), 진(辰; 용), 사(巳; 뱀), 오(午; 말), 미(未; 양), 신(辛; 원숭이), 유(酉; 닭), 술(戌; 개), 해(亥; 돼지) 모두 열 두 동물을 가리킨다.

동물마다 특징이 있다. 쥐는 번식력이 강하고 영리하며 소는 힘이 세며 부지런하다. 용맹스러운 호랑이는 동물의 왕이요 토끼는 약고 온순하며 영특하다. 용은 물의 신으로 상서로운 동물이고 뱀은 냉혈동물로 이지적이며 집안의 재물을 지켜준다는 업신(業神)이다. 순발력이 뛰어난 말은 충성과 용맹을 양은 순하며 희생과 평화를 상징한다. 원숭이는 영리하며 만능 재주꾼이고 닭은 상서로움을 미리 알려주는 길조(吉鳥)로 출세를 상징한다. 개는 충성심이 강하고 영특하며 돼지는 재물이나 복을 불러온다는 동물이다.

십간(十干; 天干)이란 육십갑자의 윗부분을 이루는 요소다. 갑(甲), 을

(乙), 병(丙), 정(丁), 무(戊), 기(己), 경(庚), 신(辛), 임(壬), 계(癸)가 그것이다. 이것이 여섯 번 돌아오는 것을 육갑(六甲)이라고 한다. 십간은 열 두 동물과 해마다 돌아가면서 만난다. 갑자(甲子), 을축(乙丑)에서 시작하여 계해(癸亥)로 끝이 나면 육십갑자(六十甲子)다. 역사에서 임오군란, 갑오경장, 경술국치 등은 간지 년이 들어가는 사건명*이다. 12지와 10간의 최소공배수는 60이다. 그래서 예순 한 살에 환갑(還甲; 回甲)을 맞이하는 것이다. 또한 이것으로 사주·궁합을 보고 그 날의 일진에 따라 혼례식 날짜를 잡고, 이사하기, 장담그기 등을 행하여 왔다.

인간은 신이 아니다. 현대인은 심리적으로 불안하다. 각박한 생활 속에서 늘 스트레스를 받으며 살아간다. 경쟁과 불안, 초조, 갈등 등 번잡함에서 잠시 벗어나고 싶을 때가 종종 있다. 점이 미신이요 비과학적이라 하여 부정적으로 보면서도 점쟁이를 찾는 사람들이 있다. 점집이 성행하는 것도 이런 모순된 상황과 무관하지 않으리라.

과학문명이 발달한 요즘도 일간신문에 고정란을 두고 출생연도와 띠별로 '오늘의 운세(運勢)'를 풀이하여 싣는다. 그만큼 독자들이 점보기를 좋아한다는 방증이다. 그렇다고 사람들이 운세를 절대적으로 믿고 받아들이는 것은 아니다. 그 날 닥칠지도 모르는 일에 대한 궁금증을 심심풀이 삼기 위함이다. 앞일을 미리 알아 조심하고자 하는 삶의 지혜가 담겨 있는 신중한 생활 태도라고 할 수 있다.

---

* 간지 년을 서기 년으로 환산하면 이렇다. 갑(甲)이 들어가는 해는 끝자리가 무조건 0004년, 을(乙)은 0005년이다. 갑오경장은 1894년, 갑자사화는 1504년에 일어난 사건이다. 기미년 삼일 만세운동은 1919년에 일어났다. 갑(4), 을(5), 병(6), 정(7), 무(8), 기(9), 경(0), 신(1), 임(2), 계(3)가 된다.

05
공동체 생활문화 두레

인간은 사회적인 동물이다. 사회란 공동생활을 하는 인간의 집단이다. 지난날 농촌에서 자연 마을을 기본 단위로 '두레'를 조직하였다. 두레는 농사꾼들이 농번기에 힘을 모아 서로 돕기 위하여 만든 자생적이고 민주적인 모임이다. 두레[←두르(다)+-에]의 어원적 의미는 '두루 뭉친 것'이다.

17세기 후반 이앙법이라는 논농사 발달에 힘입어 등장한 촌락공동체의 노동조직이다.* 주로 삼남 지방에 보편화되었다. 두레패는 우두머리를 중심으로 보통 10~15명, 많게는 100명 정도로 구성된다. 마을 단위의 두레는 이웃 마을의 두레와 연맹하는 형태로 확대되어 농민사회세력으로 부상하기도 하였다.

한 마을의 청장년 남자로서 농사일을 할 수 있는 힘만 갖추면 자격이 주어진다. 시험 과목의 '들돌들기'는 청년이 쌀 한 가마니 정도(80㎏)의 둥근 돌을 마을 사람들이 지켜보는 가운데 어깨 위로 들어 올리면 능력을 인정받아 어른 축에 드는 풍습이다. 일종의 농민 성인식(成人式)이다.

청소년은 반품앗이로 노동력의 절반 이하만 인정받다가 두레에 가입함으로써 비로소 장정 품을 받는다. 이에 청소년 집안에서 인사치레로 두레 성원에게 술과 고기를 한턱내는 진세식을 치른다. 이를 '진세턱' 또는 '주먹다드미'라고 한다. 장정 대접을 받게 되는 통과의례다.

---

* 북한 지방에는 오래전부터 두레와 유사한 '황두'가 있다. 마을마다 이삼십 명의 농민들이 작업 단위를 이룬다.[황두←항두←향도(香徒; 화랑도)] 향도(香徒)는 고려 시대의 대표적인 신앙단체이자 촌락 공동체 조직이다.

두렛일은 일시적으로 품이 많이 드는 모내기와 김매기 철에 주로 한다. '농자천하지대본(農者天下之大本)'이라고 쓴 깃발[농기(農旗)]을 앞세우고 풍물을 두드리며 공동 작업을 한다. 일의 능률을 높이기 위해 신바람 나게 풍물을 치고 노동요를 부른다. 두레농사를 마무리 짓는 음력 7월 중순경 백중 무렵 '호미씻이'라고 하여 호미를 씻어 보관한다. 일련의 과정에서 생산 활동뿐만 아니라 민속놀이가 대대로 전승되었다.

백중에 돼지를 잡고 떡과 술을 먹으며 놀이판을 벌인다. 이를 '두레 먹는다'라고 한다. 놀이는 단순한 휴식이 아니라 피로를 풀고 활기를 채우므로 일의 연장으로 생각해볼 수 있다. 여자들끼리 두레를 조직하여 밭을 매거나 길쌈을 하기도 하였다. 두레의 진정한 의의는 일과 놀이의 한바탕 어우러짐에 있다.

두레는 서로 도우며 함께 작업하면서 생활하는 인간관계의 끈끈한 결속이다. 농촌의 공동체 노동조직으로서만이 아니라 농악 등 다양한 노동요를 탄생시켰다. 시대가 바뀌면서 어느 정도 변형이 되었을지언정, 공동으로 일하고 노래 부르면서 먹고 노는 집단 거주 마을 문화로 그 명맥이 유지되고 있다.

농촌의 협업 공동체 문화로 두레 외에 '품앗이'와 '울력', '손바꿈'이 있다. 품앗이는 개인 의사에 따라 힘든 일을 서로 거들어 품(勞動力)을 지고 갚는 일을 말한다. 그리고 울력은 여러 사람이 힘을 합하여 하는 일이다. 울력에 동원된 사람을 '울력꾼'이라 하고, 여러 사람이 기세를 올려 일을 하는 것을 '울력다짐'이라고 한다. 손바꿈은 품앗이와 같으나 자기가 가지지 못한 기술을 상대로부터 빌리고 내 기술로 되갚는 노동력 교환이다.

조상들은 장단에 맞춰 노래와 춤으로 흥을 일으켜 고된 농사일을 즐거움으로 승화시켰다. 민중의 역사 속에서 성장·발전한 노동요와 풍물놀이는 대중을 한데 모이게 하는 마력이 있다. 이것이 신명의 힘이다.

우리 몸속에 서로서로 의지하고 도우며 살아가는 피가 흐른다. 품앗이, 계, 두레, 향약에서 구한말(1907년) 일제가 대한제국에 제공한 차관 상환을 주도한 국민들의 국채보상운동, 1997년 외환위기 때의 금 모으기 운동은 세계인들이 놀라는 보기드믄 사례다. 오늘날 재해 복구 활동에 자발적으로 참여하는 봉사 활동이나 붉은 악마 응원, 촛불 시위 등은 공동체 의식과 협업 문화 유전자로 면면히 이어져 내려오는 든든한 밑바탕 힘이다.

두레는 모듬살이의 지혜다. 우리는 '두레 정신'으로 포용적 성장을 통해 사회 응집력을 확보해 나가야 한다. 안으로는 경제 민주화와 생태 보전 및 복지국가 건설이 국가 목표다. 밖으로는 남북공동체 회복과 평화통일 나아가 인류 행복을 위하여 탈이념 친환경 공동체 마을을 한반도 비무장 지대(DMZ)에 꾸려 운영하는 방안도 두레 문화의 발현이라고 하겠다. 국제사회가 주목하는 인도 남부의 다국적 생태공동체 '오로빌*'처럼 말이다.

---

* 오로빌(Auroville): 1968년 종교와 정치, 국적을 뛰어넘어 국가와 자본이 지배하지 않는 새로운 사회를 건설하여 평화롭게 살고자 인도 남부 숲속(25㎢)에 만들어진 생태환경 계획도시. 현재 45개 나라에서 유토피아를 꿈꾸며 모여든 2,500여 명이 공동체 생활을 하고 있다.

06
마을 지킴이 장승

통나무나 돌기둥에 사람의 얼굴 모습과 천하대장군(天下大將軍)과 지하여장군(地下女將軍), 몸체 아래나 뒷면에 위치, 거리와 방향을 나타내는 글자를 새긴 말뚝을 장승이라고 한다.

장승을 마을 어귀나 사찰 앞 또는 길가에 세웠다. 불로장생(不老長生)의 장생에서 온 말이다. '벅수[←法首(법수)], 벅시'라고도 불린다. 얼굴 형상은 위엄과 권위를 띤 것에서부터 친근감 있는 왕방울 눈과 주먹코를 한 민중의 자화상 등으로 천태만상이다. 장승은 전국적으로 널리 퍼져 있는 성물(聖物)이다.

장승의 기원은 선사 시대 소도(蘇塗)로 거슬러 올라간다. 〈삼국지 위지 동이전〉에 "큰 나무를 세우고 거기에 방울과 북을 매달아 놓고 귀신을 섬긴다"는 기록이 있다. 소도란 마을에서 세우는 솟대[神竿(신간)]이거나 그 장소를 의미한다. 곧 신성한 깃대 또는 신성한 높은 곳이다.

삼한 시대 천신을 제사 지내던 소도에 세운 나무가 경천 사상에 바탕을 둔 '솟대'다. 신라 경덕왕 18년(759)에 임금의 명령으로 세웠다는 '장생표주(長栍標柱)'가 있고, 고려 시대에는 청도 운문사와 양산 통도사의 경계 표시가 적힌 장생표 사적이 있다. 조선 시대에 들어서 장승이란 이름으로 사용되었다.

돌장승은 17세기 이후 주로 남부지방에서 볼 수 있다. 지금 남아 있는 장승 가운데 가장 오래된 것은 전북 부안의 '부안동문안당산'이다.

돌기둥과 돌장승 한 쌍으로 이루어졌다. 순박한 토속미를 지닌 돌장승은 제주도의 돌하르방, 돌미륵불과도 연관되는 신성물이다. 전라도 남원에서 경상도로 넘어가자면 만나게 되는 운봉고원에 돌장승이 많다. 특히 남원 산내면 실상사의 돌장승이 유명하다.

태국 라후족 마을에 있는 돌장승이 공교롭게도 제주도의 돌하르방과 닮았다고 한다. 라후족은 우리 민족의 생활 방식과 도구, 놀이 그리고 언어도 비슷하여 당나라로 끌려간 고구려 유민의 후예라는 설이 있다.

오래 전부터 거리 또는 경계를 나타내는 표지나 마을의 지킴이 구실을 해온 장승은 산신당·서낭당·솟대와 함께 마을 공동체 민속 신앙으로 또는 개인의 소원을 들어주는 대상으로 오늘날까지 이어지고 있다. 장승 뒤에 솟대를 세운다.

솟대란 나무로 만든 새를 장대 끝에 올린 신앙의 대상물이다. 짐대, 수살대, 진또배기 등으로 불린다. '솓/산[鳥(조)~솟[聳/湧(용)]+대(긴 막대)'로 분석된다. 솟대 위의 새 형상은 주로 오리나 기러기다. 오리는 물을, 기러기는 계절풍을 상징하는데 농경문화와 깊은 관계가 있다.

여기에서 새는 귀소 본능이 있으므로 집 떠난 사람이 아무 탈 없이 돌아오기를 비는 뜻을 나타낸다. 새를 인간세계와 하늘을 매개하는 초인간적인 신으로 본 것이다. 진또배기는 긴 나무꼭대기에 새 세 마리가 앉아 있는데 풍재, 화재, 수재를 막아 마을의 안녕과 풍농, 풍어를 위한 상징물이다.

사람들은 마을의 액운(厄運; 액을 당한 운수)을 막고 평안을 기원하기 위하여 음력 정월 보름날 장승제를 지낸다. 남녀노소 주민들이 힘을 합하여 마을을 정화시키는 데 목적을 두는 행사다. 남부지방에서는 장승제를 지내고 나서 줄다리기 줄을 감아놓는다. 장승을 땔감으로 쓰거나 파손하면 동티*가 난다기에 함부로 대하지 않았다. 금기 사항을 어겼을 경우에는 신이 내리는 벌을 받는다고 믿었다.

종교성과 예술성 그리고 실용성까지 갖춘 장승은 마을의 안녕을 지켜주는 수호신 또는 이정표, 경계 표시, 민간 신앙물 등 복합적인 기능을 갖고 있다. 오늘날 마을 안내도와 교통도로표지판의 뿌리가 되는 조형물이다.

07
절기에 맞추어 짓는 농사

농업은 태양이 움직이는 시간과 식물의 성장주기에 의존하는 산업이다. 농작물 가꾸기는 계절이나 기후와 관련이 밀접하다. 농민들은 자연의 순환에 민감할 수밖에 없다. 그래서 연중 생활의 주기가 형성된 것이다.

씨를 뿌리고 거두는 생산 사이클은 철을 기반으로 한다. 농부가 때를 놓치면 한 해의 농사를 망친다. 철을 알고 따라야 농사를 잘 지을 수 있다. 계절의 변화를 모르고 일을 그르치는 어리석은 사람을 철부

* 동티: 건드리지 말아야 할 것을 잘못 건드려서 생긴 걱정이나 불행.

지[←철+不知]라고 일컫는 것도 그렇게 생긴 말이다.

　농사의 계절 감각이 몸에 밴 정도 또는 사리분별력에 따라 '철들었다; 철없다, 철모른다'고 하였다. 조선 헌종 때 정학유의 '농가월령가'는 농가의 연중행사와 세시 풍속을 엿볼 수 있는 월령체 장편가사로 농사일에 많은 도움을 준 작품이다.

　한 해의 농사는 태양의 움직임으로 정한 절기에 따랐다. 24절기는 씨뿌리기, 김매기, 모내기 등 농사일을 알려주는 중요한 기준이 된다. 태양력(太陽曆)으로 태양의 황경(黃經)에 맞추어 1년을 15일 간격으로 24등분한 것이 절기(節氣)다. 황경이란 춘분점(춘분에 지나는 점)을 기준하여 황도*에 따라 동쪽으로 향해 움직인 각도를 말한다. 황경이 0°일 때를 춘분, 15°일 때를 청명 등으로 구분한다.

　태음력은 달의 삭망(朔望)이 날을 세는 데는 유효하지만, 태양의 움직임에 따라 일어나는 기후의 변화는 반영할 수 없었다. 절기는 중국 주(周)나라 때 화북(華北)의 기상 상태에 맞추어졌기에 한반도 기후에 정확히 들어맞는 것이 아니다. 더구나 오늘날과 같이 생태계가 달라진 상황에서는 약간의 차이가 있다. 그럼에도 불구하고 절기가 한 해의 기후 변화를 대체로 잘 나타내므로 우리 생활 속에서 빼놓을 수 없는 기상 정보다.

　태음태양력(太陰太陽曆)은 달과 해의 움직임을 모두 고려하여 만든 역법으로 날짜의 계산은 달의 차고 기욺을 기준으로 하고, 계절의 변화는 해의 움직임을 기준으로 한다. 우리나라에서는 태음력과 태양력을 아우른 태음태양력으로 24절기 풍속을 형성시킨 것이다. 절기는 이처

---

* 황도(黃道): 지구에서 보아 태양이 1년 동안 하늘을 한 바퀴 도는 길. 태양이 지구를 중심으로 운행하는 것처럼 보이는 천구상(天球上)의 궤도.

럼 음력을 쓰는 농경사회에서 필요에 따라 태양의 운동을 바탕으로 한 탓에 양력의 날짜와 일치하게 되었다.

또한 날짜가 경도에 따라 변하므로 매년 양력은 같지만 음력은 달라진다. 음력 날짜가 계절과 차이가 많이 날 때는 윤달을 넣어 계절과 맞게 조정한다. 그밖에 한식·단오·삼복·추석 등은 우리나라에서 오래전부터 지내오는 명절이다. 한식은 동지로부터 105일째 되는 날이다. 단오는 음력 5월 5일이고 삼복은 더위가 한창인 7월 중이며, 추석은 오곡이 무르익는 음력 8월 15일이다.

식물의 성장과 동물의 생태가 기후의 영향을 가장 예민하게 받아들인다. 식물은 가장 알맞은 기후 조건이 주어졌을 때 꽃을 피우는 정교한 체계를 갖추고 있다. 기온과 낮의 길이(광주기)를 감지하는 개화의 원리 때문이다. 개나리가 피면 봄이요, 철쭉꽃이나 아카시아 꽃이 피면 논에 모를 낸다. 뱀과 개구리가 겨울잠에서 깨어나면 봄이다. 제비가 날아가고 기러기가 날아오면 가을이 깊어간다. 서리 내리기에 앞서 농작물을 거두어들여야 한다. 이미 조상들은 자연력에 따라 지혜롭게 생활한 것이다.

24절기는 기후와 밀접한 관련이 있어 농경과 직결된다. 그만큼 우리 민족의 생활리듬이 겨레의 전통문화로 이어온 것이다. 씨앗을 뿌리고 김을 매고, 모내기 등의 농사일을 알려주는 중요한 기준이 절기다. 참고로 절기의 성격을 잘 드러내는 속담을 들면 다음과 같다. 이들은 오랫동안 생활 경험에서 얻은 것으로 전혀 근거 없는 말이 아니다.

- 우수 경칩에 대동강 물이 풀린다.
- 곡우에 가물면 땅이 석 자가 마른다.
- 소만 바람에 설늙은이 얼어 죽는다.
- 하지를 지나면 발을 물꼬에 담그고 산다.
- 처서에 비가 오면 항아리의 쌀이 준다.
- 추운 소한은 있어도 추운 대한은 없다.
- 동지섣달에 눈이 많이 오면 오뉴월에 비가 많이 내린다.
- 동지 때 따뜻하면 보리농사가 흉년이 든다.

24절기와 농사일

음력 월	24 절기	양력 월일	황경	농사일
1월 (초봄)	입춘(立春) 우수(雨水; 날이 풀리고 봄비 내림)	2월 4일께 2월 19일께	315° 330°	생물을 소생시키는 봄비 내리기 시작. 초목에서 싹이 틈. 농사 준비
2월 (한봄)	경칩(驚蟄; 개구리 깨어남) 춘분(春分; 낮과 밤의 길이 같음)	3월 6일께 3월 21일께	345° 0°	봄꽃이 피기 시작 농사일 시작
3월 (늦봄)	청명(淸明; 맑은 봄 날씨) 곡우(穀雨; 곡식에 이로운 비 내림)	4월 5일께 4월 20일께	15° 30°	청명–한식날 성묘. 곡우(약수) 논밭농사 시작, 못자리판 만듦
4월 (초여름)	입하(立夏) 소만(小滿; 약간의 곡식이 여묾)	5월 6일께 5월 21일께	45° 60°	밀보리 여물기 시작, 모내기(1), 파종
5월 (한여름)	망종(芒種) 하지(夏至; 낮이 가장 긴 날)	6월 6일께 6월 21일께	75° 90°	보리수확, 모내기(2) 일 년 중 가장 바쁜 시기
6월 (늦여름)	소서(小暑; 더위 시작, 장마) 대서(大暑; 무더위)	7월 7일께 7월 23일께	105° 120°	김매기 시작, 퇴비 준비(풀베기)
7월 (초가을)	입추(立秋) 처서(處暑; 날씨 선선해짐)	8월 8일께 8월 23일께	135° 150°	벼꽃 한창, 김장용 무·배추 파종
8월 (한가을)	백로(白露; 이슬 맺힘) 추분(秋分; 낮과 밤의 길이 같음)	9월 8일께 9월 23일께	165° 180°	오곡이 무르익음, 고추·참깨 수확
9월 (늦가을)	한로(寒露; 찬이슬 맺힘) 상강(霜降; 이슬이 응결 서리 내림)	10월 8일께 10월 23일께	195° 210°	벼베기, 보리 파종, 마늘 심기
10월 (초겨울)	입동(立冬; 겨울 시작) 소설(小雪; 눈 오기 시작)	11월 7일께 11월 22일께	225° 240°	겨울나기 준비 (김장, 메주 쑤기, 나무에 거름주기)
11월 (한겨울)	대설(大雪; 눈 많이 옴) 동지(冬至; 밤이 가장 긴 날)	12월 7일께 12월 22일께	255° 270°	가마니 짜기와 길쌈 동지팥죽 쑤어 고사 지냄
12월 (늦겨울)	소한(小寒; 추위 심함) 대한(大寒; 극심한 추위)	1월 6일께 1월 21일께	285° 300°	다음 해 농사 준비

08
뒷간과 친환경 유기농법

　인류는 선사 시대부터 땅을 일구어 농사를 지으며 살아왔다. 흙은 공기, 물과 함께 생물의 활동에 필요한 기본 환경이다. 흙에서 두더지, 지렁이, 땅강아지를 비롯하여 조류나 벌레, 세균에 이르기까지 수많은 생물이 서로 영향을 주고받으며 더불어 살아간다. 이들이 유기물을 분해하여 토양 환경을 깨끗하게 하는 것이다. 비옥한 토양이란 미생물의 개체수가 많은 흙을 말한다.
　오늘날 어느 나라건 농토가 심하게 몸살을 앓고 있다. 오염된 땅에서 동식물이 제대로 자랄 수가 없다. 토양 오염이란 농약, 비료, 중금속, 산성비 그리고 방사능 물질, 각종 폐기물 등이 스며든 상태를 이른다. 축적된 더러운 물질이 직간접적으로 사람과 가축, 농작물에 해를 끼친다. 오염된 농업용수와 화학비료의 지나친 사용은 땅의 힘을 떨어뜨리고 작물을 병약하게 만든다. 결국 산성화된 토양은 미생물이 살지 못하는 죽음의 흙으로 바뀌는 것이다.
　자정 능력을 잃어버린 오염된 토양을 되살리려면, 여러 가지 기술적인 방법과 행정적 대책이 따라야 한다. 토양을 살리기 위하여 작물을 돌려 짓고 퇴비를 뿌리고 객토(客土)라고 하여 오염된 토양이나 토질을 개량할 목적으로 신선한 흙을 다른 곳에서 가져와 논밭에 섞는다. 미생물을 이용하여 토양의 유해물질을 없애고 농약 대신 천적을 이용한다. 그리고 화학비료가 아닌 퇴비를 뿌린다. 이것이 유기농이다. 거의 자연 상태에서 가꾸는 농법이다.

요즘 토양을 살리면서 우리 몸에 안전한 먹거리를 생산하는 생태 유기 농업인이 늘어나고 있다. 소비자의 관심도 높고 직거래가 활발히 이루어진다. 유기농법(有機農法)은 소출은 적어도 토양 오염을 줄이고 기름진 땅에서 건강식품을 얻기 위한 친환경 기술이다.

유기농업을 하려면 유기질 거름이 필요하다. 똥오줌은 훌륭한 자원이다. 이것을 모으려면 뒷간과 짚·풀 따위를 쌓아 썩히는 두엄간이 있어야 한다. 화학비료가 없던 시절 조상들은 사람이나 가축의 똥오줌과 두엄, 재, 부엽토를 이용하여 농사를 지었다. 뒷간 모퉁이에 재를 모으고 부춛돌을 디디고 앉아 용변을 보았다. 동이에 오줌을 받아 거름으로 썼다. 두엄간에는 집짐승의 똥과 깃, 상한 음식 찌꺼기를 썩혀 이른 봄에 논밭에 내고 땅을 갈아 씨앗을 뿌렸다.

이와 같은 농법이 수질 오염의 주범인 수세식 화장실 문제와 음식물 쓰레기 처리를 한꺼번에 해결할 수 있는 이상적인 방법이다. 왜냐하면 정화조에 들어간 똥오줌은 물에 희석되어 완전 정화되지 않은 채 냇물에 흘러들어 생활하수와 함께 또 다른 오염원이 되기 때문이다. 수세식 화장실의 대안으로 자연발효식 화장실, 곧 분뇨를 톱밥 또는 나뭇잎과 미생물을 이용하여 퇴비로 전환시키는 뒷간으로 눈을 돌리는 것도 생태순환적 원리에 따르려는 노력이다.

인류의 가장 주목할 만한 농업기술 가운데 하나가 우리나라를 비롯한 중국과 일본의 인분(人糞) 활용법이다. 고대 로마 시대에도 밭에 똥을 뿌렸다는 기록이 있다. 사람의 똥·오줌으로 땅을 기름지게 만들어 먹거리를 생산한 것이다. 이것이 유기농업의 원류다. 똥은 쓰레기가 아니라 자원이다. '밥이 똥이요 똥거름이 흙이다'라는 자연의 말씀은 진리다. 한자 糞[분; 똥]을 파자하면 쌀[米(미)]의 다른[異(이)] 형태가 똥인 것이다. 똥거름이 쌀로 순환되는 이치다.

조상들은 똥을 밭 한 귀퉁이의 구덩이에 퍼 썩히거나 똥오줌에 왕겨, 재, 낙엽 등을 넣어 퇴비를 만들어 사용하였다. 두엄더미에 발효된 분뇨를 붓고 썩히면 거름이 된다. 여기서 썩힌다는 개념은 미생물을 이용하여 유해한 유기물질을 무독화시키는 생물학적 복원을 말한다. 뒷간에 돼지를 두고 똥을 먹여 기르는 몽고풍속이 있다. 평안도와 제주도의 '돝통시 문화'로 들어온 독특한 분뇨 재활용 시설이다.

오늘날 화학비료와 제초제, 유전자 조작(GMO)으로 생태계를 파괴 교란시키고 있다. 기후 변화와 유독성 살충제로 나비와 꿀벌이 사라질 위기다. 이들이 사라지면 꽃가루받이가 커다란 문제다. 따라서 인류도 멸종될 위기에 놓인다. 과다한 농약 살포와 화학비료 사용으로 토양이 죽어간다. 거대 농기업의 이윤 탐욕에 식량 품질이 떨어지고 가격은 갈수록 치솟는다. 이렇게 우리의 식탁은 물론 목숨까지 위협하고 있는 것이다.

남원 지리산 실상사 생태뒷간 앞에 다음과 같은 글귀가 있다. "뒷간은 농약과 화학비료가 등장하기 전까지 모든 생명의 먹거리를 키워내는 소중한 거름이 만들어지던 공간입니다. 쌀을 비롯한 온갖 채소들은 똥오줌의 또 다른 모습입니다. 땅을 살리고 먹거리를 살리며 농사

짓는 농부님을 살리고 그 쌀과 채소를 먹는 우리들의 생명을 살려내는 길은 똥을 제대로 대접하는 것에서부터 시작됩니다. 냄새는 좀 납니다. 그러나 우리 모두를 되살리는 고마운 향기입니다."

논밭에 퇴비를 뿌리는 일은 토양의 생물학적 복원을 위한 친환경적인 농법이다. 인간과 자연은 서로 빼앗고 빼앗기는 관계가 되어서는 안 된다. 인간은 자연에서 얻은 만큼 되돌려준다는 생태순환 법칙에 충실히 따라야 한다. 자연의 일부인 인간은 자연의 질서에 순응할 줄 알아야 한다. 이것이 자연과 사람을 함께 살리는 길이다.

09
집짐승 기르기와 길들이기

인류는 아주 먼 옛날부터 마소로 연자방아를 돌리고 짐을 나르고 고기와 우유 그리고 가죽을 얻으며 생활하여 왔다. 가축은 집에서 사육하는 짐승이다. 농가에서 소·말·개·돼지·닭·오리 따위를 기른다.

논밭을 갈아엎는 데 축력(畜力)을 이용하였다. 기원전 1,200년경 이집트 무덤의 벽화에 소 두 마리가 쟁기를 끄는 모습이 있다. 농경법의 혁명으로 불리는 우경(牛耕)은 신라 지증왕 3년(502년)에 시작되었으며, 일찍이 철제 보습의 쟁기를 사용하였다는 기록이 보인다. 쟁기는 술·성애·한마루를 세모꼴로 뼈대를 맞추어 역학적으로 매우 안정된 구조를 이루는 농기구다.

송아지나 망아지는 어느 정도 자라면 길들여야 한다. 부룩송아지와 고삐 풀린 망아지는 제멋대로여서 부릴 수가 없다. 송아지가 자라 생후 5, 6개월이 되면 코청을 뚫어 코뚜레를 끼운다. 힘이 센 어미 소가 되더라도 손쉽게 제압하기 위해서다. 쇠코뚜레*는 재질이 단단하고 탄력 있는 노간주나무나 물푸레나무를 고리 모양으로 불에 달궈 매끄럽게 다듬어 코에 꿰는 물건이다. 여기에 고삐를 맨다. 이것을 잡아채면 제아무리 육중하고 사나운 놈일지라도 주인이 의도하는 대로 따를 수밖에 없다.

야생마에 굴레를 씌우고 아가리에 재갈**을 물려 고삐와 연결하여 길들인다. 이 때 긴 막대기를 고삐에 감아 접근을 막는 방법도 있다. 짐승의 공격성을 억제하고 비육을 위한 수단으로 수컷의 불까기(거세)를 하는 경우가 있다. 양잿물로 뿔이 날 자리를 비벼 아예 싹을 녹여 없애기도 한다. 길들이는 과정이 어떻게 보면 동물 학대다.

농경사회에서 날뛰는 우마에 멍에와 길마를 지우고 수레를 끌리는 집짐승 길들이기는 경운기나 트랙터가 나오기 이전에 농업 생산성을 높이기 위한 하나의 수단이었다. 동물에 고통을 가하여 순종적인 가축으로 바꾸려는 어쩔 수 없는 농부의 선택이었는지 모를 일이다.

조상들은 가축을 식구처럼 정성으로 대하였다. 넓은 우리나 방목장에서 키웠다. 마당에 풀어 놓아먹였다. 어둑한 저녁이면 귀소(歸巢) 본능이 있어 우리에 제 발로 돌아온다. 고삐를 길게 늘여 매어 활동 영역을 넓혀주었다. 식육용으로 다 자란 놈을 도축한 것이지 지금처럼

---

* 쇠코뚜레는 액운(厄運)을 막고 들어온 복을 오랫동안 붙잡아 둔다고 하여 집안 현관문 위에 걸어놓는 풍속이 있다. 위압적인 상징물로 여겨온 것이다.
** 재갈: 말의 입에 가로 물리는 쇠 도막.

어린 수송아지나 단기간에 살찌운 짐승을 죽이는 것은 아니었다. 일소를 함부로 잡아먹을 수가 없었다.

그런데 오늘날 공장식 농업은 예전과 사육 방식이 전혀 다르다. 현대식 축사는 공산품을 찍어내듯이 고기를 만들어내는 공장이다. 경제성만 따져 육류용 소나 돼지, 닭, 오리 등을 비좁은 칸막이 안에 가두어 완전 폐쇄식으로 비참하게 키운다는 사실을 대부분의 소비자들은 모르고 있거나 알아도 모른 채하는 것이 현실이다.

목초지에서 풀을 뜯어야 할 초식동물에게 동물성 사료를 먹여 속성으로 살을 찌운다. 심지어 근육성장 촉진 약물까지 투여한다. 열악한 시설과 운동 부족, 육류 부산물과 항생제 그리고 유전자변형 사료 탓에 스트레스를 받고 질병이 돌면 독성 강한 항생제, 살충제를 뿌려댄다. 가두리 양식장에서 기르는 물고기도 초대형 농장의 비좁은 돼지우리나 닭장 사정과 별반 다를 것이 없다.

유발 하라리는 〈사피엔스〉에서 산업적 육류 농장의 송아지에 대한 실태를 다음과 같이 고발한다.

"태어나자마자 어미와 떨어져 자기 몸보다 그리 크지 않은 우리에 갇힌다. 송아지는 여기서 일생을 보낸다. 평균 약 4개월이다. 결코 우리 밖으로 나가지 못하며 다른 송아지와 놀지도 못하고 심지어 걸을 수조차 없다. 모두가 근육이 강해지는 것을 막기 위한 조치다. 근육이 약해야 부드럽고 즙이 흐르는 스테이크가 된다. 이 송아지가 처음으로 걷고 근육을 뻗으며 다른 송아지들과 접촉할 수 있는 것은 도살장으로 가는 길목에서다. 진화적 관점에서 보면 소는 역사상 가장 성공한 종 가운데 하나다. 이와 동시에 지구상에서 가장 비참한 동물 중의 하나다"라고. 어찌 보면 가축화된 동물에게 농업혁명은 끔찍한 재앙인지도 모를 일이다.

많은 수요를 감당하기 위하여 농장에서 대량생산된 고기와 달걀은 값은 비록 쌀지언정 인체에 좋을 리가 없다. 사람들은 누구나 안심하고 먹을 수 있는 유기농 제품을 원한다. 풀어 놓고 기른 신선한 고기와 달걀, 우유가 우리 몸에 좋다는 것을 알고 있다. 그러나 가격대비와 품질 사이에서 소비자는 딜레마에 빠진다.

현명한 소비자라면 식탁에 오르는 농축산물이 어떻게 길러지고 처리되는 지 제대로 알고 안전한 먹거리를 선택할 것이다. 요즈음 그 대안을 찾는 사람들과 유기농 식품 온 오프라인 매장, 생산자와 소비자의 직거래가 늘어나 다행이다. 그러나 이러한 관심과 선택도 중요하지만 근본적인 해결책은 식품의 생산과 유통의 투명성을 위하여 식품의 출처 그리고 농장에서 식탁까지의 경로를 추적할 수 있는 시스템 구축이다.

인류는 짐승을 길들여 그 힘으로 농업생산력을 증대시켰다. 조상들은 가축을 사람처럼 대하고 동물복지도 생각하면서 친환경적으로 길러 건강한 먹거리를 생산 공급하였다. 풀과 농업 부산물, 음식물 찌꺼기를 먹이고 똥오줌을 받아 거름으로 썼다. 소돼지나 닭을 잔인하게 사육하고 있는 현대식 농장주나 반려동물을 제대로 돌보지 않는 이들과는 동물 사랑에 대한 인식의 차원이 전혀 달랐다. 인간의 끝없는 욕

망충족에 앞서 짐승을 짐승답게 키우려는 윤리 의식이 높았던 것이다.

10
쥐불놀이와 친환경 농법

농가에서 음력 정월 첫 쥐날[上子日(상자일)] 논둑이나 밭둑에 놓는 불을 쥐불이라고 한다. 쥐불놀이란, 정월 대보름날 마을 사람들이 떼를 지어 논밭두렁의 마른 풀을 태우는 놀이로 농가에 피해를 주는 벌레의 알과 유충을 태워 죽이고 들쥐를 쫓기 위한 민속행사다.

대보름날 부럼*을 깨고 오곡밥에다 묵은 나물을 배불리 먹고 귀밝이술도 마시며 겨울철 부족하기 쉬운 영양을 보충한다. 밤이 되면 달맞이를 한다. 달이 떠오를 때를 기다려 달집을 태우고 횃불을 들고 산에 올라가 달을 맞이하며 소원을 비는 풍습이다.

이날 아이들은 망우리 돌리기를 한다.[망우리←망월(望月)] 빈 깡통에 구멍을 숭숭 뚫어 철사로 길게 줄을 매어 관솔이나 나뭇가지를 넣고 불을 댕긴다. 불 피운 깡통을 휙휙 돌려가며 '망월(望月; 달맞이)이여!' 하며 외친다. 놀이의 끝판에 불씨가 남으면 힘껏 돌려 멀리 던져 올린다. 떨어지는 불똥은 마치 불꽃놀이처럼 장관을 이룬다. 이 때 아이들은 원심력(遠心力)과 구심력(求心力)을 자연스럽게 실험한다.

농촌에서 겨우내 건조해진 논둑의 잡초를 태워 땅거죽을 뜨겁게 함으로써 들쥐의 서식처를 없애고 농작물에 해로운 벼멸구 등 해충들

* 부럼: 일 년 내내 부스럼을 앓지 않게 된다하여 정월 보름날에 까서 먹는 밤·잣·호두·땅콩 따위를 이르는 말.

이 풀숲에 낳아 둔 알을 태워 죽인다. 타고 남은 재는 그 자리에서 거름이 된다. 살초제나 살충제를 안 쓰고 잡풀 씨를 없애는 무농약 친환경적인 농법이다.

농촌에서는 해마다 들쥐에 의한 농작물 피해가 매우 크다. "올빼미가 새끼를 많이 낳으면 풍년이 든다"는 속담이 있다. 새끼 한 마리를 기르려면 하루에도 여러 마리의 들쥐를 잡아 먹여야 한다. 많은 새끼의 먹잇감으로 수많은 들쥐를 잡아 없앨 것이다. 들쥐의 수가 줄어든 만큼 다수확을 할 수 있다는 이야기다.

쥐불놀이는 액운(厄運; 액을 당할 운수)을 물리치고 풍년을 기원하는 상징적 의미를 갖는다. 새해에 좋은 일이 많이 생기기를 바라는 마음이 놀이의 의미다. 봄철 농사를 준비하여 작물의 생산성을 높이려는 조상들의 지혜가 담긴 과학적인 마을 공동체 행사다. 그런데 자칫 잘못하면 산불로 번질 우려가 있어 세심한 주의가 필요하다.

11
조선 초기에 만든 세계 최초의 온실

요즘에 우리는 한겨울에도 싱싱한 채소를 먹을 수 있다. 온실 재배 덕분이다. 온실은 식물을 기르기 위하여 알맞은 온도와 습도를 유지할 수 있게 만든 건물을 말한다.

온실의 역사는 조선 시대로 거슬러 올라간다. 세종 때 의관(醫官)

전순의*가 쓴 우리나라 최고(最古)의 조리책으로 농업정보도 담은 〈산가요록(山家要錄; 1459년 무렵)〉 '동절양채(冬節養菜; 겨울철 채소 기르기)' 항목에 "겨울에 채소를 먹으려면 온실을 지어야 한다"는 내용이 나온다. 이는 유럽 최초의 독일 난로식 온실(1619년)보다 자그마치 170년이나 앞서는 것으로 밝혀졌다.

〈산가요록〉의 '온실 건축 방법'에 관한 기록은 다음과 같다.

造家大小任意 三面築蔽 塗紙油之 南面皆作箭窓 塗紙油之 造突勿令煙生 突上積土一尺半許春菜皆可載植 朝夕令溫 勿使入風氣 天極寒則 厚編飛令掩窓 日煖時則撤去 日日洒水 如露房內 常令溫和有潤氣 勿令土白乾 又云 作因於築外 掛釜於壁內 朝夕使釜中水氣 薰扁房內

온실은 난방식 온돌 장치로 땅속 온도를 높이고 솥의 수증기로 실내 공기를 따뜻하게 하고 햇볕과 습기가 투과할 수 있는 들기름 먹인 한지**를 바른 채광창을 내었다. 날씨가 차면 이엉을 창 위에 덮어 보온을 하는 등 기술적으로 거의 완벽하게 설계하였다. 난방과 가습, 채광이라는 세 가지 조건을 모두 갖춘 것이다.

온실에 관련한 최초의 기록은 강희안의 〈양화소록〉에 나오는 '토우(土宇; 움집)'다. 〈성종실록(1471년)〉에 '인위적으로 키운 영산홍' 기사와 〈음식디미방(1670년)〉에 새싹 채소를 식재료로 이용했다는 기록은 온실과 뗄 수 없는 관계다. 또한 창덕궁과 창경궁의 전각들을 사실적으로 묘사한 동궐도(東闕圖; 1820년대. 국보 249호)의 '창순루'는 정조 때

* 세종 때 〈의방유취(1445년)〉 편찬에 참여했으며 〈식료찬요(食療篡要)〉도 지은 의사이자 식품학자다.
** 기름을 먹인 한지는 인장 강도가 비닐보다 세어 빗물을 충분히 감당할 수 있으며 빛 투과율이 높아 태양빛을 온실 내로 투과시킨다. 비닐 대용으로 이른 봄 채소 모종이나 못자리에 댓가지를 휘어서 꽂고 그 위에 기름종이를 씌워 보온용으로 사용하였다.

겨울철에 꽃을 피워 올리기 위해 운영하던 궁중 온실이다. 창순루는 산가요록식 온실과 유사하게 지은 반타원형의 초가지붕 목조 건물이다.

근대식 온실은 남향으로 짓고, 온실 바닥의 앞은 가운데보다 깊게 파 지열을 고르게 하였다. 온돌 대신 땅 밑에 두엄이나 부엽토를 두텁게 깔아 자연 발효된 열을 이용한 것이다. 창호지 대신 유리판을 사용하여 태양열을 최대한 받을 수 있도록 설계하였다. 오늘날 유리나 비닐, 플라스틱 필름을 사용하는 현대식 난방 온실과 비교해도 손색이 없는 구조다.

이제 21세기 현대 농업은 눈부시게 발전하여 IT와 융합으로 채소 재배의 효율적인 시설이 개발되었다. 하이드로포닉스(Hydroponics; 수경재배)는 순환하는 물에 영양분을 주어서 식물이 자라나고, 아쿠아포닉스(Aquaponics)에서는 수조 속에 사는 물고기의 배설물을 식물의 영양분으로 쓰는 온실이다. 이러한 시설은 흙·비료가 없는 자연순환 농법으로 설비비용을 빼면 경제적이라 주목을 받는다.

식물공장은 기후조건이나 계절에 상관없이 작물이 자라는데 필요한 환경을 인위적으로 조절하여, 고품질의 농산물을 계획 생산할 수 있는 농업기술 방식이다. 자동화된 공장설비와 기술 덕분에 생산량이나 가격이 안정적이다. 무농약 무공해 채소 재배도 가능하게 되었다.

우리는 일찍이 한겨울 채소를 기를 수 있는 시설을 고안하였다. 조선 초기에 지어진 온실이 세계 최초라는 사실이다. 온실 영농은 온돌과 닥종이(한지), 짚풀, 가마솥, 토담집 등이 한데 어우러져 일으킨 근대 농업혁명이다. 이제는 미래 농업을 이끌 식물공장에 눈을 돌려야 할 때다. 가까운 미래에 인류에게 다가올 재앙 가운데 하나가 식량 부족이다. 온 국민에게 양질의 먹거리를 안정적으로 공급해야 한다. 그러려면 글로벌 식량 위기 시대를 대비할 식량 안보 전략이 필요하다.

12
나무에 얽힌 몇 토막 이야기

    인간과 자연은 공존한다. 인류는 아주 먼 옛날부터 나무를 신성시하고 생활에 유익한 자연환경을 조성하여 왔다. 어떤 특정한 수목(樹木; 살아 있는 나무)에 믿음을 바치는 종교적 행위가 나무 숭배다. 단군신화에서 환웅이 처음 하늘에서 내려왔다는 신령스런 신단수(神檀樹)와 마을의 당산나무는 하늘과 땅을 이어주는 매개물이다.

    나무는 신성성과 함께 실생활에서 다목적으로 가장 유용하게 쓰인다. 사람들은 건축재료, 선박건조와 생활도구용 목재 생산, 땔감 및 밤, 도토리, 버섯, 약재, 나물 등 산림부산물을 얻기 위하여 숲을 가꾼다.

    조상들은 아들을 낳으면 이듬해 삼월 삼짇날 선산에 소나무를 심고, 딸이면 밭두렁에 오동나무를 심었다. 소나무는 자라 어버이가 죽을 때 관을 짜도록 한 것이다. 그리고 오동나무를 심은 까닭은 딸을 시집보낼 때 농짝을 짜서 주기 위해서다.

농가에서 뽕나무, 닥나무, 옻나무 등을 심어 소득을 올렸다. 뽕나무는 누에를 먹여 고치에서 실을 뽑아 무명 옷감을 얻기 위해 심었다. 닥나무는 껍질을 두드려 한지를, 옻나무는 칠 재료를 생산하기 위하여 심은 나무다.

탱자나무는 가시가 있고 꽃과 열매의 향이 좋아 생울타리[枳籬(지리)]로 심는다. 예전에는 성벽 아래에 줄을 맞춰 심어 마름쇠를 뿌려놓은 것처럼 적의 접근을 막았다. 엄나무(개두릅)도 가시가 많아 문간과 집 주변에 빙 둘러 심었다. 뾰족한 가시가 들짐승의 침입을 막는 구실을 한다. 현관 출입문 위에 엄나무 토막을 매달아 잡귀를 막았다.

집 안에 복숭아나무를 심지 않았다. 요염한 꽃과 복숭아는 주술력과 신령스러움이 있어 귀신을 쫓는다고 믿어왔기 때문이다. 동쪽으로 벋은 복숭아나무 가지[동도지(東桃枝)]로 병든 사람을 때리면 병이 낫는다는 속설이 있다. 복숭아를 제사상에 올리지 않는 이유도 조상님 혼이 제삿밥을 못 드시러 올까 염려해서다.

또한 집 주변이나 무덤가에 대나무와 아카시아나무를 심지 않았다. 아카시아는 성장 속도가 빠르고 번식력이 강하여 민둥산에 사방공사(砂防工事)로 심어 홍수 피해를 막고 땔감으로 유용하게 쓰이던 시절이 있었다. 대나무도 마찬가지다. 반면에 이들은 뿌리가 폭넓고 길게 뻗어 방구들과 옹벽, 묘 자리 등에 파고들어 해를 입히므로 없애는 데 애를 먹이기도 하는 나무다. 배나무나 사과나무 근처에 향나무를 심지 않았다. 향나무가 배나무에 붉은별무늬병[적성병(赤星病)]을 옮기는 중간 숙주라는 사실을 경험으로 알았기 때문이다. 적성병은 4~7월에 걸쳐 사과나무, 배나무 잎에 얼룩점 무늬가 생긴다. 무늬가 점점 커져 노란 송충이 모양으로 변하고 잎의 뒷면은 쐐기처럼 털이 나는 병이다.

'소나무 근처에서 퇴비를 만들지 않는다'는 말이 있다. 짚풀을 발효시킨 거름이 퇴비인데, 솔잎의 항균 작용으로 짚이 썩지 않기 때문이다. 청솔가지를 꺾어 초가지붕에 얹거나 마당에 솔잎을 뿌려 깔아 놓는 것은 노래기를 없애기 위해서다. 금줄 또는 장독에 솔가지를 매단 것도 살균작용에 착안한 조상들의 지혜다.

소나무는 옮겨 심어 살리기가 무척 까다로운 나무다. 옮기기 1~2년 전에 뿌리 밑동을 둥글게 파 뿌리돌림으로 잔뿌리를 많이 나게 한다. 먼저 있던 방향대로 옮겨 심고 막걸리를 뿌려준다. 토양의 미생물이 막걸리의 활성효모로 살쪄 다친 뿌리를 낫게 하면서 활착을 도와서다.

전해 내려오는 풍속에 나무시집보내기[稼樹(가수)]가 있다. 과실나무 가지 사이에 작은 돌을 끼워두는 민간 신앙의 의식으로 풍요를 기원하는 주술적 행위다. 여자 성기 형상의 벌어진 가지에 남자를 상징하는 돌을 끼움으로써 다수확을 기원하였다. 돌이 관다발을 파고 들어가 양분의 이동을 막는 것이다.

대추나무 시집보내기는 과실나무의 수확량을 늘리기 위한 원예학에서의 환상박피(環狀剝皮; girdling)와 같은 원리다. 굵은 나무줄기에서 껍질만을 체관부가 있는 깊이까지 고리 모양으로 벗겨 내고 목질부를 남겨 둔다. 잎에서 만들어진 광합성 양분은 껍질을 벗겨낸 아래쪽으로 이동하지 못하고 잎과 줄기에 몰려 결실을 좋게 한다. 나뭇가지 끝을 아래로 휘어지게 잡아매는 것도 다수확이 목적이다. 또 단옷날 과

수를 전지하면 열매가 많다고 해서 가지치기도 하였다.

  숲은 인간에게 많은 혜택을 준다. 사람들은 자연과 인간의 조화로운 삶을 추구하기 위하여 숲을 가꾸어왔다. 조상들이 나무를 심고 가꾸는 과정에서 터득한 산지식은 후손들에게 커다란 생활의 길잡이가 되는 가르침이다.

13
전통식 고기잡이 죽방렴

  바다에서 고기잡이 방식 가운데 가장 단순한 것은 조류에 따라 밀물에 흘러들어온 물고기를 가두어 잡는 방법이다.

  좁은 바다의 물목에 V자 형태로 굵은 참나무 말뚝을 일정한 간격으로 박고 그 사이에 대나무 발을 둘러 물고기를 가두어 잡는 시설을 죽방렴(竹防簾; 대살)이라고 한다. 말 그대로 대나무로 만든 어살*이다. 밀물 때에 물살을 따르는 물고기 떼를 자연스럽게 한 곳으로 몰아 잡을 수 있는 고정식 그물 장치다. 그 역사가 550여년이나 된다.

  죽방렴은 가는 댓조각이나 싸릿개비로 엮어 입구를 좁게 만든 고깔 모양의 통발을 확장한 것과 같은 원리다. 통 안에 한번 들어온 고기들은 좀처럼 빠져나갈 수가 없다. 그 이유는 발통에 갇히거나 후진이 서툰 물고기의 습성 때문이다. 어부는 하루에 두 번씩 물때에 맞춰 후릿그물이나 뜰채로 잡아 올리기만 하면 된다.

  이와 비슷한 제주도의 석원어로법(石垣漁撈法)은 바닷가에 돌담을 빙

---

* 어살: 물고기를 잡기 위하여 물속에 싸리나 참대, 장목 따위를 물속에 둘러 꽂아 물고기를 들게 하는 울로 고려 시대 이래 조선 시대까지 가장 널리 이용되었다. 어전(漁箭)

둘러쌓아 밀물 때 넘어 들어온 고기를 썰물에 잡아들이는 원시적인 방법이다. 이를 '돌살, 살막, 독살, 돌발'이라고도 한다. 그리고 경상도와 전라도 연안에 설치한 석방렴(石防簾)은 원형이나 ㄷ자형의 돌담을 쌓아 썰물 때에 고기를 잡는 시설이다. 남서해안 바닷가에서는 돌담 대신 그물로 갯벌을 둘러막아 고기를 잡는데 이를 '개막이/ 개맥이[建干網(건강망)]'라고 부른다.

남해의 지족해협은 경상남도 남해군 삼동면과 창선면 사이에 위치한다. 이 곳은 거센 물살이 지나는 물목으로 죽방렴을 설치하기에 가장 좋은 자연 조건을 갖추고 있다. 죽방렴으로 잡힌 생선은 낚시나 그물로 잡은 것보다 최고의 횟감으로 친다. 고기잡이 과정에서 상처나 스트레스를 덜 받아서일 것이다. 건져 올린 멸치를 15분 안에 데쳐 5시간 이상 햇볕에 말린다. 신선도가 높은 죽방멸치는 마른멸치 가운데 최상품으로 꼽는다.

죽방렴은 바닷물의 자연스런 흐름을 이용하는 고기잡이 방식이다. 오늘날 현대식 가두리 양식장의 모태가 된다. 가두어진 물고기를 필요한 만큼 건진다는 것은, 여유 있는 기다림으로 자연이 주는 대로 받겠다는 조상들의 지혜가 담긴 생활 철학이라고 할 수 있다.

14
세계에서 보기 드문 제주 해녀

우리나라 영토는 삼 면이 바다로 둘러싸인 반도다. 해안선의 길이가 길고 한류와 난류가 만나는 대륙붕 위에 좋은 어장이 형성되어 일찍이 수산업이 발달하였다. 전형적인 채취 어업 종사자는 제주도의 해녀들이다.

해녀는 산소탱크 없이 물옷(잠수복), 오리발, 물안경 등을 착용하고 바닷물 속에 들어가 전복이나 미역 등 해산물 따는 것을 직업으로 하는 여자를 말한다. 지난날에는 잠녀(潛女), 잠수(潛嫂)라고 불렀다.

문헌상으로 해녀의 기록이 고려 시대(1105년)에 처음 보인다. 지금 여성이 대부분이지만 17세기까지 남자도 물질을 하였다. 그리고 제주 해녀가 일본으로 넘어가 물질을 하면서 일본해녀 '아마'라 불리게 된 것이다.

물속 5~20m까지 들어가 30초에서 2분 이상 숨을 참아가며 작업하는 것을 물질이라고 한다. 물질도구에는 태왁과 망사리, 빗창, 정게호미, 갈고기, 소살(작살) 등이 있다. '물에 뜬 바가지'라는 뜻의 태왁(두렁박)은 가슴에 받쳐 몸을 뜨게 하는 기구로 채취한 것을 담는 망사리가 달려 있다. 예전에 박의 속을 파내어 만들었는데 지금은 스티로폼이 주로 쓰인다.

잠수 작업을 하던 해녀가 태왁을 잡고 수면에 떠올라 숨을 휘파람처럼 몰아 내쉬며(숨비소리) 잠깐씩 쉰다. 거친 물살을 헤쳐 가며 물속에서 하는 일이 '저승에서 벌어 이승에서 쓰는 작업'이라 할 만큼 목숨을 담보로 한 고된 노동이라고 할 수 있다.

해녀는 전 세계에서 제주와 울릉도 및 동해안, 일본 일부 지역에만 있다. 제주 해녀는 19세기 말부터 전국의 해안이나 섬으로 출가(出嫁; 원정 물질)하였고 일본 대마도와 러시아 블라디보스토크, 중국의 칭따오, 따리엔으로 진출하였다. 우리나라의 해녀 수는 현재 약 9,500명으로 추산한다.

제주도를 상징하는 '해녀문화'는 2016년 유네스코 세계인류무형문화유산 등재를 계기로 물질과 풍어를 기원하는 잠수굿, 민요인 해녀노래, 지역공동체의 정체성 등의 문화적 가치가 나라 안팎에서 높게 평가받고 있다. 해녀들의 생존과 삶, 자존의 역사를 담은 해녀박물관이 제주시 구좌읍에 2006년 개관되었다.

| 도움을 받은 책 |

- 강찬형 외, 나노과학기술 여행,
  양문, 2006.
- 권경근 외, 언어와 사회 그리고 문화,
  박이정, 2016.
- 김경훈, 상상 밖의 역사 우리 풍속 엿보기,
  오늘의책, 2000.
- 김동욱 외, 한국민속학(개정판),
  새문사, 1994.
- 김득황, 증보 한국사상사,
  대지문화사, 1993.
- 김병호, 우리 문화 대탐험,
  황금가지, 1997.
- 김석근 외, 한국문화 대탐사,
  아산서원, 2015.
- 김연옥, 한국의 기후와 문화,
  이화여자대학교출판부, 1985.
- 김용태, 옛살림 옛문화 이야기,
  대경출판, 1997.
- 김준봉 외, 온돌과 구들문화,
  어문학사, 2014.
- 나승렬, 세종의 똥지게와 링컨의 꽃 사랑,
  애그리, 2007.
- 량기백, 국가와 문화와 국학이란 뭘까요,
  선인, 2006.
- 로버트 루트번스타인 외(박종성 옮김),
  생각의 탄생, 에코의서재, 2008.
- 박상진, 역사가 새겨진 나무 이야기,
  김영사, 2004.
- 박영규, 특별한 한국인,
  웅진닷컴, 2000.
- 박한나, 통으로 읽는 한국문화,
  박이정, 2014.
- 빙허각 이씨(이경선 교주), 규합총서,
  신구문화, 1974.
- 서긍(정용석·김종윤 옮김), 고려도경,
  움직이는 책, 1998.
- 쑨지(홍승직 옮김), 중국 물질문화사,
  알마, 2017.
- 아손 그렙스트(김상열 옮김), 스웨덴 기자 아손
  100년 전 한국을 가다, 책과함께, 2005.
- 에드워드 왕(김병순 옮김), 젓가락,
  따비, 2017.
- 우석훈, 도마 위에 오른 밥상,
  생각의나무, 2005.
- 유발 하라리(조현욱 옮김), 사피엔스
  김영사, 2015.
- 유안진, 한국의 전통육아방식,
  서울대학교출판부, 1986.
- 윤용현, 전통 첨단 과학,
  교학사, 2012.
- 이규태, 한국학 에세이,
  신원문화사, 1995.
- 이덕무(이동희 옮김), 사소절,
  민족문화추진회, 1981.
- 이동범, 자연을 꿈꾸는 뒷간,
  들녘, 2000.
- 이성무, 조선왕조실록 어떤 책인가,
  동방미디어, 1999.
- 이성우, 한국요리문화사,
  교문사, 1985.
- 이어령, 디지로그 선언,
  생각의 나무, 2006.
- 이어령, 우리문화 박물지,
  디자인하우스, 2007.
- 이재열, 담장 속의 과학,
  사이언스북스, 2009.
- 이재인, 건축 속 재미있는 과학이야기,
  시공사, 2007.
- 이중환(이익성 옮김), 택리지,
  을유문화사, 2002.
- 이창일, 정말 궁금한 우리 예절, 53가지,
  예담, 2008.
- 이해준 외, 전통사회와 생활문화,
  한국방송통신대학교출판부, 2006.
- 이형호, 문화는 브랜드다,
  비즈니스워치, 2016.

- 이훈종, 민족생활어 사전, 한길사, 1992.
- 임석재, 우리 옛 건축과 서양 건축의 만남, 대원사, 1999.
- 재레드 다이아몬드(김진준 옮김), 총 균 쇠, 문학사상사, 2014.
- 전상운, 우리 과학 문화재의 한길에 서서, 사이언스북스, 2016.
- 전순의(한복려 옮김), 산가요록, 궁중음식연구원, 2011.
- 전용운, 물구나무 과학, 문학과지성사, 2000.
- 정동찬, 옛것도 첨단이다, 민속원, 2001.
- 정수복 외, 사회를 말하는 사회, 북바이북, 2014.
- 정수현·정경조, 손맛으로 보는 한국인의 문화, 삼인, 2014.
- 정약용(노태준 옮김), 목민심서, 홍신문화사, 1988.
- 정혜경, 천년 한식의 세계, 휴먼테라피, 2008.
- 조동일 외, 판소리의 이해, 창작과비평사, 1978.
- 조르주 장(이종인 옮김), 문자의 역사, 시공사, 1995.
- 조효순, 한국인의 옷, 밀알, 1995.
- 주강현, 우리 문화의 수수께끼 2, 한겨레신문사, 1997.
- 진용선, 정선아리랑 가사사전, 정선군·정선아리랑문화재단, 2014.
- 진정일, 교실 밖 화학 이야기, 궁리출판, 2013.
- 최동현, 판소리 이야기, 인동, 1999.
- 최성자, 한국의 멋 맛 소리, 혜안, 1995.
- 최웅철, 생활명품, 스토리블라썸, 2011.
- 최준식, 한국 문화 교과서, 소나무, 2011.
- 피터 싱어 외(함규진 옮김), 죽음의 밥상, 산책자, 2008.
- 홍상순, 숨 쉬는 도자기 옹기, 서해문집, 2010.
- 한미라 외, 한국인의 생활사, 일진사, 2004.
- 허준, 원본 동의보감, 남산당, 1969.
- 헤일리 버치(임지원 옮김), 일상적이지만 절대적인 화학지식 50, 반니, 2016.
- 황현(정동호 옮김), 매천야록, 효원출판, 2007.
- 황훈영, 우리 조상들은 얼마나 과학적으로 살았을까, 청년사, 1999.
- 고대민족문화연구소출판부, 한국문화사대계(중판), 1982.
- 국립민속박물관, 한국민속의 탐구, 2000.
- 동북아역사재단, 동아시아의 역사Ⅱ, 2011.
- 전국산야초연구회, 약초 캐고 산삼도 캐고, 하늘구름, 2016.
- 한국고문서학회, 조선시대 생활사, 역사비평사, 1996.
- 한국국학진흥원, 한국인의 문화유전자, 아모르문디, 2012.
- 한국문화상징사전편찬위원회, 한국문화상징사전 1·2, 동아출판사, 1992·1995.
- 한국역사민속학회 엮음, 한국역사민속학강의 1·2, 민속원, 2010.
- 한국역사연구회, 고려시대 사람들은 어떻게 살았을까 1, 청년사, 1997.
- 한국역사연구회, 조선시대 사람들은 어떻게 살았을까 1·2, 청년사, 1996.
- 한국정신문화연구원, 한국민족문화대백과사전, 1991.

찾아보기

ㄱ

가가례 220
가공식품 47
가마솥 153
가족관계 266
간장 26
강릉단오제 302
개성상인 233
거중기 104
거푸집 169
경제윤리교육 233
경혈 117
고로쇠 136
고명 13
고어텍스 156
고추장 29
고콜 84
공장식 농업 319
과학수사 286
과학적 진술 150
광명단 156
교사/교수법 237
구절판 39
구황식물 139
굴뚝 88, 108
굴레 318
굿 301
귀솟음 99
귀틀집 75
그렝이 95, 97
금줄치기 119
기둥 97
김치 23
까치구멍 74, 85

ㄴ

나노기술 192
나노카본볼 141
나무시집보내기 327
나물 31
나전칠기 162
낙관 269
난방시설 86

납중독 131
내진설계 78, 97
냉장고 25, 107, 157
너와 74
노인복지 215
농축산물 320
누룩 40
누룽지 15

ㄷ

다리 101
닥종이 164
단열재 148
단오진선 179
도르래 105
도리도리/잼잼 226
도자기 161
독(항아리) 124
독립신문 171, 198
된장 26
두레 305
뒷간 121, 211, 314
득음 296
들돌들기 305
땅띔 176
땅이름 205
뚝배기 158, 254
띠 303

ㅁ

마름쇠 184
막걸리 39
막사발 158
망우리 321
매듭 장치 211
매화틀 122
맥놀이 186
메주 27
면죄배갑 180
명현반응 144
모자보건법 225
목재 다루기 152, 172
무명 64

무속신앙 299
무청 36
문어 빨판 191
물 131, 246
물다짐 91
미인도 58
민간요법 116, 135
민요/노동요 256, 290

ㅂ

바람탑 108
바실러스균 148
반데르발스 힘 191
발효식품 26, 39, 157
밥상머리 교육 231
방부제 47, 126, 141
방탄복 179
배산임수 73
배흘림 98
백의민족 56, 64
버드나무 133
범종 185
법/헌법 283, 287
벽난로 84
볏짚 74, 147
보따리 70
보릿고개 31, 250
보부상 277
보쌈 69
보약 16, 22
보자기 69
부채 177
붕당정치 273
비거/비차 181
비빔밥 21
비행기 181
빨래 247
빨리빨리 257

ㅅ

사관 268
사대주의 271
사륜정 99

사발통문 160, 270
산림녹화 89
삼발이 184
삼심제 285
상감기법 160
상도덕 233
상례 216
상수도관 131
상차림 17
상추쌈 37
새마을운동 252, 259
생체모방 191
샤머니즘 300
서울 206
석방렴 329
석빙고 106
석재 93
선브레이크 77
선비 정신 261
설렁줄 209, 212
섭산적 212
성장발달단계 230
성저십리 242
세종학당 201
세한도 245
소금 45
소나무 241, 327
소리 간섭 186
소수성 190
소주 40
속담 149, 231
손맛 12
손재주 54
솔젤법 190
솜 64
솟대 309
송편 125
수경재배 324
수세식 변기 248
수원 화성 104
수작 41
순환보직 280
숟가락 51
술적심 48
숨비소리 330

숭늉 14
숯 95, 139
슬로우푸드 34
시래기 35
식량난 251
식량안보 253
식물공장 324
식사예절 48, 230
식이섬유 36
신바람 255
실명제 267
십간십이지 303
쐐기 93
쐐기돌 102
쑥 138
씨받이 130

ㅇ

아궁이 89
아리랑 290
아스피린 135
아쿠아포닉스 324
안쓸림 99
암행어사 277
압력밥솥 155
압밀현상 92
약선 20
약손 114
약식동원 19
약탈혼 70
양치질 135
언어활동 204
에어포켓 108
역동성 261
연잎 효과 190
염색 67
예방의학 119
오동나무 151
오로빌 307
온돌 86
온실 322
옷차림새 59
옹기 155
옻칠 162

왕릉 110
왼새끼 119, 148
요강 121
우경 317
우데기집 75
울력 306
워낭 210
유기농법 147, 314
유산균 24
육아/유아교육 225, 230
은근과 끈기 254
음소문자 200
음식물 보관 44
음양오행설 81
음향악적 원리 187
이십사절기 313
이엉 74
인사정책 282
인삼 141
인쇄술 167
입덧 223
입사기초 91
잉여농산물 원조 252

ㅈ

자극요법 138
자리끼 213
자연모방 191
자연치료 117
장경판전 140, 173
장담그기 28
장례절차 217
장승 308
재갈 318
잿물 155, 247
쟁기 317
적정기술 80
적조현상 249
전원주택 80
전통놀이 225, 228
전통음악 299
절대 빈곤 250
젓가락 49, 230
정보기관 278

정체성 275, 276
제사상 차리기 219
조선어학회 199
족보 265
좌식문화 90
주도 41
주춧돌 78, 95
죽방렴 328
쥐불놀이 321
지게 174
지구온난화 126
지렛대 104
지붕지랄 130
지장수 42
지하수 246
집터 닦기 95
찜통더위 126

ㅊ

참스승 236
채소 31
천렵 127
천연물감 66
천의무봉 62
철부지 310
청동 186
청려장 213
춘양목 242
출산 129
치마 60
침술 117

ㅋ

캠핑카 100
캡사이신 26
케블라 180
코뚜레 318
코리아 207
콩 26
쿠바드 증후군 130

ㅌ

탁족 128
태교 222, 230
테트라포드 185
퇴비 314, 327

ㅍ

판소리 294
판옥선 243
팔만대장경판 172
포쇄 165
표준 발음법 202
풍수지리 73, 81
풍즐거풍 128
플라시보 114
피서법 128
피시 공법 105
피톤치드 120, 125

ㅎ

한글 196
한복 56
한식 13, 16
한옥 73
한지 163, 323
항공우주산업 183
해녀 329
헛제사밥 22
호모 루덴스 227
호미씻이 306
홀가먼트(통옷) 63
홍삼 143
홍예교 101
환경영향평가 84
환상박피 327
활성탄 141
활자 167
황토 44, 120
회삼물 111
효 문화 216
훈민정음 해례본 200
흙벽 76, 125